El Capital

Karl Marx

PAGES PLANET PUBLISHING

Published by

PAGES PLANET PUBLISHING

Email: pagesplanetpublishing@gmail.com

For details or inquiries, please reach out to the publisher at the email above.

First published by Pages Planet Publishing in 2024

NOTA PRELIMINAR

Al dar a la estampa una versión española de El Capital, de Carlos Marx, compendiado y precedido de un estudio sobre el Socialismo científico, por Gabriel Deville, creemos prestar un señalado servicio, no solo a los que busquen en la obra del ilustre comunista alemán nuevas y bien templadas armas para combatir en pro de esa transformación social a que aspira y por la que pelea la clase trabajadora de ambos mundos, sino además a todos los que sinceramente se consagran al estudio de los problemas sociales, no contentándose con esos juicios *a priori* que subrayan diariamente la increíble ignorancia y la más increíble ligereza de los escritores a sueldo de la burguesía.

Poco o nada podremos añadir al luminoso prefacio en que Deville expone a grandes rasgos la doctrina de Marx; pero séanos permitido insistir sobre un punto de la mayor importancia: en esta exposición rápida de la teoría marxista, lo mismo que en el compendio o resumen de El Capital y en sus apreciaciones acerca de la evolución económica que estamos presenciando y de la influencia que esta evoluciónvi ejerce en el movimiento revolucionario que arrastra a los proletarios de todos los países, Deville se ha ajustado con probidad y fidelidad absolutas al pensamiento dominante en la obra que trata de dar a conocer, llevando sus honrados escrúpulos hasta el extremo de no permitir que se imprimiera ni una página de su libro sin que Marx y, después de su muerte, Engels, revisasen tanto el *Compendio*, como el *Prefacio* y el *Estudio sobre el Socialismo científico*.

Con lo cual quedan desvanecidas de antemano las dudas que sobre este punto pudieran ocurrir.

PREFACIO

Solo por el estudio, por la observación de la naturaleza de las cosas y de los seres, es como el hombre, consciente de sus efectos, puede hacerse dueño cada día más de su propio movimiento.

Antes de coordinar ideas y de conocer sus diversas relaciones, el hombre ha ejercido una acción; esto es cierto, ya se considere la infancia del individuo o la de la especie. Pero solo a partir del momento en que esta queda subordinada al pensamiento que reflexiona, es cuando la acción deja de ser incoherente para adquirir una eficacia rápida y real. Sucede con la acción revolucionaria lo que con cualquiera otro género de acción: que debe tener por guía la ciencia, si no ha de esterilizarse en pueriles esfuerzos.

El sostener, sea la que quiera la materia de que se trate, que la ciencia es inútil o que el estudio ha perdido su razón de ser, no es más que un torpe pretexto para dispensarse de estudiar o para excusar una obstinada ignorancia.

El estudio de la vida social no modificará ciertamente por sí solo la forma social, ni tampoco proporcionará, con todos sus detalles, los planos, sección y elevación de unaviii nueva sociedad; pero sí nos descubrirá los elementos constitutivos de la sociedad presente, sus combinaciones íntimas y, juntamente con sus tendencias, la ley que preside a su evolución. Este conocimiento permitirá no «abolir por decretos las fases del desarrollo natural de la sociedad moderna, sino abreviar el periodo de la gestación y dulcificar los dolores de su alumbramiento».

Al llevar a cabo el estudio de la sociedad, Carlos Marx no ha tenido la pretensión de ser el creador de una ciencia desconocida hasta él. Al contrario, y así lo prueban las numerosas notas de su obra, se ha apoyado en los estudios de los economistas que le han precedido, y ha tenido sumo cuidado de recordar, en cada cita, el primero que la había formulado. Pero ninguno más que él ha contribuido a extraer de su análisis la verdadera significación de los fenómenos sociales; ninguno, por consecuencia, ha hecho tanto por la emancipación obrera, por la emancipación humana.

No hay duda que otros antes que él habían sentido las injusticias sociales y se habían indignado ante estas injusticias; muchos son los que, soñando con poner remedio a tantas iniquidades, han escrito admirables proyectos de reformas. Movidos por una loable generosidad, teniendo casi siempre una percepción muy clara de los padecimientos de las masas, criticaban, con tanta justicia como elocuencia, el orden social existente. Mas como no tenían una noción precisa de sus causas y de su transformación venidera, creaban sociedades modelos cuyo carácter quimérico procuraban atenuar con alguna que otra intuición exacta. Si la felicidad universal era su móvil, la realidad no era su guía.

En sus proyectos de renovación social no tenían en cuenta los hechos, pretendiendo guiarse por las solas luces de la razón; como si la razón, que no es otra cosa que la coordinación y la generalización de las ideas sugeridas por la experiencia,ix pudiese ser por sí misma origen de conocimientos exteriores y superiores a las modificaciones cerebrales de las impresiones externas.

En una palabra, eran metafísicos, como lo son hoy los anarquistas. En vez de raciocinar tomando la realidad por punto de partida, atribuyen todos ellos la realidad a las ficciones nacidas de su ideal particular de justicia absoluta.

Pareciéndoles, desde el punto de vista especulativo, que el más agradable de todos los sistemas sociales sería aquel en que floreciera la difusión sin límites de las voluntades individuales, siendo ellas mismas su única ley, los anarquistas hablan de realizarla, sin cuidarse de averiguar si las necesidades económicas permitirían establecerla. No echan de ver el carácter retrógrado del individualismo llevado hasta el último extremo, de la autonomía ilimitada, que es el fondo del anarquismo.

En los diferentes órdenes de hechos, la evolución se opera invariablemente pasando de una forma incoherente a otra forma cada vez más coherente, de un estado difuso a otro concentrado; y a medida que aumenta la concentración de las partes, aumenta también su dependencia recíproca, es decir, que cuanto mayor es su cohesión, menos pueden las unas extender su actividad sin ayuda de las otras. Esta es una verdad general, que los anarquistas no sospechan siquiera: pobres gentes que tienen la pretensión de ver más lejos que todos los demás, sin comprender que andan hacia atrás como los cangrejos.

Todas estas concepciones extravagantes, aunque más o menos bien intencionadas, las ha sustituido Marx antes que nadie con el estudio de los fenómenos sociales, basándolo en la única concepción real: en la concepción materialista. No ha preconizado un sistema más o menos perfecto desde el punto de vista subjetivo, no; ha examinado escrupulosamentex los hechos, agrupado los resultados de sus investigaciones y sacado de ellos la consecuencia, que ha sido la explicación científica de la marcha histórica de la Humanidad, y en particular del periodo capitalista que atravesamos.

La Historia, ha afirmado Marx, no es sino una historia de la guerra de clases. La división de la sociedad en clases, que aparece con la vida social del hombre, descansa en relaciones económicas, mantenidas por la fuerza, y según las cuales unos llegan a descargarse sobre otros de la necesidad natural del trabajo.

Los intereses materiales han sido siempre la causa de la lucha incesante de las clases privilegiadas, ora entre ellas mismas, ora entre las clases inferiores, a expensas de las cuales viven. Las condiciones de la vida material son las que dominan al hombre; y estas condiciones, y por consecuencia el modo de producción, son las que han determinado y determinarán las costumbres y las instituciones sociales, económicas, políticas, jurídicas, etc.

Tan luego como una parte de la sociedad ha monopolizado los medios de producción, la otra parte, en la que recae el peso del trabajo, se ve obligada a añadir al tiempo de trabajo exigido por su propia manutención una demasía, por la que no recibe equivalente alguno, y está destinada a sostener y a enriquecer a los poseedores de los medios de producción. Como monopolizador de trabajo no pagado, el cual, por medio de la supervalía creciente de que es origen, acumula más cada vez en manos de la clase propietaria los instrumentos de dominio, el régimen capitalista sobrepuja en poderío a todos los sistemas anteriores de trabajos forzosos.

Solo que hoy día las condiciones económicas que este régimen engendra, atajadas en su evolución natural por el régimen mismo, tienden fatalmente a romper el molde capitalistaxi que no puede ya contenerlas; y estos principios destructores son los elementos de la nueva sociedad.

La misión histórica de la clase actualmente explotada, del Proletariado, a quien organiza y disciplina el mecanismo mismo de la producción capitalista, es acabar la obra de destrucción ya comenzada por el desarrollo de los antagonismos sociales. Es preciso, ante todo, que el Proletariado arranque revolucionariamente a sus adversarios de clase, con el poder político, la fuerza consagrada por ellos a conservar intactos sus monopolios económicos.

Una vez dueño del poder político, aquel podrá, procediendo a la socialización de los medios de producción mediante la expropiación de los usurpadores del trabajo ajeno, suprimir la contradicción hoy existente entre la producción colectiva y la apropiación privada capitalista y realizar la universalización del trabajo y la abolición de clases.

Tal es el bosquejo de la teoría irrefutablemente enseñada por Marx, y cuya solidez bien probada puede todo el mundo apreciar estudiando atentamente su obra.

No siendo el pensamiento sino el reflejo intelectual del movimiento real de las cosas, no se aparta un momento de la base material, del fenómeno exterior; no separa al hombre de las condiciones de su existencia. Marx ha observado, ha compulsado, y la profundidad sola de su análisis ha completado su concepción positiva del orden actual con el conocimiento de la disolución fatal de este orden.

Yo he tratado de poner al alcance de todos, resumiéndola, esta obra magistral, desgraciadamente poco conocida hasta hoy en Francia o desfigurada. Y estando el público francés, como ha dicho Marx, «siempre deseoso de sacar consecuencias, ávido de conocer la relación de los principios generales con las cuestiones inmediatas que le apasionan», he creídoxii útil poner antes de mi resumen un Estudio sobre el Socialismo científico.

En cuanto al resumen, emprendido a consecuencia de la cortés invitación y de las benévolas excitaciones de Carlos Marx, ha sido hecho con arreglo a la edición francesa, última revisada por el autor y la más completa, pues la muerte le impidió preparar la tercera edición alemana, qué él quería publicar, y que dará a luz dentro de poco su infatigable amigo, su digno colaborador, a quien él había encargado de publicar sus obras, Federico Engels.

Respetando en el mayor grado posible el carácter original de la obra, no he empleado sino los términos más usuales, esperando ganar de este modo en facilidad de comprensión lo que perdía en variedad de estilo. Es claro, sin embargo, que este resumen no podrá leerse fácilmente teniendo la imaginación preocupada con otra cosa; será necesario prestar un poco más de atención que para leer una novela, pero que la atención sola sea necesaria para percibir bien las ideas y su encadenamiento, tal es lo que yo me propongo.

Una vez vencida la aridez del principio, aridez que no pueden evitar los preliminares de ninguna ciencia, se encontrará el lector recompensado con el placer de ver disiparse gradualmente la confusa oscuridad que oculta aún a los ojos de las masas las relaciones sociales, de la que ha sido tanto más difícil sacarlas cuanto que la libre y científica investigación en esta materia, la crítica de la vieja propiedad «subleva contra ella y lleva al campo de batalla las pasiones más vivas, las más mezquinas y las más abominables del humano corazón, todos los furores del interés privado».

Gabriel Deville.

París, agosto .

ESTUDIO

SOBRE EL

SOCIALISMO CIENTÍFICO

I

COLECTIVISMO O COMUNISMO

Hace seis años, la clase obrera, no repuesta aún de la espantosa sangría de , había abandonado la tradición revolucionaria y no fiaba su emancipación sino en la generalización de las Asociaciones cooperativas. Las palabras *partido obrero* y *colectivismo*, hoy ya antiguas en nuestro lenguaje político, eran entonces punto menos que desconocidas; las ideas que representan solo contaban en Francia con un reducido número de partidarios, sin posibilidad de acción común.

El periódico *L'Égalité*, fundado a fines de por iniciativa de Julio Guesde y dirigido por él, es el único que ha dado impulso al movimiento socialista revolucionario actual. Este es un hecho que no lograrán borrar las personalidades envidiosas interesadas en desvirtuarlo, las cuales cuidan, en sus pretendidas historias, de ocultar las fechas que no dejan lugar a duda en esta cuestión.

En aquel tiempo era conveniente distinguir el comunismo científico, surgido de la docta crítica de Marx, del antiguo comunismo utópico y sentimental francés. La misma denominación para dos teorías diferentes habría favorecido una confusión de ideas que eraxiv muy importante evitar; por eso empleamos entonces exclusivamente la palabra *colectivismo*.

Ahora escribimos colectivismo o comunismo indiferentemente. Desde el punto de vista de su origen, estos dos términos son exactamente iguales; desde el punto de vista usual, tienen los mismos inconvenientes. Si ha habido un comunismo del que debíamos diferenciarnos, hay también formas de colectivismo, por ejemplo, las diversas falsificaciones belgas, que rechazamos. Lo importante es conocer, no el título que cada uno tome, sino lo que esconde bajo ese título.

II

LA TRANSFORMACIÓN SOCIAL Y SUS ELEMENTOS

Después de una aventura galante que, según parece, ocurrió algunos días después de la creación del mundo, el hombre fue condenado por Dios a ganar el pan con el sudor de su frente. Hoy que Dios está en vísperas de morir sin posteridad, sin haber podido nunca asegurar la ejecución de su mandamiento, el Socialismo se propone constreñir a la observación de la sentencia divina a los que, desde hace mucho tiempo, ganan el pan, y más que el pan, con el sudor de la frente de otros. ¿Puede esto conseguirse? Sí, por la socialización de los medios de producción, a que tiende nuestro sistema económico.

Allí donde el trabajo proporciona escasamente lo que es indispensable para la vida de todos; allí donde, por consecuencia, aquel absorbe casi todo el tiempo de cada uno, la división de la sociedad en clases más o menos subdivididas es fatal. Una minoría consigue, por la violencia y el fraude, eximirse del trabajo directamente productivo, para dedicarse a la dirección de los negocios es decir, a la explotación de la mayoría, consagrada al trabajo. Gracias a la costumbre, a la tradición, esta mayoría llega a soportar sin resistencia una organización que considera al fin como natural, hasta el día en que esta organización, no respondiendo ya a las necesidades de la sociedad, se ve sustituida por una combinaciónxv más en armonía con la nueva manera de ser de la producción material.

La esclavitud y la servidumbre han existido en conformidad con la índole de la producción y han desaparecido cuando el grado de desarrollo de esta ha hecho más útil el trabajo del hombre libre que el del esclavo o el del siervo; la justicia y la fraternidad no han intervenido para nada en esta desaparición.

Cualquiera que sea el valor subjetivo de la moral, del progreso y otros grandes principios de relumbrón, esta bella fraseología no influye para nada en las fluctuaciones de las sociedades humanas; por sí misma es impotente para efectuar el menor cambio. Las evoluciones sociales las determinan otras consideraciones menos sentimentales. Sus causas se encuentran en la estructura económica, en el modo de producción y de cambio, que preside a la distribución de las riquezas y, por consiguiente, a la formación de las clases y a su jerarquía. Cuando esas evoluciones se efectúan, no es porque obedezcan a un ideal elevado de justicia, sino porque se ajustan al orden económico del momento.

No obstante, estos movimientos sociales jamás se efectúan pacíficamente; los nuevos elementos tienen que obrar violentamente contra el estado de cosas que los ha elaborado, y que deben destruir para poder continuar su evolución, al modo que el polluelo tiene que romper la cáscara en cuyo interior acaba de formarse.

Si el advenimiento de la burguesía ha traído la destrucción de los privilegios nobiliarios y la abolición del régimen corporativo, es porque el trabajo libre era necesario a la producción capitalista; la necesidad de instituir la libertad del trabajo ha acarreado la emancipación del trabajador de la dependencia feudal y de la jerarquía corporativa. Además, la burguesía necesitaba monopolizar las fuentes de riqueza, aboliendo las añejas prerrogativas de los nobles, ha entrado en posesión de la tierra, que detentaban estos, y del poder, que también monopolizaban.

El trabajador libre, pudiendo de derecho disponer de su persona, se ha visto obligado de hecho a disponer de ella para vivir, no teniendo otra cosa que vender. Desde entonces ha sido condenado al papel de asalariado durante toda su vida.

xviEl derrumbamiento del orden feudal no se ha señalado por la supresión de las clases, sino por la sustitución de un nuevo yugo en lugar del antiguo, por el establecimiento de condiciones que reducen la lucha a los dos campos opuestos que poco a poco absorben toda la sociedad: la burguesía capitalista y el Proletariado.

En suma, lo que ha sido organizado hasta ahora de diferentes maneras, conformes exclusivamente con la diversa situación económica de los medios y de las épocas, es la satisfacción de las necesidades de una parte de la colectividad mediante el trabajo de la otra parte. Unos consumen superfluamente lo que los otros producen obligados por la necesidad, recibiendo para sí apenas lo necesario.

El sistema del salario, sustituyéndose a las demás formas de trabajos forzosos, ha relevado al capitalista de la manutención de los productores. Que se le obligase o no a trabajar, el esclavo tenía asegurada su pitanza cotidiana; el asalariado no puede comprar la suya sino a condición de que el capitalista necesite su trabajo; y la inseguridad de esto para el verdadero productor es tal, que la caridad pública se encarga de alimentar a aquellos a quienes incumbe, según la presente organización social, la tarea de alimentar a la sociedad, y que por esa organización misma se ven frecuentemente en la imposibilidad de cumplir su misión.

El Socialismo lucha por la desaparición del salario. Ciertamente, nuestra teoría es adecuada a la idea de justicia, como la engendran en nuestro estado económico los intereses humanos que hay que satisfacer igualmente; pero no porque sea justa es por lo que tratamos de ponerla en práctica, pues sabemos, en efecto, que las más generosas reivindicaciones formuladas por la razón pura no pueden suplir los resultados de la experiencia.

Para que una teoría sea aplicable, por legítima que parezca, es preciso que su fundamento se encuentre en los hechos antes que en el cerebro. Así, los primeros socialistas teóricos no pudieron sacar al Socialismo del dominio de la utopía, en una época en que aún no existían las condiciones económicas que permiten, que imponen su realización. No bastando la experiencia por ellos adquirida a dar una base material a sus intuiciones, a pesar de su genio,xvii de sus aspiraciones filantrópicas, de sus justas recriminaciones, de los agudos sufrimientos a que querían poner remedio, no podían hacer el Socialismo practicable. Si lo es en la actualidad, es porque la solución comunista, adecuada a la manera de ser de las fuerzas productivas, no es otra cosa que el término natural de la fase social por que atravesamos.

Apoyada en la insuficiencia de la producción, la división en clases no tiene ya razón de ser. La industria mecánica ha desarrollado prodigiosamente la potencia productiva del hombre, disminuyendo así el tiempo de trabajo necesario para la satisfacción de las necesidades generales. Por primera vez se presenta la posibilidad de procurar a cada uno, mediante un corto tiempo de trabajo, grandes facilidades de existencia material, que irán aumentándose. La esclavitud de unos ha sido la condición del bienestar de otros; con las máquinas, esclavos de hierro, el bienestar de todos es posible.

Quien dice maquinismo, quien dice vapor, dice necesariamente concentración económica, y el colectivismo no es más que el complemento de esta concentración, que procede, no de nuestra imaginación, sino del estado de las cosas.

Es verdad que desde el punto de vista agrícola, la concentración está poco adelantada en nuestro país; que nuestro suelo está dividido, y nuestro régimen de pequeños propietarios labradores impide la división del trabajo, el maquinismo, la explotación metódica; pero este régimen contiene los elementos de una disolución más próxima de lo que se cree.

El labrador no puede contentarse con producir solo para su uso personal; a fin de comprar lo poco que necesita, de pagar los impuestos y los intereses de sus deudas, tiene que producir para cambiar, es decir, entrar en competencia con los demás productores. Dada esta situación, que la concentración se efectúe en cualquiera parte y los pequeños propietarios sentirán sus efectos.

Ahora bien; la competencia americana, todavía en sus comienzos, trae a nuestros mercados productos a más bajo precio que los de nuestros agricultores. Para luchar contra los productos americanos es preciso disminuir rápidamente los gastos de producciónxviii y recurrir a la maquinaria, incompatible con la pequeña propiedad y con el cultivo en corta escala. Sin embargo, si no se modifican los métodos de producción, la lucha será bien pronto imposible; nuestros propietarios se hallan reducidos a buscar los mejores medios de salvarse de la ruina.

Notaremos de paso que esta pequeña propiedad rural, tan ensalzada y tan poco remuneradora, es una de las principales causas, por la esterilidad premeditada de gentes que no quieren que su pequeño patrimonio se desmorone, del estancamiento de la población en Francia; en los departamentos en que la tierra está más dividida, en que los pequeños propietarios son más numerosos, es donde hay menos nacimientos.

La pequeña propiedad rural está condenada a desaparecer; pero su fin irremediable será tanto menos ruinoso para los interesados directamente y para la nación, cuanto más pronto se prevea lo que no puede evitarse.

Desde el punto de vista comercial, la concentración ha comenzado y está en buen camino; las ventajas que de ella resultan en el concepto de la variedad y de la baratura, aseguran al comercio en grande escala una rápida extensión.

Desde el punto de vista industrial, que afecta especialmente a la clase obrera, la concentración está en gran parte realizada. La propiedad industrial reviste cada vez más la forma societaria y anónima. Toda idea de volver a la forma individual primitiva es quimérica, dado el desarrollo de la producción.

Desde el punto de vista financiero, la concentración está hecha, y el crédito es el motor más poderoso de la centralización económica; la alta banca es la que rige la producción y el cambio, atrayendo el dinero de los pequeños capitalistas y aglomerando los capitales, que maneja como soberana; ella es quien preside a la política interior y exterior, a los diversos movimientos de la sociedad moderna.

Desde todos los puntos de vista, la gran apropiación colectiva sucede progresivamente a la pequeña apropiación privada. Los puentes, los canales, que antes eran propiedad individual, son hoy casi sin excepción propiedad nacional o colectiva. Propiedadxix nacional son asimismo los correos y telégrafos; nacionalizados están en parte los ferrocarriles.

No porque esto sea un argumento que prueba que la evolución económica tiende en todos sentidos a la centralización de las fuerzas productivas, ha de deducirse, a imitación de los partidarios del socialismo o del comunismo de Estado, que esta centralización tiende a la forma especial de centralización representada por el servicio público.

El fenómeno importante, incontestable, es que la centralización económica se efectúa; ahora bien, que esta se efectúe en manos de las individualidades de la clase dominante o entre las del Estado, al mando de esta clase, para el resultado final es indiferente: en sí misma, la absorción por el Estado de las empresas particulares no haría dar un paso a la solución de la cuestión social.

No es necesario reflexionar mucho tiempo para cerciorarse de que la mayor parte de los ramos de producción, si bien tienden a centralizarse, de ningún modo tienden a constituirse en servicios públicos. Desde el instante en que esta forma especial de centralización no resulta de la naturaleza de las cosas, se hace preciso examinar si deberíamos favorecerla cuando llegara el caso.

El Estado no es, como dice cierto burgués que ha entrado en el Partido Socialista, como el gusano en la fruta, para contentar sus miserables apetitos desorganizándolo, «el conjunto de los servicios públicos ya constituidos,» es decir, una cosa que no tiene necesidad sino de correcciones y adiciones.

No se trata de perfeccionar, sino de suprimir el Estado, que no es más que la organización de la clase explotadora para garantizar su explotación y mantener en la sumisión a sus explotados. Luego es mal sistema para destruir una cosa comenzar por fortificarla. Y se aumentaría la fuerza de resistencia del Estado favoreciendo su monopolio de los medios de producción, es decir, de dominio. ¿No vemos a los obreros de las industrias del Estado sometidos, comparativamente con los demás, a un yugo más difícil de sacudir?

Mientras que, de esta suerte, sería perjudicial a los obreros, la transformación en servicios públicos, por las compras a que daríaxx lugar, sería una nueva fuente de especulaciones financieras y beneficiaría a los capitalistas.

Por otra parte, esta transformación no facilitaría en nada la obra del Socialismo. No será más difícil apoderarse del Banco de Francia o de los ferrocarriles que de los correos y telégrafos; la toma de posesión de los grandes organismos de producción pertenecientes a las Sociedades capitalistas, será tan cómoda como si perteneciesen al Estado.

La centralización económica se verifica: tal es el hecho. En todas partes la pequeña propiedad de uno solo va cediendo el puesto a la gran propiedad de varios. La comunidad de las cosas y de los hombres es cada vez más general.

¿Acaso no es una aplicación diaria del régimen comunista la organización del trabajo en los talleres importantes y en las fábricas?

Al mismo tiempo que la aglomeración de productores regularmente organizados ha coincidido con la comunidad de las cosas, las capacidades directrices y administrativas que reclama toda producción en grande escala, se han constituido fuera de la minoría privilegiada. A medida que el instrumento de trabajo alcanzaba las proporciones gigantescas que hoy tiene, escapaba a la intervención y al impulso de su poseedor, que gradualmente iba dejando en manos de gerentes o empleados la vigilancia y la administración de aquel.

Antes, el éxito de su pequeña industria dependía de la actividad del patrono, de su inteligencia, de su economía; éxito que estaba íntimamente ligado con la persona del dueño, quien desempeñaba de este modo una función social.

Hoy, destronado el patronato individual por la forma societaria, el poseedor del capital no se ocupa más que de percibir, o, más bien, de comerse sus ganancias, sin necesidad de conocimientos especiales. ¿Qué papel desempeña el accionista, el propietario actual? Que sea idiota o derrochador, que muera o que se arruine, ¿qué importa para la prosperidad de la empresa de la cual monopoliza, en forma de acciones, una parte más o menos considerable de propiedad?

xxiLos que hoy desempeñan las antiguas funciones del propietario, donde la forma colectiva de la propiedad ha sucedido a la individual, son asalariados; ingenieros o administradores más o menos retribuidos, pero al fin asalariados. Independientemente del feudalismo capitalista se ha formado el personal inteligente, dotado de la aptitud necesaria para poner en actividad las fuerzas productivas. Por consecuencia, la supresión de los accionistas, es decir, del propietario convertido en rueda inútil, no ocasionaría el menor desorden en la producción.

Como el capitalista no interviene en el acto de la producción más que para apropiarse el beneficio obtenido, solo ve en aquella la ganancia que ha de percibir, y por eso la empresa no tiene para él más que un fin, un objeto: la realización del mayor beneficio posible.

Para conseguir esto, en primer lugar extenúa, agota al productor y después altera el producto. Los productos no tienen de tales más que la apariencia; en todo y en todas partes la falsificación es la regla establecida. Poco importa que economías sórdidas produzcan la degeneración de la raza por la caquexia del productor; el envenenamiento del consumidor por la adulteración de los alimentos; la muerte o la mutilación por accidentes en las vías férreas, etc.: lo principal es llenar la caja. El reinado grosero de la burguesía ha hecho descaradamente de todo cuestión de dinero, artículo de comercio, y de este una estafa legalizada.

Por otra parte, como mientras más se vende más se gana, cada empresa o sociedad piensa en monopolizar todas las ventas para sí propia, y a este efecto produce tanto como puede; y se ve obligada a producir sin cesar por el interés que hay en no dejar descansar un momento los costosos instrumentos de producción. De este modo el mercado se atesta; las mercancías se amontonan, abundantes e invendibles; estallan crisis, que se renuevan periódicamente, y entonces los obreros dejan de trabajar y mueren de hambre porque se les ha obligado a producir demasiados artículos de consumo.

De todo esto se desprende que las exigencias de la producción entrañan una aplicación cada día más amplia de la división delxxii trabajo y del maquinismo; el producto es cada vez menos obra individual; el instrumento de trabajo, colosal, necesita para ponerse en movimiento una colectividad de obreros; el propietario no solo pierde toda función útil, sino que es perjudicial, siendo, por consecuencia, necesaria su eliminación; las fuerzas productivas caminan fatalmente a la destrucción de los obstáculos que impiden su evolución normal, y que provienen del modo de apropiación.

Lo mismo que sucedió con la revolución del pasado siglo, la preparación preliminar de toda transformación social se efectúa a favor del colectivismo; los elementos materiales e intelectuales de la renovación que perseguimos, engendrados por el medio actual, están suficientemente desarrollados.

Los progresos de la industria mecánica permiten reducir considerablemente el tiempo de trabajo indispensable para la producción, aumentando esta en proporciones enormes; el modo de apropiación concluye por ajustarse al modo de producción; mas como este es colectivo, la apropiación estrictamente individual va sin cesar disminuyendo; la organización del trabajo correspondiente a este estado de cosas ha eliminado la casta propietaria, independientemente de la cual se reclutan las capacidades directrices; la posesión por la burguesía ha traído como consecuencia el más funesto derroche de productores, de medios de producción y de productos.

Tales son los hechos ya determinados por la fuerza de los sucesos, hechos que conducen a una organización económica en que la producción, socialmente reglamentada, lo estará en vista de las necesidades de una sociedad que solo considerará los productos con relación a su utilidad respectiva; en que al gobierno desordenado de los hombres reemplazará la administración consciente de las cosas sometidas al poder del hombre, en vez de pesar tiránicamente sobre él; en que, al mismo tiempo que el propietario privado, habrá desaparecido el sistema de trabajar para otros, o sea el salario.

Esta supresión de la propiedad individual y, por tanto, del salario y de toda clase de males que aquella entraña, no es una fatalidad que la justicia prescribe, sino que la evolución del organismo productor la impone imperiosamente. «El Socialismo —ha escrito[xxiii] Engels— no es más que el reflejo en el pensamiento del conflicto que existe en los hechos entre las fuerzas productivas y la forma de producción.»

Como teoría científicamente deducida, nuestro colectivismo o comunismo se apoya en la observación, comprueba las tendencias y concluye afirmando que los medios de producción, una vez efectuada su evolución actual, sean socializados. Decimos socializados y no comunalizados, como algunos querrían, porque los inconvenientes de la propiedad individual reaparecerían en la propiedad comunal o municipal, y también en la corporativa, principalmente a causa de las particiones desiguales que serían su resultado, de la productividad diferente de los medios de producción, etc. Que la lucha se empeñe entre municipios y municipios, corporaciones y corporaciones, o patronos y patronos, siempre habrá desigualdad entre trabajadores que proporcionan una misma cantidad de trabajo y concurrencia ruinosa; esto sería, aunque bajo otra forma, la continuación de la sociedad presente.

Ateniéndose a los hechos, el Socialismo científico no puede precisar experimentalmente sino el modo de apropiación hacia el que caminan las fuerzas productivas, el cual rige el modo de repartición de los productos. Es evidente que una vez socializados los medios de producción, es decir, cuando estos hayan revestido como apropiación la forma comunista que ya tienen como acción, seguirá como consecuencia una distribución comunista de los productos. Solo que no se operará con arreglo a la antigua fórmula tan querida de los anarquistas y posibilistas, y que establece que «dando cada uno lo que permitan sus fuerzas, recibirá con arreglo a sus necesidades».

Pero ¿quién mediría las fuerzas de cada uno? Bien fuese el mismo individuo o cualquiera otro, siempre se tocaría en lo arbitrario. Por lo demás, no es nuestra tendencia exigir del hombre el máximum de esfuerzos que es capaz de producir; por el contrario, tratamos de disminuir el esfuerzo humano, de abreviar todo lo posible el tiempo de trabajo a fin de aumentar el consagrado a las distracciones físicas e intelectuales y al placer.

¿Quién sería capaz de medir las necesidades de cada uno? Sixxiv el organismo productor es tal que los productos están en cantidad suficiente para que cada uno pueda consumir a su antojo sin limitar el consumo de los demás, ¿por qué no dicen aquellos, dar a cada uno según su voluntad y no según sus necesidades? Si los productos son insuficientes para satisfacer por completo todas las necesidades de todos, ¿cómo proclamar el derecho de cada uno a consumir proporcionalmente para atender a las necesidades por él mismo apreciadas? No puede negarse que, en esta última hipótesis, se impondría una limitación del consumo individual, basada en las condiciones de existencia material realizadas; y ¿qué limitación concordaría mejor con el nuevo modo económico, que aquella cuya medida fuese, no la productividad individual, que favorecería a los individuos dotados de ventajas naturales, en detrimento de los menos bien dotados, sino el tiempo de trabajo que, igual para todos,

garantizaría a todos los trabajadores una posibilidad de consumo
igual?

———

III

EL PARTIDO OBRERO Y LA GUERRA DE CLASES

Si el régimen del salario toca ya a su fin, si el periodo de su duración está destinado a ser mucho más corto que los de la esclavitud y la servidumbre, es porque las condiciones exteriores que hacen inevitable su eliminación, se han producido más rápidamente. No sorprende este hecho cuando se reflexiona que las combinaciones sociales de la época burguesa, perturbadas a cada instante por modificaciones fundamentales de las fuerzas productivas, distan mucho de tener el carácter eminentemente conservador de los modos de producción que nos han precedido, y son, por consecuencia, más aptos que estos últimos para crear rápidamente una situación revolucionaria.

Un proletariado, conjunto de desdichados sin voluntad de independencia, sin conciencia de la posibilidad de emanciparse, sería incapaz de aprovecharse de esta situación; para obviar este inconveniente se ha formado el Partido Obrero.

xxvEn efecto, para una clase que no deberá su manumisión sino a su propio esfuerzo, el primer paso para conseguirla es su formación en partido conscientemente hostil a sus opresores. Organización, independientemente de todos los partidos burgueses, cualquiera que sea la enseña de estos, de todos los condenados al salario, de todos los que ven su actividad subordinada en su ejercicio a un capital monopolizado por la minoría burguesa; organización de la fuerza interesada en acabar con la sociedad capitalista; separación de clases en todos los terrenos y guerra de clases para llegar a su supresión: tal es la razón de ser del Partido Obrero.

Es necesario que los que emprenden una guerra de clase tengan un mismo grito de combate, una bandera idéntica que simbolice la unión en pro de la idea común; es preciso que tengan además un programa de clase, compendio de reivindicaciones que, siendo colectivas, estén al abrigo de los caprichos individuales. La amplitud que se dejara a cada agrupación de redactar su programa, engendraría programas contradictorios y sería origen de divisiones, dando lugar a todas las intrigas, a todas las bajas especulaciones personales. Fundándose en estas razones, los Congresos obreros nacionales del Havre y de Roanne han dado al Partido su programa único de combate.

El Partido Obrero, constituido y armado, no tiende solo a reclutar sus defensores entre los proletarios de las ciudades; si estos son «la fuerza motriz histórica de la sociedad», no por eso excluye a los del campo y a los pequeños burgueses; trata, por el contrario, de hacerles comprender su posición de clase inferior, cuyos intereses son diametralmente opuestos a los de la burguesía capitalista, a los intereses de la clase que vive de la explotación del trabajo ajeno.

Ahora bien; es innegable que el mismo antagonismo que existe entre el proletariado de las ciudades y la burguesía, existe también entre esta y los campesinos, pequeños propietarios, pequeños tenderos y artesanos o trabajadores independientes. Este antagonismo, que en el primer caso proviene del monopolio ya efectuado de los medios de producción, surge en el segundo de la amenaza de un próximo acaparamiento.

xxviLos comerciantes al por menor y los artesanos que trabajan por su cuenta se consumen en vanos esfuerzos en su lucha con los grandes almacenes y las grandes fábricas, contra las cuales la competencia es cada día más difícil, lo mismo que la de nuestros agricultores contra los productos extranjeros; tratan aquellos, por tanto, de compensar, mediante la depreciación de la mano de obra, las cargas que sobre ellos pesan. Aunque les animasen las mejores intenciones en favor de sus colaboradores asalariados, la necesidad de vivir los obliga a explotar su trabajo; nuestra organización económica no permite, en efecto, dejar de ser explotador sin convertirse inmediatamente en explotado, aniquilando así la buena voluntad individual.

Aquellos cuya expropiación es inminente deben hacer, pues, causa común con los que ya han sido expropiados. En pleno régimen capitalista, esta expropiación inevitable los dejaría sin recursos, mientras que en el régimen comunista continuarán disponiendo libremente de sus medios de trabajo. Si los proletarios combaten para obtener la libre disposición de estos medios, los pequeños burgueses tienen que combatir para conservarla. De parte de los primeros, esta es una guerra ofensiva; de parte de los segundos debe ser una guerra defensiva, pero siempre contra el mismo adversario, que ha encerrado a unos en el infierno del proletariado y que poco a poco arroja en él a los otros.

Nosotros predicamos esta guerra franca y consciente de clases, conforme a las enseñanzas suministradas por el estudio del modo de evolución de la humanidad.

La lucha por la existencia aparece en la sociedad humana bajo la forma de guerra de clases entre sí y guerra de individuos entre ellos mismos en el seno de la clase dominante, guerras suscitadas por los intereses materiales. La guerra de las clases creadas por las relaciones económicas de las diversas épocas, es la que domina todo el movimiento histórico y explica las diferentes fases de la civilización. Guerra de clases, y nada más, era lo que se escondía bajo el sentimentalismo hueco, las fórmulas pomposas, las majestuosas apariencias y los inmortales principios de los constituyentes y de los convencionales. Así, pues, nosotros, al predicarla,xxvii lejos de desconocer la historia, somos fieles a sus lecciones.

Se ha tratado de legitimar científicamente la existencia de las clases y de justificar las desigualdades sociales, basándose en la teoría de Darwin, en la selección natural que resulta de la concurrencia vital, del combate por la vida.

El cómo esta manera de ser de la materia que se llama la vida ha pasado de la humilde célula a las formas complicadas de los organismos superiores; a qué causa mecánica debe atribuirse la transformación gradual de los organismos y su desarrollo progresivo, esto es lo que ha investigado el ilustre naturalista; la teoría darwinista es la indicación de un procedimiento de constitución de las especies. Pero al lado de la selección natural, y más eficaces o más generales que ella, pueden existir otras causas de la producción de las especies, algunas de cuyas causas se empiezan ya a vislumbrar, pudiendo haber otras que aún no se hayan descubierto.

En todo caso, lejos de ser un manantial constante de progreso, la competencia vital es, particularmente cuando se ejerce entre los hombres, causa de extenuación.

Lo que es preciso que haya entre los hombres es la acción común, la solidaridad en la lucha contra el resto de la naturaleza, debiendo ser esta tanto más fecunda cuanto que todos los esfuerzos se concentren en este punto, no desperdiciándose una parte de actividad en una lucha intestina.

Admitiendo que la lucha entre organismos semejantes se impone a los animales distintos del hombre, se encuentra la razón de esta lucha en el hecho de que, consumiendo el animal sin producir, la parte consumida por los unos puede reducir la posibilidad de consumo de los otros; mientras que el hombre, capaz de producir y produciendo más de lo que consume, puede vivir y desarrollarse sin limitar por esto el consumo de sus semejantes.

Por otra parte, el trabajo humano es tanto más productivo, cuanto que está basado en una combinación más amplia de trabajadores que funcionan juntos con un mismo objeto; la utilidad de semejante modo de ejecución del trabajo tiende a excluir la lucha y la división entre los hombres.

xxviiiAdemás, la lucha entre los hombres civilizados, la guerra, implica, no la supresión, sino la permanencia de los más débiles; pues los más robustos, los más fuertes, son arrebatados por el servicio militar.

La selección sexual, favorable entre los animales a los más bellos, a los más vigorosos o a los más inteligentes, produce en el hombre un efecto contrario: hombres y mujeres son generalmente atraídos solo por la riqueza, yendo esta unida con frecuencia a la inferioridad intelectual y física.

Finalmente, si es cierto que el progreso nace a veces de la lucha por la existencia, es porque al oponer los seres en lucha sus cualidades intrínsecas, la victoria pertenece incontestablemente al que es superior. Los que en las sociedades humanas combaten por la vida, se hallan en condiciones de desigualdad extrañas a su naturaleza, pues unos reciben la instrucción de que los demás están privados, y se aprovechan de los capitales de que estos se hallan desprovistos. Desde este momento, el resultado de la lucha no indica cuál sea realmente el mejor, sino el que está socialmente mejor armado.

Y no solo, dentro de nuestra civilización, el hombre, reducido a sus fuerzas orgánicas casi incultas, el hombre sin armas tiene en la vida por adversario al hombre completamente armado, que ha tenido medios de desarrollarse y los tiene de obrar, sino que ni aun le es permitido a este paria usar de las solas fuerzas de que dispone, sus fuerzas naturales, más que en los límites estrechos en que le encierra una legislación destinada únicamente a proteger a los fuertes contra los débiles. No contenta con no armar a sus adversarios y colocarlos en condiciones de desigualdad artificial, la ley burguesa los agarrota y los arroja así maniatados en el combate de la vida.

Desde hace tiempo la lucha ha perdido su carácter individual al pasar de las sociedades animales a las sociedades humanas. Los animales luchan con sus armas naturales incorporadas a su organismo, mientras que el hombre lucha con armas artificialmente unidas a su ser; y sucede precisamente que los poseedores de estas armas no son, sino excepcionalmente, creadores de ellas. A consecuencia de esta particularidad, la lucha toma en las sociedadesxxix humanas el carácter de lucha de clases, lucha que, lejos de consolidarla, la evolución humana trata de eliminar con la contradicción que le sirve de base.

Para ofrecer un derivativo a las pasiones populares amenazadoras, los Napoleón III, los Bismarck y los Alejandro de Rusia, han imaginado sustituir con las guerras de razas las luchas nacionales interiores. Estos pasatiempos, que pueden tener para sus autores una utilidad momentánea, serán en lo sucesivo impotentes para resucitar el patriotismo, para dar el extranjero como alimento a los odios intestinos desviados de su objeto.

El capital no tiene patria, va adonde encuentra buenas colocaciones. Si la explotación burguesa se ha convertido necesariamente, por el hecho del desarrollo económico, en explotación internacional; si no conoce razas ni fronteras, ejerciéndose indiferentemente donde quiera que hay que robar, al mismo tiempo que la intervención gubernamental se declara en su favor, enfrente del cosmopolitismo financiero, de la Internacional amarilla, el internacionalismo obrero se levanta, correspondiendo al verdadero antagonismo de los intereses que están en juego.

Hoy las fuerzas económicas, al encontrarse, acentúan, sin distinción de fronteras, la separación de la sociedad en dos clases, obligando a los unos, que son la mayoría, cada día más numerosa, a vender su facultad de trabajo para vivir, y permitiendo a los otros, la minoría, cada vez más reducida, que la compre para enriquecerse. En efecto, lo que obliga a la clase obrera a vender su facultad de trabajo, es que le falta la posibilidad directa de ponerla en actividad, es decir, los medios de trabajo. Mientras más veces la vende, más enriquece a los capitalistas y, por consiguiente, les proporciona más medios de monopolizar los instrumentos de trabajo que, faltándole a ella siempre, perpetúan su vasallaje.

La clase media, guiada por sus instintos conservadores, pero poco perspicaces, se interponía entre la clase capitalista y el proletariado, en beneficio de la primera; mas ya tiende a desaparecer, porque la centralización económica aumenta a expensas suyas por la absorción constante de los medios de producción pertenecientesxxx a los pequeños detentadores, que se hallan en la imposibilidad de sostener la competencia con los grandes capitales.

IV

LA SUPRESIÓN DE CLASES Y EL MODO DE REALIZARLA

La distinción de clases que existe y la lucha que de ella se origina, no desaparecerán más que con la supresión de las desigualdades artificiales y mediante el reconocimiento de la igualdad social de todos ante los medios de desarrollo y de acción de las facultades musculares y cerebrales.

La igualdad ante los medios de acción será la consecuencia de la socialización de las fuerzas productivas que prepara, como ya hemos visto, la centralización económica actual.

La igualdad ante los medios de desarrollo resultará de la admisión de todos —no diré, empleando la fórmula usada, la cual, no pudiendo tomarse al pie de la letra, es mala— a la instrucción integral, sino a la instrucción científica y tecnológica, general y profesional.

Lo que es necesario procurar a todos, y reclama el sistema moderno de producción, es una instrucción que, por medio de nociones universales, permita a los individuos emprenderlo todo, conocer las relaciones generales que provienen de los resultados empíricos de las ciencias particulares, haciéndoles, no obstante, adquirir conocimientos especiales en armonía con sus aptitudes e inclinaciones, en una palabra, una instrucción que adapte al trabajador a las múltiples exigencias del trabajo.

Solo con esta igualdad ante los medios de desarrollo y de acción, cuya garantía social, asegurada a todo ser humano sin distinción de sexo, está conforme con las varias necesidades de la producción moderna, podrá efectuarse la emancipación de la mujer, así como la del hombre.

La mujer es hoy casi exclusivamente un animal de lujo o unaxxxi bestia de carga. Mantenida por el hombre cuando no trabaja, está aún obligada a serlo aun cuando se mate trabajando.

En cantidad y calidad iguales, el trabajo de la mujer está menos retribuido que el del hombre. Pero esté o no bajo la dependencia patronal, no escapa a la dependencia masculina, y de todos modos se ve obligada a buscar en su sexo, transformado de una manera más o menos aparente en mercancía, un suplemento a sus recursos, insuficientes.

Si durante mucho tiempo ha permanecido por su misma naturaleza colocada en una situación inferior, a la hora presente existen ya las condiciones que le abren los diversos géneros de actividad. El desarrollo de la industria mecánica ha ensanchado la esfera estrecha en que la mujer estaba confinada; la ha libertado de las antiguas funciones domésticas y, al suprimir el esfuerzo muscular, la ha hecho apta para las faenas industriales. Así, pues, arrancada al hogar doméstico y arrojada en la fábrica, puesta al nivel del hombre ante la producción, solo le falta emanciparse como obrera, para igualarse socialmente con aquel y para ser dueña de sí misma.

No siendo su inferioridad legal otra cosa que el reflejo de la servidumbre económica particular de que es víctima, su igualdad civil y política no se podrá buscar eficazmente si no se logra la emancipación económica, a la cual, lo mismo para ella que para el hombre, se halla subordinada la desaparición de todas las servidumbres.

Porque el socialismo habla de igualdad, y sin cuidarse de examinar qué se entiende por esta, se le acusa de soñar con una nivelación tan quimérica como universal y de tender a una medianía uniforme.

De lo que precede resulta que el socialismo quiere la igualdad ante los medios de desarrollo y de acción, es decir, la igualdad del punto de partida. Mas esta igualdad no implica, en ningún caso, ni la igualdad de movimientos, ni la igualdad en el punto de llegada. Al asegurar a todos los organismos humanos una parte igual de las posibilidades de educación y de ejercicio, lejos de realizar la uniformidad, el socialismo hará brotar y acentuará lasxxxii desigualdades naturales, musculares o cerebrales. Aun cuando fuera posible, el socialismo científico se guardaría muy bien de borrar esas diferencias, pues no ignora que semejante heterogeneidad es una de las condiciones esenciales del perfeccionamiento de la especie.

Mientras no se establezca la igualdad social ante los medios de desarrollo y de acción, la cual se deduce de las tendencias íntimas de la producción moderna, el proclamar el derecho del hombre a ser libre equivaldría a conceder generosamente a un paralítico el permiso de andar. Solo mediante esta igualdad, llegará a ser un hecho la libertad, que es el juego de todos los organismos humanos según su voluntad consciente.

El socialismo quiere la libertad completa del hombre, sin que esto se interprete torcidamente, pues no hay palabra más elástica que la de libertad; es un pabellón que cubre todo género de mercancías.

Los campeones del más radical de los liberalismos, so pretexto de libertad de cultos, tolerarían bajo cualquier régimen las prácticas religiosas, es decir, el peligro seguro del estupro intelectual de los niños, poniéndolos así, gracias a su deformado cerebro, en la imposibilidad moral de ejercer conscientemente su facultad de iniciativa.

Otros hay que defienden una libertad especial del padre de familia, la que no suele ser otra cosa que un atentado legitimado contra el niño, que no puede llegar a ser por este motivo lo que su naturaleza le exige.

En nombre de la libertad del trabajo, se otorga al capitalista la libertad de explotar a su antojo al trabajador, y a este la obligación de someterse.

Esas libertades, tan pródigamente concedidas a algunos, tienen el mismo fundamento que tendría la libertad del guardagujas de manejar las agujas y hacer los cambios de vía a medida de su capricho.

La libertad es para cada uno, no el derecho, que nada significa, sino el poder moral y material de satisfacer sus necesidades naturales o adquiridas. Derivada de la igualdad ante los medios dexxxiii desarrollo y de aplicación de las facultades orgánicas, o en otros términos, de la universalización de la instrucción y de la socialización de las fuerzas productivas, la libertad implica la acción común, la solidaridad.

El hombre aislado no reconocería otros límites a su acción que los de su propia fuerza, y su acción se vería, desde luego, singularmente limitada. Por esta razón, y a impulsos del interés personal, la acción común reemplaza cada día en mayor escala a la acción puramente personal. El hombre es para el hombre un auxiliar necesario; la comunidad de acción, que tiende por medio de funciones diferentes, pero respectivamente indispensables, a la realización de un fin común, el bienestar, debe completarse evidentemente con la comunidad de ventajas.

La solidaridad, que ha sido sucesivamente familiar, comunal, nacional, tiende a ser internacional. Desde este momento, la facultad que posee el hombre de obrar solo, de ser en absoluto independiente de la acción de los demás, en una palabra, la autonomía tan obstinadamente glorificada, si no fuera irrealizable, merced a la evolución económica que domina todas las relaciones humanas, sería un retroceso, una disminución de fuerza, es decir, de libertad, para el individuo, en lugar de ser un acrecentamiento.

Siendo la libertad tanto mayor cuanto menos subordinada está en su ejercicio a circunstancias extrañas a la voluntad, y siendo tanto más fáciles de vencer los obstáculos contra los que tropieza la voluntad cuanto menos diseminadas se hallen las fuerzas que los combaten, la centralización, merced a la cual se puede conseguir el máximum de resultados con el mínimum de esfuerzos, se impone como garantía de expansión para la libertad individual.

Por otra parte, la actividad corporal e intelectual solo fuera del taller podrá revestir el carácter de libertad, que es su atractivo. En efecto, una organización mecánica no permite el desarrollo espontáneo de las facultades humanas; el hombre no es en tal caso sino un engranaje del maquinismo, reducido a adaptarse a los movimientos automáticos del conjunto. Cuanto más se perfeccione y universalice la máquina, menos trabajo tendrá que ejecutar el hombre; pero menos también el trabajo, tomado en conjunto, será resultado de la libre iniciativa humana, convirtiéndose en tarea enojosaxxxiv para un gran número de trabajadores. Con la corta duración del trabajo, la diversidad sana en el aburrimiento inevitable será lo que pueda realizarse fácilmente.

Habrá, pues, dirán algunos, obligación de trabajar.

La libertad será en materia de trabajo todo cuanto esta pueda ser en cualquier otra materia, es decir, el ejercicio de la actividad humana no embargado socialmente y limitado solo por las fatalidades orgánicas exteriores. Supongamos que se permitiera a todo el mundo ir desnudo; las gentes, dada la temperatura de nuestros inviernos, continuarían vistiéndose, no obligadas por voluntad ajena, sino por una necesidad inherente a su organismo. Es libre el hombre cuya voluntad no se halla determinada sino por móviles nacidos de sí propio, los cuales puede acomodar a su antojo a las condiciones necesarias de su vida: era, pues, libre el hombre cuya voluntad de trabajar provenga solo, así como su voluntad de comer, de las necesidades personales que tenga que satisfacer, y solo trabaje en lo que le convenga, sabiendo que trabaja exclusivamente para sí propio y teniendo conciencia de que trabaja por su sola voluntad.

No será probablemente por distraerse por lo que se trabajará, dada la manera de ser del trabajo, aunque este se mejorará cuanto sea posible; el único móvil para ello será el interés, que es el punto de partida real de todos los actos del hombre y el que rige todas las relaciones del individuo con el medio ambiente.

Asimismo, excitando el interés, se conseguirá la ejecución de las labores particularmente peligrosas o repugnantes, gracias a una elevación en el precio de la hora de trabajo. Por ejemplo, se establecerá que cuatro horas dedicadas a una de estas especialidades ingratas equivalen a seis o siete de trabajo simple. Por lo demás, no habrá en esto determinación arbitraria; la diferencia que exista, para una misma ganancia, entre el tiempo empleado en obras ordinarias y el empleado en obras o labores penosas, variará según la oferta y la demanda de estas últimas obras. No se condenará a una categoría de trabajadores a ejecutarlas exclusivamente. En esta materia nadie tendrá obligación directa emanada de una ley especial, ni obligación indirecta a consecuencia de la imposibilidad de no poder subsistir haciendo otra cosa. Los que ejecuten dichasxxxv obras serán absolutamente libres de dedicarse a otra ocupación. De ninguna manera se especulará como hoy con su miseria, sino con el deseo natural en algunos, ya de una ganancia mayor en un mismo tiempo de trabajo, o bien de un descanso más prolongado por la misma ganancia. Sentemos además que el espíritu de abnegación innato en el hombre lo mismo que en el perro, por ejemplo, podrá entonces ejercitarse, y se ejercitará tanto más cuanto el entusiasmo y la emulación, no practicados hoy por los que saben que trabajan para otros, llegarán al fin a su apogeo.

Una vez en estas condiciones, y no trabajando ya el hombre obligado por una fuerza extraña a su organismo, el trabajo, según la ingeniosa expresión de uno de los más eruditos pensadores socialistas, Pablo Lafargue, será para todos tan solo «el condimento de los placeres de la pereza». Ya en posesión de su individualidad, anidada por la tarea mecánica, que los progresos de la maquinaria abreviarán y aligerarán cada vez más, podrá el hombre, terminado su trabajo, disfrutar ampliamente los goces físicos resultantes del completo ejercicio de sus órganos, así como de los placeres intelectuales que procura el cultivo de la ciencia y del arte. El placer, objeto final de todo organismo viviente, se realizará entonces para cada uno con arreglo a su naturaleza.

Pero esta libertad se encuentra subordinada a la socialización de los medios de producción; la colectividad no podrá disfrutar de ellos mientras no posea los medios económicos de aprovecharlos. Ahora bien, ¿los detentadores privilegiados de estos medios, condición *sine qua non* de la libertad, los abandonarán desde el instante en que ellos a su vez sean libres de no abandonarlos?

Hallándose unida a la posibilidad de tener cada cual a su disposición el instrumento y la materia de trabajo, la libertad no surgirá sino de una presión ejercida sobre sus propietarios actuales, sobre los que son demasiado libres mientras que la mayoría trabajadora no lo es nada.

Nosotros somos revolucionarios porque sabemos por la experiencia de toda la historia que las clases dominantes solo se suicidan —si acaso se suicidan— cuando echan de ver que se las va a matar, sabiendo también que, lógica y cronológicamente, la noche del de agosto viene después de las jornadas del de julio.

xxxviSomos partidarios de recurrir a la fuerza para alcanzar la libertad, del mismo modo que en ciertos casos patológicos hay que recurrir a la camisa de fuerza para conseguir la curación; una vez esta conseguida y recuperada completamente la salud, se goza de libertad completa en los movimientos, pero mientras dura la enfermedad se prohíbe mover aquella parte del cuerpo cuyos movimientos comprometerían la salud en general. Si es ser autoritario el negar la libertad, durante el periodo de tratamiento que exija la modificación del orden social, a aquellos cuya acción podría poner en peligro nuestra reorganización, nosotros somos autoritarios. Queremos proceder autoritariamente contra la clase enemiga, y queremos suprimir las libertades capitalistas, que impiden la expansión de las libertades obreras.

Expliquemos esto, a fin de que los jesuitas rojos o tricolores no deformen nuestro pensamiento: la autoridad que nosotros proclamamos útil no es en modo alguno la autoridad cesárea de las individualidades, cualesquiera que estas sean, sobre la masa, sino al contrario, proclamamos la autoridad de la masa sobre las individualidades que ella emplea, la acción directa de los interesados, la autoridad del Proletariado y no sobre el Proletariado. Esta autoridad resultante del conjunto de los interesados en ser libres no será opresiva para ellos, a menos de admitir la opresión de las gentes por ellas mismas. La dictadura de clase deberá reinar hasta el día en que la libertad, posible para todos, pueda, sin inconvenientes para nadie, ser ejercida por todos.

El recurso a la fuerza, a la revolución, por la clase que, si ha de ser libre, necesita conquistar los medios de serlo, no será otra cosa que la fuerza empleada a su vez por los explotados contra los explotadores.

La minoría poseedora ha colocado sus monopolios bajo la protección de una fuerza capaz de refrenar las tentativas de rebelión de la mayoría desheredada; en la existencia de clases antagónicas se halla la razón de ser de los ejércitos permanentes, que representan la permanencia de la fuerza necesaria para la defensa de la clase privilegiada —en Bélgica, por ejemplo, existe un ejército permanente, por más que las Potencias europeas hayan establecido su neutralidad—, los cuales no desaparecerán sino con su causa.

xxxviiSi el ejército permanente es, en toda su brutalidad, la organización de la fuerza, a la que no vacilan jamás en dirigirse los apoderados de la clase propietaria en peligro, la legalidad es tan solo la fuerza sistemática coordinada en sentencias. Entre el empleo de la fuerza bruta y el de la fuerza metódica no media más que una simple cuestión de forma, el resultado es el mismo. Que a uno le golpeen bárbaramente o con todas las reglas del pugilato, no por eso quedará menos maltratado. La ley no es otra cosa que la consagración de la fuerza encargada de mantener intactos los privilegios de la clase poseedora y gobernante; y solo oponiendo victoriosamente la fuerza a la fuerza, y, por consecuencia, destruyendo violentamente esa forma de la fuerza que es la legalidad, puede llegar a su emancipación una clase inferior.

Si nuestro fin, la socialización de las fuerzas productivas, es una necesidad económica, nuestro auxiliar, la fuerza, es una necesidad histórica.

Todos los progresos humanos, todas las transformaciones sociales y políticas de nuestra especie han sido obra de la fuerza. Examinando la historia moderna de nuestro país se ve que la abolición de la monarquía de derecho divino y del orden feudal se deben a la revolución de ; que la desaparición de una religión del Estado resultó de la revolución de ; que el establecimiento del sufragio universal se debe a la revolución de , y la proclamación de la República a la revolución de .

También ha habido un derecho, más aún, un deber de insurrección inscrito en el evangelio burgués, en la Declaración de los derechos del hombre y del ciudadano. De este derecho, del que ella hacía un deber para la masa a su servicio, la burguesía ha usado ampliamente, y se ha emancipado por medio de la insurrección, y merced a la insurrección ha llegado gradualmente a la omnipotencia. Desde el momento que ha alcanzado su máximum de dominación, este derecho, este deber no existe ya, y la burguesía condena, ahora que se emplea en contra suya, esta misma fuerza que ella ha utilizado en provecho propio: el derecho a la insurrección debe abolirse puesto que ella no lo necesita. Por esta razón trata de convencer al Proletariado de la ineficacia del método revolucionario. ¿Qué le ofrece en cambio?

———

V

INEFICACIA DE TODOS LOS MEDIOS PACÍFICOS

El argumento favorito de nuestros reformistas platónicos consiste en asegurar que es preciso ante todo modificar las ideas y los sentimientos de la nación. «Instruir al pueblo —exclaman—: esta es la clave de la cuestión social; en los ánimos es donde debe efectuarse la revolución.»

La instrucción es incapaz de atenuar en lo más mínimo la explotación de la clase trabajadora. Por grandes que fuesen los progresos de su educación, la mayoría no poseedora, obligada a vender, para poder subsistir, su fuerza muscular o cerebral, no por eso dejaría de estar bajo la dependencia de la minoría poseedora. La universalización de la instrucción sin la universalización de la propiedad no cambiaría en nada la situación material en que se encuentra hoy el asalariado, pues no porque fuese más instruido tendría medios de trabajo en proporción mayor, ni dejaría de ser siempre desposeído.

Si nos vemos obligados a declarar que la instrucción no aliviaría ni aun levemente la suerte del Proletariado, no por eso hacemos caso omiso de ella. Reconocemos en alto grado su utilidad puesto que, difundida por la masa, ejercerá provechosa influencia desde el punto de vista revolucionario. Cuanto más instruida esté la masa, más pronto se dará cuenta de su posición de explotada, y menos dispuesta se encontrará a sufrir en silencio; todo asalariado instruido se halla próximo a sublevarse. Pero si la educación de la clase obrera puede impelerla a emplear la fuerza para apresurar la solución necesaria, es incapaz de suplir a esta.

En cuanto a la idea de modificar directamente el estado mental de la nación considerada en conjunto, es una utopía. Determinando el medio económico, juntamente con las condiciones de existencia, las ideas del hombre, para cambiar estas en todos sería preciso comenzar modificando los fenómenos exteriores de que aquellas no son más que la representación cerebral. La única transformación[xxxix] que hay que proponerse es la transformación del régimen de la propiedad, cualquiera que sea el punto de vista desde que se considere la cuestión, religioso, moral, político o económico.

Desde el punto de vista religioso, hay simplemente proyección de fenómenos naturales fuera y por encima del mundo real. Subyugado por fuerzas exteriores, los hombres han encarnado personajes místicos en estas fuerzas. Hoy día las fuerzas naturales, dominadas casi por el hombre, que cada vez se da cuenta más exacta de sus efectos y las refiere a sus verdaderas causas, no dan ya motivo a personificación, a divinización.

Solo las fuerzas sociales, juntamente con las de la Naturaleza, pesan sobre la existencia del hombre, dominándola cada día de una manera más preponderante. Para buscar hoy el origen de las ideas religiosas, hay que remontarse al origen no explicado de los dolores sufridos y a su apariencia inevitable metamorfoseada en institución sobrenatural. Mientras la masa sea juguete del modo de producción, las miserias que el régimen capitalista engendra y aquella sufre, conservarán a sus ojos un carácter sobrehumano, y, por tanto, persistirá ese terror de lo desconocido que la abruma, es decir, el sentimiento religioso.

La religión no es otra cosa que el reflejo de las fuerzas sociales en la mente, las últimas fuerzas externas cuya manera de ser hace creer al hombre que dimanan de una fuerza superior. La emancipación del pensamiento está, pues, unida a la emancipación del trabajo, de la vida práctica. El déspota terrestre, el capitalista, arrastrará en su caída al fantasma celeste; rigiendo el hombre la producción en lugar de ser regido por ella; encontrando al fin el bienestar sobre la tierra; teniendo noción clara y precisa de su situación en el universo en general y en la sociedad en particular, desaparecerá universalmente la necesidad de ese género de esperanzas y consuelos, que son consecuencia de la tiranía hoy misteriosa para las masas, así como la creencia en un ser supremo, dispensador soberano de los goces y de los sufrimientos.

Nuestros fogosos anticatólicos, ridículos aficionados a bautismos civiles y otros ritos, que imaginan desprender la sociedad civil de toda ligadura mística y mistificadora porque comen carnexl el viernes santo, hacen del librepensamiento la condición primera de la regeneración social; y no ven, o no quieren ver, que las religiones no son organismos independientes del medio económico en que se agitan. Los grupos librepensadores, así como las logias masónicas, son excelentes planteles de candidatos, trampolines que el uso ha demostrado ser útiles para saltar en las asambleas electivas, y nada más. No pedirán ni siquiera la supresión del presupuesto de cultos, pues como servicio público o un instrumento de dominación, que viene a ser lo mismo, la religión es un resorte utilísimo para todo gobierno de clase.

Desde el punto de vista moral, y sin tratar de actos reprensibles o criminales, los cuales, cuando no son productos orgánicos de un género particular de la competencia de las casas de salud, provienen de las condiciones sociales nacidas de un orden económico basado en la persecución desenfrenada de los medios de goce sin el esfuerzo correspondiente, consideremos la tacha que la opinión pública arroja sobre la maternidad fuera del matrimonio y sobre el nacimiento ilegítimo. ¿De qué proviene esta tacha?

Las costumbres son las relaciones que los intereses en contacto establecen entre los hombres. Hasta hoy solo se han presenciado intereses antagónicos, habiéndose sacrificado siempre unos por la prosperidad de otros. Es evidente desde luego que los intereses de los más fuertes han determinado solos el sistema de relaciones entre los hombres e impuesto las apreciaciones relativas a lo que había de considerarse como el bien y a lo que debía ser considerado como el mal. Las costumbres preponderantes de una época son las costumbres de la clase dominante, y la moral vulgar es siempre la que se conforma con sus intereses.

Si no se menospreciase a las jóvenes que tienen un hijo, y si se tratase al hijo natural como hijo legítimo, la libertad de las relaciones sexuales se extendería en detrimento del matrimonio. Y precisamente el matrimonio es el que imprime a la clase poseedora su carácter hereditario y desarrolla sus instintos conservadores.

Así que, según la moral vigente, la honradez para la mujer no casada estriba en la continencia, y cuando «sucumbe», ¡con quéxli dureza los libertinos le arrojan al rostro el insulto, mofándose de lo que llaman su deshonra! Pocos son los que no siguen la corriente general. Aun entre los escritores que han tratado, pero sin fruto, de idealizarlo, el hecho de entregarse la mujer al que ama y la desea, sin que haya sido previamente firmado, publicado y legalizado, es un acto de los más trágicos.

La utilidad del matrimonio, que es una escritura de propiedad, un contrato mercantil, antes de ser la unión de dos personas, resulta de la estructura económica de una sociedad basada en la apropiación individual. Al ofrecer garantías para los hijos legítimos y al asegurarles los capitales paternos, el matrimonio perpetúa la dominación de la casta detentadora de las fuerzas productivas. Y notaremos de paso que, a pesar del divorcio, las consideraciones pecuniarias que presiden a la conclusión del matrimonio y representan el papel más importante mientras dura, mantendrán en pie, salvo raras excepciones, su indisolubilidad. Las susceptibilidades morales cederán ante los intereses materiales y se procurará evitar toda irregularidad en la conducta de ambos a fin de no deshacer un buen negocio.

Transformado el modo de propiedad, y solo después de esta transformación, perderá el matrimonio su razón de ser, y entonces, sin temor del menosprecio, mujeres y hombres podrán escuchar libremente la voz de su naturaleza, satisfacer sus necesidades amorosas y ejercitar todos los órganos cuyo funcionamiento regular exige la higiene.

Realizada en favor de todos la igualdad de los medios de acción y de desarrollo, y convirtiendo en carga social la manutención de los niños, así como su instrucción, y libres ya de la diferencia de nacimiento, no habrá lugar para la prostitución ni para el matrimonio, que en su conjunto, no es más que la prostitución ante el alcalde.

En efecto, la prostitución consiste en la subordinación de las relaciones sexuales a consideraciones económicas; y de cualquier modo que se la considere, la mujer es hoy la manceba del hombre. Las que no pueden hallar un marido encargado de subvenir a todos los gastos, se alquilan temporalmente para vivir; casadas o no, en general viven del hombre y para el hombre. Las más virtuosasxlii protestas en nada cambiarán esta costumbre, la cual se practicará hasta que la mujer sea emancipada desde el punto de vista económico. No estando entonces dominadas las relaciones sexuales por móviles extraños a su fin natural, serán relaciones esencialmente privadas, y se basarán en lo único que las hace dignas, en el amor, en el deseo mutuo, y serán tan duraderas o tan mudables como el deseo que las provoque.

Desde el punto de vista político, la burguesía halaga a los obreros diciéndoles que si desean reformas son dueños de imponerlas, pues poseen el sufragio universal, que obra en las condiciones que ella se ha servido indicar, y en el momento escogido también por ella. Serían, pues, muy descontentadizos si no aceptasen este arma de papel, con la cual no pueden hacer daño alguno a sus adversarios.

La minoría detentadora de los medios de producción es dueña absoluta de la existencia de una mayoría que no puede satisfacer sus más urgentes necesidades orgánicas sino con auxilio del salario. Para obtener este salario indispensable tiene que doblegarse a la voluntad de los únicos que pueden proporcionárselo, los cuales disponen a su antojo de la vida y de la libertad de todos.

La soberanía sin la propiedad es no tan solo inútil, sino el más pérfido de los lazos. Antes del establecimiento del sufragio universal, el censo servía de barrera entre poseedores y desposeídos; exentos estos últimos del gobierno y de la propiedad, su organización en clase distinta —que hubiera amenazado las prerrogativas capitalistas el día en que hubiesen tenido conciencia clara de la inferioridad sistemática en que se los mantenía— resultaba del ostracismo legal a que estaban condenados.

De resultas de haber otorgado a todos el derecho de participación intermitente en los negocios públicos, sobrevino una confusión funesta. Los explotados, a quienes hasta entonces se había considerado tan solo como asalariados, soldados y contribuyentes, fueron víctimas de una ilusión, de que se aprovechó la casta gobernante: soberanos nominalmente, se creyeron los dueños. Con arreglo cada cual a su educación, a sus preocupaciones o a su temperamento, se alistaron en los diferentes partidos burgueses, engrosaronxliii las filas de sus enemigos de clase, y dejaron que tal o cual fracción de la burguesía, con auxilio suyo, se impusiera a las demás.

El obrero no es ya obrero exclusivamente. Creyendo votar por correligionarios políticos, entrega el poder a hombres cuyos intereses económicos se oponen abiertamente a los suyos; en efecto, no puede haber comunidad de intereses entre el que puede explotar a su voluntad y el que se ve obligado a aceptar las condiciones de explotación que se le impongan.

Los que se hallaban bajo la dependencia económica de la clase burguesa se han convertido, merced al sufragio universal, en factores de su propia dominación política. Los gobernantes burgueses, cualquiera que sea el color de su bandera, están todos de acuerdo en oponerse a aquello que signifique algún atentado contra su propiedad y disminuya sus monopolios de casta. Por esto, si la forma gubernamental ha avanzado un paso con el establecimiento de la República, último término de la evolución puramente política, la organización social, causa inevitable de la miseria, no ha variado ni variará en tanto no se modifique la forma de propiedad.

El sufragio universal encubre, en beneficio de la burguesía, la verdadera lucha que debe emprenderse. Se entretiene al pueblo con las insulseces políticas, tratando de interesarle en la modificación de tal o cual rueda de la máquina gubernamental; mas, en realidad, ¿qué importa una modificación, si el objeto de la máquina es siempre el mismo, y lo será mientras haya privilegios económicos que proteger, ni qué importa tampoco a los que ella triturará mientras exista, un cambio de forma en el modo de triturarlos?

El pretender conseguir por medio del sufragio universal una reforma social, y el querer llegar por ese expediente a la destrucción de la tiranía del taller, de la más inicua de las monarquías, de la monarquía patronal, es formarse una idea singularmente falsa del poder del tal sufragio. Los hechos son innegables: examínense los dos países en que el sufragio universal se halla establecido desde hace más tiempo y favorecido su ejercicio por una amplitud de libertad de que todavía no gozamos en Francia.

Cuando Suiza quiso librarse de la invasión clerical, cuando losxliv Estados Unidos quisieron suprimir la esclavitud, no pudieron conseguirse estas dos reformas en ninguno de los dos países en que existía el derecho electoral, sino empleando la fuerza; la guerra del Sonderbund y la guerra separatista son prueba elocuente de ello.

No obstante, como en todo y para todo hay que adaptarse a las condiciones del medio en que se ha de vivir, desde el instante que el sufragio universal existe, es preciso atenerse a él, ajustarse a la situación creada por su establecimiento y tratar de utilizarse lo mejor que se pueda de un estado de cosas que no se ha provocado, pero que no se puede menos de acatar.

El sistema abstencionista no conduciría a nada. Las abstenciones aumentan debido a que, no votando nadie por el simple deseo de ejercer el acto de soberanía que consiste en echar un papel en una urna, se echa de ver cada día más la esterilidad del sufragio universal como instrumento de reformas. Pero si la acción electoral es estéril, la abstención no lo es menos. Las abstenciones no interrumpen en modo alguno la máquina electoral, y, aunque no se tenga participación alguna en la fabricación de diputados, estos no dejan de ser elegidos y tiene uno que someterse a las leyes confeccionadas por ellos. Negándose a tomar parte en las elecciones no se pone ningún obstáculo a la política burguesa.

Debe aprovecharse el sufragio universal, puesto que existe; mas no debe exigírsele lo que no puede conceder. El sufragio debe servir para reparar el mal causado por la fusión política del Proletariado y de la burguesía, y para formar, independientemente de todos los partidos burgueses, el ejército de la revolución social.

A lo que hay que aspirar especialmente, no es a la entrada de algunos socialistas en el Parlamento, ni tampoco a una acción parlamentaria cualquiera: lo que debe buscarse es el reunir a la clase obrera, diseminada en los diversos partidos republicanos burgueses, y el separarla de aquellos cuyos intereses económicos son opuestos a los suyos. Como medio de agrupar el Proletariado para la lucha, el sufragio universal puede contribuir a acentuar la división entre las clases confundidas políticamente por él, pero esto es todo lo que puede realizar.

El medio de apresurar, con auxilio del sufragio universal, esta formación del ejército obrero, es la candidatura de clase, quexlv continúa en política la lucha de clases que rige nuestro estado social, acentuando en el terreno electoral el antagonismo existente entre aquellos que, cualesquiera que sean sus opiniones políticas, detentan los medios de producción, y los que no poseyendo más que su fuerza de trabajo, tienen que adaptarse para vivir a las exigencias de los primeros.

Pero no deben confundirse la candidatura de clase y la candidatura obrera. Como esta última no es otra cosa que la candidatura de un obrero de ideas más o menos radicales, lejos de tener para la burguesía una significación hostil, será poco a poco alabada y sostenida por ella; este es un nuevo lazo tendido a la sencillez de un Proletariado que comienza a desconfiar de los políticos de profesión, a comprender que ha sido burlado por ellos, y que, si legalmente ha sido proclamado soberano, en realidad ha seguido siendo esclavo.

Se tratará de conservar la confianza del Proletariado, que disminuye, proponiendo a sus sufragios uno de los suyos. Con la candidatura obrera se tratará de impedir que la guerra entre obreros y burgueses suceda a las inocentes escaramuzas entre republicanos de diversos matices. Bien sea un burgués o un obrero alistado bajo cualquier bandera de la burguesía el que salga elegido, el resultado será el mismo. La candidatura obrera, cuando no es otra cosa que la candidatura de un obrero, es una farsa; es necesario que la candidatura de clase lleve a la esfera política la guerra de clases que llena las páginas de la historia, y para efectuar esto debe elegirse el candidato en virtud de los servicios que puede prestar y no del estado que ejerza.

En efecto: si así como el enfermo tiene una noción más precisa de su dolor que el médico que le asiste, el obrero tiene más que nadie una idea exacta de las privaciones que sufre; así también, al tratarse del remedio conveniente, los obreros, considerados únicamente como obreros, no son más aptos para indicar la solución de la cuestión social que los enfermos para descubrir el tratamiento que conviene. Cuando su competencia en esta materia existe, proviene de estudios especiales y no de su posición de obreros.

Después de lo que antecede, ¿es necesario añadir que no emprendemosxlvi campaña alguna para obtener en la actualidad los derechos políticos de la mujer, y que, desde luego, la quimera de la candidatura femenina no nos cuenta en el número de sus partidarios, por más que en los grupos del Partido Obrero la mujer sea considerada como enteramente igual al hombre?

Convencidos de que el derecho de sufragio es impotente para conseguir la emancipación humana, no cometeremos la falta de perder un tiempo precioso en perseguir un fin que, aun suponiendo que se alcanzase, sería incapaz de mejorar la situación de la mujer. Esto sería para ella y para aquellos cuyos esfuerzos hubiesen sido estériles, un engaño más que tendrían que añadir a los ya causados por el sufragio universal; solo que esta vez la responsabilidad caería por completo sobre los que se hubieran dejado llevar de un sentimentalismo demasiado irreflexivo. La emancipación femenina está subordinada a la transformación económica, y únicamente trabajando en pro de esta se hará algo en realidad por la primera; el obrar de otro modo es hacerse cómplice, a sabiendas o inconscientemente, de extravíos perjudiciales a los intereses que se aparenta defender.

Desde el punto de vista económico se ha hablado de asociación. Pero la asociación obrera es quimérica para todo lo que es grande industria, puesto que esta absorbe cada vez más la mayoría de los obreros, dada la forma gigantesca que reviste el instrumento de trabajo y lo crecido de los anticipos necesarios para la creación de una empresa.

¿Qué significaría el ahorro obrero, aun suponiendo que fuese practicable, comparado con la indispensable acumulación de los capitales? Además de que, si por un hecho excepcional pudiera extenderse el ahorro, sería un nuevo engaño. Quien dice ahorro generalizado, dice disminución de consumo, es decir, disminución en la demanda de productos; y por ende, disminución de la producción y aumento de los paros forzosos, en perjuicio de los que no pueden vivir sino a condición de estar ocupados.

Respecto a la intervención del Estado, el conceder créditos a las Asociaciones obreras permitiría hacer a la burguesía una guerra con éxito y tendería, por consiguiente, a mermar sus beneficios; mas como es la burguesía quien dirige el Estado, ella tendrá[xlvii] buen cuidado, digan lo que quieran algunos hábiles que aspiran a hacerse populares reclamando con estruendo lo que saben no puede obtenerse, de no proporcionar al Proletariado la posibilidad de arruinarla en un plazo más o menos remoto.

En cuanto a la pequeña industria, en la que el instrumento de trabajo, de poco valor, hace más asequible la posibilidad de la asociación, semejantes asociaciones tropiezan en la práctica con obstáculos difíciles, si no imposibles, de vencer.

Impidiendo el modesto capital a los talleres cooperativos el acometer empresas importantes, y no permitiéndoles tampoco dar fiado a los clientes, los coloca, respecto de los patronos, en la posición desfavorable del pequeño productor frente al productor en grande escala, con otra desventaja sobre los dueños de pequeños talleres, a quienes nada impide, cuando escasea el trabajo, despedir todo o parte del personal asalariado, pues no les preocupa en lo más mínimo el saber cómo vivirán sus obreros cuando no trabajan, ocupándose solo en disminuir sus gastos; mientras que el taller cooperativo, no pudiendo despedir a los asociados, los cuales aunque no trabajen tienen necesidad de subsistir, se vería obligado a gastar sus fondos o contraería deudas. Los periodos de prosperidad, lejos de aprovechar al obrero, habrían de consagrarse a enjugar el déficit producido en la caja durante la paralización de los negocios; el obrero trabajaría, lo mismo que antes, para el capitalista, que entonces se llamaría acreedor en vez de llamarse patrón, y se consideraría dichoso si no se consumaba su ruina.

La mayor parte de las veces, estas asociaciones cooperativas solo tienden a la emancipación de unos cuantos, y, cuando por acaso prosperan, se convierten en patronatos colectivos que se aprovechan del trabajo de simples asalariados y reparten los beneficios entre varios accionistas, sin acordarse de los antiguos compañeros de miseria más que para explotarlos.

Cuando se reflexiona que, en una industria privilegiada como la tipografía, muchos miles de obreros se hallan imposibilitados de intentar su emancipación, por incompleta que sea, mediante la asociación obrera, es preciso convenir en que este ejemplo, panacea favorita de los reformadores charlatanes, solo prueba una cosa:xlviii la impotencia de la sociedad cooperativa y la imposibilidad de generalizarla.

Otro de los remedios más cacareados consiste en la participación en los beneficios; y se explica el interés con que se aconseja este modo particular de retribución, pues está ya hoy demostrado que únicamente beneficia a los capitalistas, quienes, gracias a este sistema, recogen por un lado más de lo que aparentan prodigar por otro.

La participación en los beneficios, haciendo creer al obrero que trabaja para sí y que logrará mayor producto cuanto más trabaje, sujeta el obrero al taller, suprime las huelgas, asegura la disminución de los gastos generales por la economía de las primeras materias y obliga al obrero a producir la mayor cantidad posible de trabajo, precipitando así, por el exceso de producción que de esto resulta, el advenimiento de los paros y de las crisis periódicas. La participación en los beneficios no es, pues, sino un medio de aumentar el grado de explotación.

Hay que añadir que la esfera en que es aplicable, es decir, útil a los patronos, es limitada. Donde los movimientos del obrero tienen que adaptarse forzosamente a los movimientos no interrumpidos de la máquina, donde el empleo de la materia primera puede calcularse exactamente, donde la vigilancia es fácil, la participación, siendo improductiva para el capitalista, no es ni será nunca aplicable.

Hay quien habla de transformar la suerte de la clase obrera por un perfeccionamiento de nuestro absurdo sistema de impuestos y sobre todo por la abolición de los derechos de consumo.

Nuestro sistema fiscal grava extraordinariamente los artículos de primera necesidad; la modificación de este sistema mejoraría inmediatamente la posición del obrero, pero solo sería una mejora pasajera. El salario tiende a regirse por el precio de las subsistencias indispensables al trabajador, y, suponiendo que disminuyese su precio por la rebaja de los arbitrios, el salario concluiría al fin por bajar. Cuanto más barata es la vida, menor es el salario, y la situación real sería la misma que antes de esta reforma improbable. En definitiva, una rebaja en el precio de sus subsistencias no aprovecharía más al asalariado que la disminución en el precio de la paja al animal que la come.xlix Por otra parte, el experimento se ha hecho ya. En Bélgica se suprimieron los consumos en ; el obrero belga paga anualmente una cantidad media de impuestos mucho menor que el obrero parisiense; ¿está por eso menos explotado? ¿en qué es preferible su existencia a la de nuestros proletarios? La sujeción obrera es independiente del sistema de contribuciones.

Respecto al librecambio y a la protección, panaceas ensalzadas por algunos, son simplemente disputas entre capitalistas, que no interesan en lo más mínimo a la clase obrera. Unos, necesitando proteger su campo de explotación nacional amenazado por la competencia extranjera, reclaman gravámenes sobre los productos extranjeros; otros, necesitando el libre acceso del mercado universal para poder ensanchar su explotación, aspiran a la libertad del cambio. Todos piensan únicamente en el mantenimiento provechoso de una potencia que nace exclusivamente del modo de apropiación, y que da origen a los desórdenes económicos y a las miserias proletarias.

Sería una candidez el tratar de persuadir a los capitalistas a que renuncien al orden de cosas de que se disfrutan. Una mejora ruinosa para ellos, y efectuada, sin embargo, por ellos mismos, en la suerte del trabajador, es tan inverosímil como la intervención del Espíritu Santo. No acertaré nunca a figurármelos en el interesante papel de empobrecidos por persuasión. ¿Se cree, no obstante, que esa problemática acción voluntaria será sustituida por la acción legislativa? Pero, ¿cómo esperar de los hombres de la burguesía, como diputados, lo que no se puede esperar de ellos como patronos, lo que rehúsan individualmente cuando sus obreros solicitan un ligero aumento de salario o una rebaja del tiempo de trabajo?

Para modificar al hombre y sus instituciones es necesario modificar primero el medio económico que los produce. Una transformación social como la abolición de la esclavitud en los Estados Unidos y la abolición del régimen del salario actualmente entre nosotros, si bien conforme con las condiciones económicas del momento, no se efectúa sin una perturbación violenta. El orden de cosas antiguo, matriz del organismo superior llamado a sucederle, no sufre sin resistencia la aparición de los elementos nuevosl que él mismo ha engendrado: todo alumbramiento va acompañado de efusión de sangre.

Y no por hablar en nombre del derecho se evitaría el recurrir a la fuerza. Pasaron los tiempos en que los hebreos, haciendo resonar sus trompetas, derribaban las murallas de Jericó; las frases más retumbantes sobre el derecho y la justicia no arrancarían ni una piedra de la fortaleza capitalista. Si desde el punto de vista subjetivo es cierto que la fuerza no puede constituir derecho, en realidad sucede lo contrario: la fuerza constituye el derecho en el sentido de que todo derecho no sancionado por la fuerza está confinado en el dominio especulativo.

VI

NUESTRA REVOLUCIÓN

La experiencia de la historia nos demuestra que una clase no abdica; una casta propietaria no se desposee espontáneamente. Poner el interés general sobre el interés particular, cuando entre sí son antagónicos, es un acto de generosidad que solo pueden efectuar aisladamente ciertos individuos. Es más: con la competencia que rige la producción, un patrono no puede pagar a sus obreros un salario mayor que sus competidores, sin correr el riesgo de arruinarse y exponerse así a no poderles pagar ni poco ni mucho; pero este es un sacrificio de que no es capaz una clase considerada como clase. El gran revolucionario Augusto Blanqui, en Francia, y Marx, en Alemania, son los primeros que han afirmado que no había avenencia posible y que la transformación social se llevará a cabo, no con la burguesía o por la burguesía, sino contra la burguesía. Arrinconada en sus últimas trincheras, lo más que hará será conceder algunas reformas, a fin de acallar reivindicaciones alarmantes. Ciertamente, los socialistas no verían con disgusto que la burguesía entrase en ese camino.

Por ejemplo, acogerían con entusiasmo la limitación de las horas de trabajo. Las horas extenuantes empleadas en enriquecer ali los capitalistas, podrían utilizarse entonces en beneficio de la acción política y de la propaganda socialista, a las que es físicamente refractario el obrero que pasa doce o quince horas en los presidios industriales. La desdicha perenne, la gran miseria, el padecimiento constante, lejos de excitar los ánimos y reanimar los espíritus, deprimen las inteligencias y abaten el valor, engendran la postración y no la fogosidad.

Conceder reformas equivale a proporcionarnos armas, a hacernos más fuertes contra nuestros adversarios, quienes se debilitan a medida que nosotros nos fortalecemos. El apetito se abre comiendo. Cuanto más se obtiene, más se exige; así, las reformas efectuadas, en vez de contener el movimiento revolucionario, excitarán a la lucha, suministrando al propio tiempo esas reformas los hombres más aptos para luchar. Los socialistas sacarán, pues, ventaja de todas las reformas. Solo que estas reformas, conquistas de detalle, no evitarán de ningún modo el combate final, puesto que, por muchas que sean las cesiones de privilegios que haga la burguesía bajo la presión de los acontecimientos, esta clase querrá siempre conservar algunos.

Deplorable o no, la fuerza es el único medio de proceder a la renovación económica de la sociedad. Aunque los intereses que representa el Partido Obrero son los de la mayoría, solo milita en él la minoría consciente del Proletariado, y, sin embargo, llama en su auxilio a la fuerza. ¡Qué ceguera! dirán algunos. Al criticarle sobre este punto, no se tiene en cuenta que la mayor parte de las revoluciones son obra de minorías, cuya voluntad tenaz y decidida ha sido secundada por la apatía de mayorías menos enérgicas. ¿Estaríamos en plena República, si para establecerla se hubiese esperado la adhesión de la mayoría del país a la idea republicana?

El número es una fuerza, pero no constituye exclusivamente la fuerza; puede ser tan solo uno de los elementos de ella y tener igual valor que el grado de desarrollo, la energía, la organización, las armas de que se dispone.

Por lo demás, el número no basta para economizar el empleo de la fuerza. El tercer estado estaba en en mayoría en la nación y en los Estados generales; a pesar de esta posición, hubiera sucumbido sin el de julio: «aquella escaramuza —declaraba ellii de junio de en la tribuna del Senado un historiador burgués, M. Henri Martin— salvó el porvenir de Francia.»

En materia de revolución, nosotros no predicamos el arte por el arte, como esos espantajos a lo Félix Pyat, revolucionarios de ópera bufa, que tutean al pueblo, hablándole siempre de la pólvora y tomando las de Villadiego en casos de apuro. La revolución no es nuestro fin, es solamente el medio que nos imponen las circunstancias para conseguirlo.

Lo que nos proponemos no es la instauración, por medio de un acto de violencia, de una forma social cuyo plan tengamos en la mente; sino la sustitución del orden capitalista por el orden cuyos elementos, como antes se ha visto, se desarrollan cada día más en el seno mismo del actual orden de cosas. Esta transformación se halla subordinada al adpenimiento previo al poder político. La clase obrera debe apoderarse por la fuerza del gobierno, que será en sus manos el instrumento con que se llevará a cabo la expropiación económica de la burguesía y la apropiación colectiva de los medios de producción.

Lo primero que debe hacerse es arrojar a la burguesía del gobierno, así como esta arrojó de él a la nobleza. En efecto, el Estado no es otra cosa que el aparato gubernamental que permite mantener bajo el dominio de los poseedores a la clase desposeída, y si la burguesía consolida este instrumento de dominación, es para servirse de él de una manera legal o ilegal el día que se viera en peligro. Es necesario, pues, quitarle en primer lugar toda posibilidad de resistencia.

Así es como la lógica enseña a proceder, y así es como procedió el tercer estado. Lo primero que hizo fue apoderarse del gobierno, y después atacó la propiedad. Y la revolución burguesa ha sido tan duradera que los representantes de la sociedad aristocrática fueron impotentes en , aun con el auxilio del extranjero, para resucitar el antiguo orden de cosas, lo cual, entre paréntesis, demuestra la eficacia de este método revolucionario. La Carta borbónica se vio obligada a consagrar la irrevocabilidad de las adquisiciones hechas por los detentadores de los bienes nacionales; la cuestión de propiedad, base del edificio social, tal como había sido reglamentada, quedó a salvo.

liiiComo una revolución social no es un fenómeno espontáneo ni local, no podemos declararnos partidarios de los movimientos parciales debidos a la iniciativa de individualidades, de grupos ni aun de ciudades, pues semejantes movimientos merman las filas de los revolucionarios sin compensación ninguna. La *Commune*, cuyo aniversario celebramos como el de una de las etapas de la evolución socialista, no triunfó por haber cometido la falta gravísima de limitar su acción a París. La emancipación de París va unida a la emancipación de la Francia obrera; casi todos los parisienses que se batieron en lo hicieron por las ideas burguesas de federalismo y de comunalismo, cuando habría sido menester sublevar, o a lo menos tratar de sublevar, toda la masa obrera del país, interesándola directamente en la lucha.

La tarea de los revolucionarios no consiste en determinar el momento de esta revolución, que surgirá fatalmente de las complicaciones económicas y políticas de que Europa será pronto teatro. Una vez demostrada la tendencia de los fenómenos económicos, una vez analizados y conocidos los elementos materiales de la transformación que se prepara, los revolucionarios no tendrán que hacer sino organizar los elementos intelectuales, reclutar el ejército capaz de hacer redundar en provecho suyo los sucesos que se elaboran, y tener la fuerza obrera dispuesta para las luchas que provocará necesariamente el desenfreno de los antagonismos sociales.

Los revolucionarios no han de escoger sus armas como tampoco el día de la revolución. En este punto, solo tendrán que preocuparse de una cosa, de la eficacia de sus armas, sin inquietarse de su naturaleza. No hay duda que, a fin de asegurar las probabilidades de victoria, deberán ser aquellas superiores a las de sus adversarios, y, por consecuencia, habrán de utilizar todos los recursos que la ciencia pone a disposición de los que tienen alguna cosa que destruir.

En resumen, el Proletariado debe recurrir a la fuerza para conquistar el poder político, cuya posesión es indispensable para llevar su emancipación. A la fuerza burguesa, a la legalidad burguesa, sistematización de la fuerza puesta continuamente al servicio de los privilegios económicos de la burguesía, es necesario oponer la fuerza obrera, la cual, una vez dueña del poder político, creará a suliv vez una legalidad nueva, y procederá legalmente a la expropiación económica de los mismos a quienes habrá derribado violentamente del poder. Este modo de acción está prescrito por los hechos: los que emplean la fuerza no pueden ser vencidos sino por la fuerza.

En cuanto a la transformación económica, que ha de efectuarse legalmente, son igualmente los hechos los que formarán los elementos directores de las modificaciones sucesivas que habrán de llevarse a cabo.

El fin del socialismo es proporcionar a cada uno los medios de poner en actividad sus facultades desarrolladas, mientras que hoy la acción de la mayoría se halla subordinada a un capital de que carece, y nosotros sabemos que este fin no puede conseguirse sino por la socialización de las fuerzas productivas.

Donde los medios de trabajo se encuentren en manos de quien los pone en movimiento, aunque afecten la forma de apropiación individual, el Partido Obrero dejará libre la acción de los acontecimientos, que eliminan de día en día esta forma de apropiación. Por ejemplo, en el caso del labrador que cultiva por sí mismo el pedazo de tierra que posee, del pequeño industrial que maneja él mismo el modesto instrumento de trabajo que le pertenece, hay esfuerzo personal, no existe explotación. Lejos de ser explotadores, son también a su vez explotados, y víctimas de los intermediarios financieros y comerciales a quienes necesitan recurrir forzosamente. No hay en tal caso lugar a confiscación; lo único que les arrebatará su pequeña propiedad serán las necesidades de la producción, a que tarde o temprano tendrán que someterse.

No obstante, mientras que los hechos hayan efectuado esta expropiación inevitable y hayan obligado al labrador a ser, en vez de propietario nominal de un trozo de tierra gravado con hipotecas, y que solo le procuraba una vida dulce y penosa, copropietario del suelo nacional con remuneración equivalente al tiempo que trabaje, el Partido Obrero le interesará en el orden comunista.

Tan pronto como haya alcanzado el poder, el Proletariado anunciará a los labradores la anulación de todas sus deudas no hipotecarias, la supresión del impuesto territorial en particular, la facultad de pagar en especie todos sus censos y la confiscaciónlv a beneficio de la colectividad de las deudas hipotecarias, reducidas a un por , poniendo además gratuitamente a su disposición pastos, semillas y máquinas agrícolas.

El labrador propietario individual de la tierra que él mismo cultiva, hallaría así beneficioso para él el nuevo régimen, hasta el día en que la necesidad resultante de la competencia de las grandes propiedades actuales socializadas, o las ventajas reales que viera dimanar de la explotación social del suelo, le hiciesen renunciar a la propiedad exclusiva de su pedazo de tierra.

La modificación económica del orden social es inmediatamente posible en todo lo que sea grande industria y comercio al por mayor, doquiera se haya efectuado la concentración de los capitales.

Tocante a lo que se encuentre en poder del Estado, no surgirá la menor dificultad. Habrá que añadir a la toma de posesión de los servicios públicos, la supresión de esa espantosa deuda por cuyos intereses paga Francia anualmente . millones, es decir, francos por cabeza, francos, término medio, por familia de cinco personas.

Respecto a lo que se halle constituido bajo la forma societaria, tampoco ocurrirá dificultad de ningún género; lo único que habrá que hacer será anular los títulos, acciones u obligaciones, reduciendo todos esos papeles pintados a su valor al peso. Una vez realizada, la apropiación colectiva de los capitales revestirá así, en lugar de la forma societaria que solo beneficia a algunos y a casi todos perjudica, la forma social en beneficio de todos.

Esto será pura y simplemente una recuperación. Pero la idea de expropiación sin ninguna indemnización hace poner el grito en el cielo a los defensores de la burguesía.

¿De dónde ha salido esa propiedad, que aún no cuenta un siglo de existencia? De una expropiación parecida a la que tanto les repugna. La nobleza y el clero han sido expropiados sin ninguna indemnización, así como sus bienes, y, lo que es más grave, una parte de los bienes comunales han sido transformados en dominios privados. La venta de estos bienes, pura y simplemente confiscados, de los cuales, a pesar de solemnes promesas, los proletarios no han percibido ni un átomo, solo fue, según uno de loslvi hombres que más concienzudamente han estudiado el periodo revolucionario, Jorge Avenel, «una especie de orgía territorial, en la que todos los capitalistas hicieron su agosto».

¿No se ha visto, en nuestros días, que los talleres de tejidos mecánicos han expropiado de su instrumento de trabajo a los dueños de los telares de mano? ¿Se les ha indemnizado acaso por aquellos telares, que han tenido que quemar? Los ferrocarriles, en que cada nueva línea hace inútil un servicio de diligencias, ¿indemnizan acaso a los empresarios de ellas? Ahora bien: el interés público es el que exige igualmente la expropiación de la burguesía, del mismo modo, sin indemnización de ningún género.

En oposición a lo que ha hecho el tercer estado, practicando aquello de «quítate tú para ponerme yo», la expropiación socialista será una expropiación en beneficio de todos. Habiendo ingresado todos los capitales en la colectividad, el capitalista habrá desaparecido como capitalista; como hombre, los medios de producción socializados estarán a disposición de su actividad en iguales condiciones que para todos, y, lo mismo que todos, percibirá la retribución correspondiente al tiempo que trabaje. Si es viejo o está impedido, la colectividad atenderá a su subsistencia, como atenderá también ampliamente a la de todos los viejos y enfermos.

En definitiva, la evolución del medio económico tiende fatalmente a hacer desaparecer la apropiación estrictamente individual. Tal es el hecho contra el cual nada pueden nuestras preferencias personales. Pero si la centralización de las fuerzas económicas, que es cada día más completa, tiene por término necesario la apropiación colectiva, solo en el momento en que, a consecuencia de la acción revolucionaria de la clase productora y no propietaria, haya aquella entrado en su periodo socialista, esta evolución inevitable no se duplicará, como en régimen capitalista, con la miseria de los trabajadores y la ruina de los propietarios expropiados.

DESARROLLO

DE LA PRODUCCIÓN CAPITALISTA

SECCIÓN PRIMERA

Mercancía y moneda.

CAPÍTULO PRIMERO

LA MERCANCÍA

I. Valor de uso y valor de cambio. — Valor, su sustancia. — Magnitud del valor, tiempo de trabajo socialmente necesario. — II. Doble aspecto del trabajo. — Doble carácter social del trabajo privado. — Reducción de toda clase de trabajo a cierta cantidad de trabajo simple. — III. El valor, realidad social, solo aparece en el cambio. — Forma del valor. — IV. Apariencia material del carácter social del trabajo.

La mercancía, es decir, el objeto que en vez de ser consumido por el que lo produce, está destinado al cambio, a la venta, es la forma elemental de la riqueza de las sociedades en que impera el régimen de producción capitalista. El punto de partida de nuestro estudio debe ser, de consiguiente, el análisis de la mercancía.

I. *Valor de uso y valor de cambio.*

Consideremos dos objetos, por ejemplo, una mesa y una cantidad de trigo. En virtud de sus cualidades particulares, cada uno de estos objetos sirve para satisfacer necesidades distintas; ambos son, pues, útiles al hombre que hace uso de ellos.

Para convertirse en mercancía un objeto debe ser ante todo una cosa útil, una cosa que ayude a satisfacer necesidades humanas de esta o de la otra especie. La utilidad de una cosa, utilidad que depende de sus cualidades naturales y aparece en su uso o consumo, hace de ella *un valor de uso*.

Destinado por el que lo confecciona a satisfacer las necesidades o las conveniencias de otros individuos, un objeto es entregado por el productor a aquella persona a quien es útil, a quien quiere usarlo, en cambio de otro objeto, y por este acto se convierte en mercancía. La proporción variable en que unas mercancías de especie diferente se cambian entre sí, constituye su *valor de cambio*.

Valor, su sustancia.

Consideremos la relación de cambio de dos mercancías: kilogramos de trigo, por ejemplo, igualan a kilogramos de hierro. ¿Qué quiere decir esto? Que en esos dos objetos diferentes, trigo y hierro, hay algo común.

Este algo no puede ser una propiedad natural de las mercancías: pues no se tienen en cuenta sus cualidades naturales sino en cuanto estas cualidades les dan una utilidad que las constituye en valores de uso. En su cambio, y esto es lo que caracteriza la relación de cambio, no se atiende a su utilidad respectiva, y solo se considera si se encuentran respectivamente en cantidad suficiente. Como valores de uso, las mercancías son ante todo de cualidad distinta; como valores de cambio, solo pueden ser diferentes en cantidad.

Prescindiendo de las propiedades naturales, del valor de uso de las mercancías, solo queda a estas una cualidad: la de ser productos del trabajo.

En este concepto, puesto que en una mesa, una casa, un saco de trigo, etc., debemos hacer caso omiso de la utilidad respectiva de estos objetos, de su forma útil particular, no tenemos para qué preocuparnos del trabajo productivo especial del ebanista, del albañil, del labrador, etc., que les han dado aquella forma particular. Descartando así en estos trabajos su fisonomía propia, solo nos resta su carácter común: desde cuyo momento todos ellos quedan reducidos a un gasto de fuerza humana de trabajo, es decir, a un desgaste del organismo del hombre, sin consideración a la forma particular en que se ha gastado esta fuerza.

Resultantes de un gasto de fuerza humana en general, muestras del mismo trabajo indistinto, las mercancías manifiestan únicamente que en su producción se ha gastado una fuerza de trabajo; o de otro modo, que en ellas se ha acumulado trabajo. Las mercancías son *valores* en tanto que son materialización de este trabajo, sin examinar su forma.

Lo que de común se observa en la relación de cambio o en el valor de cambio de las mercancías, es su valor.

Magnitud del valor, tiempo de trabajo socialmente necesario.

La sustancia del valor es el trabajo; la medida de la cantidad de valor es la cantidad de trabajo, que a su vez se mide por la duración, por el tiempo de trabajo.

El tiempo de trabajo que determina el valor de un producto es el tiempo socialmente necesario para su producción, es decir, el tiempo necesario no en un caso particular, sino por término medio, este es, el tiempo que requiere todo trabajo ejecutado con el grado medio de habilidad y de intensidad y en las condiciones ordinarias con relación al medio social convenido.

La magnitud del valor de una mercancía no padecería alteración, si el tiempo necesario para su producción continuara siendo el mismo; pero este varía cada vez que se modifica la productividad del trabajo, es decir, con cada modificación que se introduce en la actividad de los procedimientos o de las condiciones exteriores, mediante las cuales se manifiesta la fuerza de trabajo; la productividad del trabajo depende, pues, entre otras cosas de la habilidad media de los trabajadores, de la extensión y eficacia de los medios de producir y de circunstancias puramente naturales: la misma cantidad de trabajo está representada, por ejemplo, por ocho fanegas de trigo, si la estación ha sido favorable, y por cuatro en el caso contrario.

Por regla general, si la productividad del trabajo aumenta, disminuyendo el tiempo necesario para la producción de un artículo, el valor de este disminuye, y a la inversa, si la productividad disminuye el valor aumenta. Pero cualesquiera que sean las variaciones de su productividad, el mismo trabajo, funcionando durante igual tiempo, crea siempre el mismo valor, solo que suministra en un tiempo determinado una cantidad mayor o menor de valores de uso u objetos útiles, según aumente o disminuya su productividad.

Aun cuando, merced a un aumento de productividad, se produzcan en el mismo tiempo dos vestidos en vez de uno, cada vestido continuará teniendo la misma utilidad que tenía antes de duplicarse la producción;

pero con los dos vestidos se pueden vestir dos hombres en lugar de uno; por lo tanto, hay aumento de riqueza material. No obstante, el valor del conjunto de objetos útiles sigue siendo el mismo: dos vestidos hechos en un tiempo igual al empleado anteriormente en hacer uno, no valen más de lo que antes valía un solo vestido.

Una modificación en la productividad que haga más fecundo el trabajo, aumenta la cantidad de artículos que este trabajo proporciona, y por consiguiente, la riqueza material; poro no modifica el valor de esta cantidad así materialmente aumentada, si continúa siendo igual el tiempo total de trabajo empleado en su fabricación.

Sabemos ya que la sustancia del valor es el trabajo. Sabemos también que su medida es la duración del trabajo.

Una cosa puede ser valor de uso sin ser un valor: basta para esto que sea útil al hombre, sin que provenga de su trabajo. Así sucede con el aire, las praderas naturales, una tierra virgen, etc. Un valor de uso solo tiene valor cuando hay acumulada en él cierta suma de trabajo humano. Por ejemplo, el agua que corre en un río, aunque útil para muchas necesidades del hombre, no tiene, sin embargo, valor alguno; pero si por medio de cántaros o tubos se transporta el agua a un quinto piso, adquiere inmediatamente valor, porque para hacerla llegar hasta aquel punto se ha gastado cierta cantidad de fuerza humana.

Una cosa puede ser útil y producto del trabajo sin ser mercancía. Todo aquel que con su producto satisface sus propias necesidades, solo crea un valor de uso por su cuenta personal. Para producir mercancías hay que producir valores de uso, con el fin de entregarlos al consumo general por medio del cambio.

Por último, ningún objeto puede ser valor si no es útil; si un objeto es inútil, como se ha gastado inútilmente el trabajo que contiene, no crea valor.

II. *Doble aspecto del trabajo.*

El trabajo del ebanista, el del albañil, del labrador, etcétera, crean valor por su condición común de trabajo humano; pero no forman una mesa, una casa, cierta cantidad de trigo, etc., en una palabra, diferentes valores de uso, sino porque poseen cualidades diferentes.

Toda clase de trabajo supone, por una parte, gasto físico de fuerza humana, siendo bajo este concepto de igual naturaleza y formando el valor de las mercancías. Por otra parte, todo trabajo implica un gasto de la fuerza humana bajo una u otra forma productiva determinada por un fin particular, y en este concepto de trabajo útil diferente, produce valores de uso o cosas útiles.

Doble carácter social del trabajo privado.

Al conjunto de objetos útiles de toda especie exigidos por la variedad de las necesidades humanas, corresponde un conjunto de obras o trabajos igualmente variados. Para satisfacer las diversas necesidades del hombre, el trabajo se presenta, pues, bajo formas útiles distintas, de lo cual resulta una multitud de industrias innumerables.

Aunque ejecutadas independientemente unas de otras, según la voluntad y designio particular de sus productores, sin relación aparente, las diversas especialidades de trabajos útiles se manifiestan como partes, que se completan entre sí, del trabajo general destinado a satisfacer la suma de necesidades sociales. Los oficios individuales, cada uno de los cuales corresponde cuando más a un orden de necesidades, y cuya variedad indispensable no resulta de ningún convenio previo, forman en su totalidad como los eslabones del sistema social de la división del trabajo, que se adaptan a la diversidad infinita de las necesidades.

De esta manera, trabajando los hombres unos para otros, sus obras privadas revisten, por esta sola razón, un carácter social; pero estas obras, tienen también un carácter social por su semejanza en concepto de trabajo humano en general, no apareciendo esta semejanza más que en el cambio, es decir, en una relación social que los coloca frente a frente bajo una base de equivalencia, no obstante su diferencia natural.

Reducción de toda clase de trabajo a cierta cantidad de trabajo simple.

Las diversas transformaciones de la materia natural y su adaptación a las distintas necesidades humanas, que constituyen toda la tarea del hombre, son más o menos penosas de efectuar, y, por consecuencia, los diferentes géneros de trabajo de donde resultan son más o menos complicados.

Pero cuando hablamos del trabajo humano bajo el punto de vista del valor, consideramos tan solo el trabajo simple, es decir, el gasto de la simple fuerza que todo hombre, sin educación especial, posee en su organismo. Es cierto que el trabajo simple medio varía según los países y las épocas, pero siempre se halla determinado en una sociedad dada, es decir, en cada sociedad. El trabajo superior no es otra cosa que trabajo simple multiplicado, pudiendo siempre ser reducido a una cantidad mayor de trabajo simple: un día o jornada de trabajo superior o complicado puede equivaler, por ejemplo, a dos días o jornadas de trabajo simple.

La experiencia enseña que esta reducción de todo trabajo a determinada cantidad de una sola especie de trabajo, se hace diariamente en todas partes. Las mercancías más diversas hallan su expresión uniforme en moneda, es decir, en una masa determinada de oro o de plata. Y por este solo hecho, los diferentes géneros de trabajo, cuyo producto son las mercancías, por complicados que sean, se van a reducir en una proporción dada, al producto de un trabajo único, el que suministra el oro o la plata. Cada género de trabajo representa solamente una cantidad de este último.

III. *El valor, realidad social, solo aparece en el cambio.*

Las mercancías son tales mercancías por ser a la vez objetos de utilidad y porta-valor. De consiguiente, solo pueden entrar en la circulación si se presentan bajo una doble forma: su forma natural y su forma de valor.

Considerada aisladamente una mercancía, como objeto de valor, no puede ser apreciada. En vano diremos, en efecto, que la mercancía es trabajo humano materializado; la reduciremos a la abstracción valor sin que la más leve partícula de materia constituya este valor, y en uno y otro caso solo tendrá una forma palpable su forma natural de objeto útil.

Si recordamos que la realidad de las mercancías, en concepto de valores, consiste en que son la expresión varia de la misma unidad social, del trabajo humano, aparece evidente que esta realidad, puramente social, solo puede manifestarse en las transacciones sociales; el carácter de valor se manifiesta en las relaciones de las mercancías unas con otras y solo en estas relaciones. Los productos del trabajo revelan en el cambio, como valores, una existencia social bajo idéntica forma, distinta de su existencia material, y bajo formas diversas, como objetos de utilidad. Una mercancía expresa su valor por el hecho de poder cambiarse por otra; en una palabra, por el hecho de presentarse como valor de cambio, y solo de este modo.

Si el valor se manifiesta en la relación de cambio, el cambio no engendra el valor, antes al contrario, el valor de la mercancía es el que rige sus relaciones de cambio y determina sus relaciones con las demás. Esto se comprenderá con una comparación.

Un pilón de azúcar es pesado, pero su sola apariencia no lo indica y menos aún cuál sea su peso. Consideremos diferentes pedazos de hierro de peso conocido. La forma material del hierro, como la del azúcar, no es, por sí misma, una indicación de la pesantez; los pedazos de hierro, puestos en relación con el pilón de azúcar, nos darán a conocer el peso de este. Así, pues, la magnitud de su peso, que no aparecía, considerado el pilón de azúcar aisladamente, se manifiesta cuando se pone en relación con el hierro; pero la relación de peso entre el hierro y el azúcar no es la causa de la existencia del peso del azúcar, antes al contrario este peso determina la relación.

La relación del hierro con el azúcar es posible, porque estos dos objetos tan diferentes por su uso, tienen una propiedad común, la pesantez, y en esta relación el hierro solo se considera como un cuerpo que representa peso; no se tienen en cuenta sus demás propiedades y sirve únicamente como medida de peso. De igual modo, al expresar un valor cualquiera, por ejemplo, veinte metros de tela valen un vestido, la segunda mercancía no representa más que valor; la utilidad particular del vestido no se tiene en cuenta en este caso, y solo sirve como medida de valor de la tela. Empero aquí concluye la semejanza. En la expresión de peso del pilón de azúcar, el hierro representa una cualidad común a ambos cuerpos, pero es una cualidad natural, su pesantez; en la expresión de valor de la tela con el vestido, este representa seguramente una cualidad común a ambos objetos, pero ya no es una cualidad natural, sino una cualidad de origen exclusivamente social, cual es su valor.

La mercancía, que tiene un doble aspecto, objeto de utilidad y valor, no aparece, pues, tal como es, sino cuando se deja de considerarla aisladamente, cuando por su relación con otra mercancía, por la posibilidad de ser cambiada, adquiere su valor una forma apreciable, la forma de valor de cambio, distinta de su forma natural.

Forma del valor.

En el concepto de valores, todas las mercancías son expresiones de la misma unidad, trabajo humano, reemplazables mutuamente. Una mercancía puede, por consecuencia, cambiarse por otra mercancía. En realidad hay imposibilidad de cambio inmediato entre las mercancías. Una sola mercancía reviste la forma susceptible de cambio inmediato con todas las demás: sabido es que las mercancías poseen una forma especial de valor, la forma moneda.

Esta forma moneda tiene su fundamento en la simple forma de la relación de cambio, que es: metros de tela valen un vestido, o kilogramos de trigo valen kilogramos de hierro, etc.

Primeramente, cualquier mercancía se cambia, con arreglo a esta fórmula, por otra mercancía diferente de cualquiera clase que sea. Esto es lo que ocurre en los cambios aislados, en que una sola mercancía expresa accidentalmente su valor en otra mercancía también sola.

En segundo lugar, una misma mercancía se cambia, no ya al azar con otra, sino regularmente con otras varias: metros de tela, por ejemplo, valen alternativamente un vestido, kilogramos de trigo, kilogramos de hierro, etc.; en cuyo caso una mercancía expresa su valor en una serie de mercancías, mientras que en el caso anterior lo expresaba en una sola.

Hasta ahora no hay más que una mercancía que exprese su valor primeramente en otra mercancía y después en varias. Cada mercancía tiene que buscar su forma o sus formas de valor, no existiendo una forma de valor común a todas las mercancías.

En la fórmula que precede vemos que metros de tela valen un vestido, o kilogramos de trigo, o kilogramos de hierro, o..., etc. No cambiando la mercancía cuyo valor se quiere expresar, y que es la tela, varían las que expresan su valor, siendo ora un vestido, ora el trigo, o bien el hierro, etc. La misma mercancía, la tela, puede tener tantas representaciones de su valor cuantas son las mercancías diferentes. Y como, por el contrario, quisiéramos que una sola representación reflejase el valor de todas las mercancías, invirtamos nuestro ejemplo de este modo: un vestido vale metros de tela, kilogramos de trigo valen metros de tela, kilogramos de hierro valen metros de tela, etc., etc. Esta fórmula, que es la precedente invertida, la cual era a su vez el desarrollo de la forma simple de la relación de cambio, nos da, por último, una expresión uniforme de valor para el conjunto de las mercancías. Todas tienen ya una medida común de valor, la tela, que, siendo susceptible de cambio inmediato con ellas, es para todas la forma de existencia de su valor.

Desde el punto de vista del valor, las mercancías son cosas puramente sociales y su forma valor debe, por lo tanto, revestir una forma de validez social. Y la forma valor no ha adquirido consistencia sino desde el momento en que se ha unido a un género especial de mercancías, a un objeto único universalmente aceptado. Este objeto único, forma oficial de los valores podía ser, en principio, una mercancía cualquiera; pero la mercancía especial, con cuya forma natural se ha confundido poco a poco el valor, es el oro. Sustituyamos, en nuestra última fórmula, la tela con el oro, y obtendremos la forma moneda del valor; todas las mercancías son reducidas a cierta cantidad de oro.

Antes de conquistar históricamente este monopolio social de forma del valor, el oro era una mercancía como cualquier otra, y solo porque representaba de antemano el papel de mercancía al lado de las demás, funciona hoy como moneda frente a las otras mercancías. Como toda mercancía, el oro se presentó primero accidentalmente en cambios aislados. Poco a poco funcionó, en una esfera más o menos limitada, como medida general del valor. En la actualidad, los cambios de productos se verifican exclusivamente por su mediación.

La forma moneda del valor aparece hoy como su forma natural. Al decir que el trigo, un vestido, un par de botas, se refieren a la tela como a la medida de valor, como a la encarnación general del trabajo humano, salta inmediatamente a la vista lo extraño de tal proposición; pero cuando los productores de estas mercancías, en vez de referirlas a la tela, las refieren al oro o a la plata, lo cual en el fondo es lo mismo, la proposición deja de sorprenderles. No parece que una mercancía se haya convertido en moneda, porque las demás mercancías expresen en ella su valor, sino por el contrario, parece que las mercancías expresan en ella su valor, porque es moneda.

IV. *Apariencia material del carácter social del trabajo.*

Esta forma moneda o dinero, contribuye, pues, a dar una idea falsa de las relaciones de los productores, cuyas relaciones ponen los productos en presencia unos de otros para cambiarlos comparando sus valores, es decir, comparando el trabajo de diferente género que cada cual contiene en concepto de trabajo humano semejante, y prestando así a este trabajo y a sus productos un aspecto social distinto de su aspecto natural.

Y los productos del trabajo que en sí mismos son cosas sencillas y fáciles de comprender, se tornan complicados, llenos de sutilezas y enigmáticos, en cuanto se les considera como objetos de valor prescindiendo de su naturaleza física, en una palabra, desde que se convierten en mercancías.

El valor de cambio, que verdaderamente no es otra cosa que la manera social de contar el trabajo invertido en la fabricación de un objeto, y que, por consecuencia, solo tiene una realidad social, ha llegado a ser tan familiar para todo el mundo que parece ser como la forma moneda para el oro y la plata, una propiedad íntima de los objetos.

Habiendo aparecido en el periodo histórico en que domina el sistema mercantil de producción, este carácter de valor ha tomado el aspecto de un elemento material de las cosas, inseparable de ellas y eterno; mientras que existen sistemas de producción en que la forma social de los productos del trabajo se confunde con su forma natural, en lugar de ser distinta de ella, en que los productos se presentan como objetos de utilidad bajo diversos conceptos y no como mercancías que se cambian recíprocamente.

Esta apariencia material que se da a un fenómeno puramente social, esta ilusión de que las cosas tienen una propiedad natural mediante la cual se cambian en proporciones determinadas, convierte, a los ojos de los productores, su propio movimiento social, sus relaciones personales para el cambio de sus productos, en movimiento de las cosas mismas, movimiento que los arrastra, sin que puedan dirigirlo, ni mucho menos. La producción y sus relaciones, creación humana, rigen al hombre en lugar de estar subordinadas a él.

Un hecho análogo se observa en la nebulosa región del mundo religioso. En esta región los productos del cerebro humano se convierten en dioses, toman el aspecto de seres independientes, dotados de cuerpos propios, que se comunican entre sí y con los hombres. Lo mismo ocurre con los productos manuales en el mundo mercantil.

CAPÍTULO II

DE LOS CAMBIOS

Relaciones de los poseedores de las mercancías; condiciones de estas relaciones. — La relación de cambio entraña necesariamente la forma moneda. — La forma moneda va unida a los metales preciosos.

Relaciones de los poseedores de las mercancías; condiciones de estas relaciones.

No pudiendo las mercancías ir por sí solas al mercado ni cambiarse ellas mismas entre sí, sus poseedores, para ponerlas en contacto, tienen que ponerse a su vez en mutuas relaciones. De suerte que cada uno se apropia la mercancía ajena abandonándole la propia, por medio de un acto voluntario común. Así, pues, para que la enajenación sea recíproca, los poseedores deben reconocerse tácitamente como propietarios privados de las cosas enajenadas. Esta relación jurídica, cuya forma es el contrato, no es otra cosa que la relación de las voluntades en que se refleja la relación económica. Las personas solo existen en tal caso a título de representantes de la mercancía que poseen.

Para el dueño de una mercancía que quiere cambiarla por otra, esta mercancía no es un valor de uso, un objeto de utilidad; si le fuera útil no procuraría deshacerse de ella. La única utilidad que el mercader cambista encuentra en su mercancía es que puede ser útil a otros, y que, por consecuencia, es un instrumento de cambio y un porta-valor. Desde este punto aspira a enajenarla por otras mercancías, cuyo valor de uso pueda satisfacer sus necesidades personales.

Todas las mercancías son lo contrario de valores de uso o valores negativos para los que las poseen, y valores de uso positivos para los que carecen de ellas, siendo, pues, necesario que varíen de dueño, cuya variación constituye precisamente su cambio. Pero el cambio no las relaciona unas con otras, sino en el concepto de valores; solo después del cambio vienen a ser valores de uso para el nuevo poseedor que las ha adquirido atendiendo a su utilidad. Es necesario, por lo tanto, que las mercancías se manifiesten como valores antes de que puedan realizarse como valores de uso.

Es necesario además que su valor de uso esté demostrado antes de que las mercancías puedan realizarse como valores; porque solo se realizan como valores a condición de que se demuestre que el trabajo invertido en producirlas, lo haya sido en una forma útil a otros; y esta condición solo se prueba cuando hay alguien que quiere adquirirlas atendiendo a su utilidad, en una palabra, la utilidad de las mercancías solo se demuestra por su cambio.

En resumen, solo cuando son útiles pueden las mercancías presentarse como valores; si bien deben haberse presentado como valores antes de manifestar su utilidad. ¿Cómo quedarán satisfechas estas condiciones contradictorias para los poseedores de las mercancías?

La relación de cambio origina la forma moneda.

En esta situación las mercancías solo pueden manifestar su carácter de valor y la cantidad de este si se colocan sobre una base de igualdad con una cantidad determinada de una cosa útil, cuyo valor esté ya demostrado. Dos mercancías manifiestan su valor por su comparación con una tercera mercancía, cuya utilidad, ya reconocida, da cuerpo al valor de las otras dos. Esta tercera mercancía se convierte en moneda, según hemos visto en el capítulo precedente. La relación de cambio es la que origina necesariamente la forma moneda.

El desarrollo histórico de la producción y del cambio ha impreso, cada vez más, a los productos del trabajo el carácter de mercancías, de productos para otros; una parte cada vez mayor de objetos útiles se ha producido intencionadamente para el cambio, es decir, que hasta en su producción los objetos no son considerados, bajo el punto de vista de su utilidad, sino como valores. A fin de efectuar el cambio, era necesario poder comparar su valor respectivo, y no pudiendo hacerse esta comparación sino mediante otra mercancía, la necesidad del comercio ha dado así origen a una forma palpable que permite comparar los objetos bajo el punto de vista del valor.

Esta forma palpable que se adhiere, al principio, ora a una, ora a otra mercancía, acaba por adherirse exclusivamente, a una especie particular de mercancía. De común acuerdo, una mercancía especial que se separa de las otras, sirve para exponer sus valores recíprocos. La forma natural de esta mercancía queda establecida socialmente como la forma de existencia del valor, y funciona como moneda, convirtiéndose en dinero.

La forma moneda se adhiere a los metales preciosos.

La casualidad decide primeramente sobre qué género de mercancías ha de fijarse la forma moneda; pero esta forma no tarda en adherirse a las mercancías que por sus propiedades naturales son más aptas para esta función social, es decir, a los metales preciosos. En efecto, todas las muestras de estos metales son idénticas en el concepto de las cualidades, y solo unas materias semejantes podían tener forma propia para manifestar el valor, para servir de imágenes palpables del trabajo humano. Además, como las mercancías, en concepto de valores, solo difieren por su cantidad, la mercancía moneda debe ser susceptible de diferencias cuantitativas, a fin de adaptarse a las variaciones de cantidad.

El valor de uso del oro y de la plata convertidos en mercancía moneda es doble: además de su utilidad como mercancías, pues sirven de materia primera para fabricar muchos artículos, tienen una utilidad particular por su función como moneda.

La relación social de cambio, que transforma al oro y la plata en moneda, no les da su valor, que ya tenían antes de ser moneda, solo les da esta forma especial de valor. El hecho de saber que el oro tiene esta forma especial de valor, la forma moneda, que lo hace susceptible de cambio inmediato con todas las demás mercancías, implica el que se sepa cuánto valen, por ejemplo, veinte pesetas de oro. Como toda mercancía, el oro no puede expresar su propia cantidad de valor sino en otras mercancías, y basta leer en sentido inverso una tarifa de precios corrientes, para encontrar la cantidad de valor del oro expresada en todas las mercancías imaginables.

———

CAPÍTULO III

LA MONEDA O LA CIRCULACIÓN DE LAS MERCANCÍAS

I. Medida de los valores. — La forma precio. — II. Circulación de las mercancías. — Curso de la moneda. — El numerario o las especies y el papel moneda. — III. Reservas de oro y de plata o tesoros. — El dinero como medio de pago. — La moneda universal.

I. *Medida de los valores.*

Supongamos, para mayor claridad, que el oro es la mercancía moneda. Realmente, en los países como Francia en que dos mercancías, el oro y la plata, desempeñan legalmente la función de medida del valor, solo una de ellas se mantiene en su puesto.

La primera función del oro consiste en suministrar al conjunto de las mercancías la materia en que expresan sus valores, como productos de cualidad igual, comparables, por lo tanto, en el concepto de cantidad. Desempeña, pues, el papel de medida universal de los valores.

Pero no es el oro convertido en moneda lo que hace a las mercancías conmensurables; al contrario, porque son conmensurables, siendo de igual cualidad en concepto de valores y fuerza de trabajo materializada, pueden hallar todas juntas su magnitud de valor en una mercancía convertida en medida común. Esta medida de los valores mediante la moneda, no es más que la forma que debe revestir necesariamente su medida efectiva, que será siempre el tiempo de trabajo.

La forma precio.

La expresión en oro de la magnitud de valor de una mercancía es su forma moneda o su precio.

El precio de las mercancías no es cosa aparente por sí misma. El poseedor se ve obligado a ponerles unas etiquetas para anunciar su precio, para representar su igualdad con el oro. No hay comerciante que no sepa perfectamente que no necesita ni un grano de oro efectivo para estimar en oro el valor de millones de mercancías. Aun cuando en su función de medida de los valores solo se emplea la moneda como moneda imaginaria, no por esto la determinación de los precios deja de depender completamente de la materia de la moneda. Si esta materia fuese cobre en vez de oro, los valores estarían representados por cantidades de cobre diferentes de las cantidades de oro, en otros términos, por precios diferentes.

Como cantidades diversas de una misma cosa, del oro, las mercancías se comparan y se miden entre sí, y de aquí la necesidad de referirlas a una cantidad de oro que se fija como término de comparación, como unidad de medida. Debiendo tener esta cantidad de oro una autenticidad social, es determinada por la ley. Dividida en partes iguales, esta cantidad fija de metal se convierte en el tipo de los precios.

Por consecuencia, el oro desempeña aquí una segunda función. Sabemos que, como medida de los valores, sirve para transformar los valores de las mercancías en supuestas cantidades de oro, en precios; ahora, como tipo de los precios, mide estas diversas cantidades de oro por una cantidad fija y las refiere a un peso fijo de oro. Los precios, o las cantidades de oro en que se transforman imaginariamente las mercancías, se expresan desde este momento con los nombres monetarios de este peso fijo, unidad de medida y de sus subdivisiones, por ejemplo, en pesetas.

Los precios indican, pues, dos cosas al mismo tiempo: la magnitud del valor de las mercancías y la parte del peso de oro convertido en unidad de medida, por la cual, son cambiables inmediatamente.

Si el precio, como índice de la magnitud del valor de la mercancía, es la indicación de su relación de cambio con la moneda, no se ha de deducir que la indicación de su relación de cambio con la moneda se confunde necesariamente con la indicación de su magnitud de valor.

En efecto, la magnitud de valor expresa la relación íntima que existe entre una mercancía y el tiempo de trabajo social necesario para producirla. Desde que el valor se convierte en precio, esta relación aparece como la relación de cambio de la mercancía con la moneda. Pero la relación de cambio puede expresar, ora el valor mismo de la mercancía o bien lo más o lo menos que su cambio produce accidentalmente en circunstancias dadas.

Supongamos que un saco de trigo se produce en el mismo tiempo de trabajo que gramos de oro, y que el nombre monetario de estos gramos de oro sea el de dos escudos; la expresión moneda del valor del saco de trigo, o su precio, será dos escudos.

Aunque las condiciones de la producción no varíen, siendo necesario el mismo tiempo de trabajo si se presentan circunstancias que permiten estimar el saco de trigo en tres escudos u obligan a bajarlo a un escudo, en tal caso tres escudos y un escudo son expresiones que aumentan o disminuyen el valor del trigo, y sin embargo, son sus precios, porque expresan la relación de cambio del trigo y de la moneda.

Es, pues, posible que exista una diferencia cuantitativa entre el precio de una mercancía y su magnitud de valor, cuya posibilidad proviene del doble papel que representa la misma forma precio.

En el precio, es decir, en el nombre monetario de las mercancías, su equivalencia con el oro no es todavía un hecho consumado. Para producir prácticamente el efecto de un valor de cambio, la mercancía debe dejar de ser oro simplemente imaginado y convertirse en oro real y positivo para darla un precio, basta con declararla igual a una cantidad de oro puramente imaginaria; pero hay que reemplazarla con oro efectivo para que preste a su poseedor el servicio de procurarle, por medio del cambio, las cosas que necesita.

La forma precio manifiesta simplemente que las mercancías son enajenables y en qué condiciones su poseedor quiere enajenarlas. Los precios son como miradas amorosas que las mercancías lanzan al dinero; para que el dinero se deje atraer por las mercancías es preciso que su valor útil esté reconocido. No hablamos de los errores más o menos intencionados que se cometen al fijar los precios, cuyos errores son bien pronto corregidos en el mercado por la tarifa de los concurrentes.

II. *Circulación de las mercancías.*

El cambio transporta las mercancías de manos en que son valores de uso negativos a manos en que sirven de valores de uso. Llegadas al punto en que sirven de objetos de utilidad, las mercancías desaparecen de la esfera de los cambios y caen en el dominio del consumo, lo cual, solo se verifica después de una serie de cambios de forma.

Consideremos en el mercado un cambista cualquiera, un tejedor. Cambia su mercancía, metros de tela, por ejemplo, por escudos de oro; después de lo cual cambia estos dos escudos por un vestido. Al operar así el tejedor, enajena la tela, que para él no es más que porta-valor, por el oro, y el oro, figura del valor de la tela, por otras mercancías, el vestido, que va a ser para él valor de uso. De cuya operación resulta que el tejedor se ha proporcionado, en lugar de su primera mercancía, otra mercancía de valor igual, pero de utilidad diferente; proporcionándose, de esta manera, medios de subsistencia y de producción.

En último resultado, el tejedor no hace más que sustituir una mercancía por otra, o cambiar productos. Pero este cambio se efectúa dando lugar a dos transformaciones opuestas y complementarias: transformación de la mercancía en dinero y nueva transformación del dinero en mercancía, cuyas transformaciones representan, bajo el punto de vista del poseedor de la mercancía, dos actos: venta, o cambio de la mercancía por dinero, y compra o cambio del dinero por la mercancía. El conjunto de los dos actos contenidos en la operación (tela - dinero - vestido) o lo que es lo mismo (mercancía - dinero - mercancía) se resume así: vender para comprar.

El mismo acto que es venta para el tejedor es compra para el que da escudos por su tela; y estos escudos eran ya el producto de una venta en manos del comprador de la tela. Porque, aparte del cambio del oro en su fuente de producción, es decir, en el punto donde se cambia como producto inmediato del trabajo por otro producto de igual valor, el oro representa, en manos de cada productor cambista, un precio de mercancía realizado.

Supongamos que el comprador de la tela ha obtenido estos escudos de la transformación de un saco de trigo en dinero, y veremos en tal caso, que la tela, que, como cosa vendida, es el principio del movimiento de cambio (tela - dinero - vestido), como cosa comprada es el término de otro movimiento de cambio (trigo - dinero - tela).

Por otra parte, el acto que es compra para el tejedor, es venta para el sastre, que a su vez convierte los escudos procedentes de la venta de su vestido en otra mercancía, en una pipa de vino, por ejemplo. El término del movimiento (tela - dinero - vestido) es de este modo el principio de otro movimiento (vestido - dinero - vino).

La primera transformación de una mercancía, la tela, es, pues, la última de otra, el trigo. La última transformación de la misma mercancía, la tela, es la primera de otra, el vestido, y así sucesivamente. El conjunto de estos movimientos que se encadenan constituye la circulación de las mercancías.

Como la circulación de las mercancías conduce, según acabamos de ver en cada uno de sus movimientos particulares, a un cambio de productos, esta circulación de las mercancías se distingue esencialmente de su cambio inmediato. No hay duda que nuestro tejedor ha cambiado en definitiva su mercancía, es decir, la tela, por otra que es el vestido; pero este hecho solo es verdadero desde su punto de vista. El vendedor del vestido, ante el cual se presentó el tejedor con el oro, representación del valor de su tela, no creía probablemente que cambiaba su vestido por tela. La mercancía del sastre ha reemplazado la mercancía del tejedor, pero tejedor y sastre, en las condiciones generales de la circulación de las mercancías, no cambian sus productos recíprocamente, no ven más que la moneda, y las monedas no pueden decir por qué artículo las han trocado.

La circulación no acaba tampoco, como el cambio inmediato, en el cambio de dueño de los productos. El dinero no desaparece. En el movimiento (tela - dinero - vestido), la tela, vendida a quien quiere usarla, sale de la circulación, reemplazándola el dinero; el vestido sale después, reemplazándolo también el dinero, y así sucesivamente. Cuando la mercancía de un cambista, que en este caso es el sastre, reemplaza la de otro, el tejedor, el dinero pasa siempre a un tercero, el vendedor de vino.

La compra es el complemento forzoso de la venta; pero no es forzoso que estas dos operaciones complementarias se sucedan inmediatamente; puede separarlas un periodo de tiempo más o menos largo. Si la separación de las dos operaciones se prolonga demasiado, su unión íntima se demuestra por la crisis que surge.

Curso de la moneda.

Desde el momento que el vendedor completa la venta por la compra, el dinero sale de sus manos. En nuestro ejemplo, la moneda pasa de manos del tejedor a las del sastre y de las de este a las del mercader de vino, realizando sucesivamente el precio de su mercancía. El movimiento que la circulación de las mercancías imprime a la moneda, la aleja, por lo tanto, de su punto de partida, para trasmitirla sin interrupción de mano en mano: esto es lo que se llama *curso de la moneda*. Trátase ahora de saber la cantidad de moneda que el movimiento de circulación puede absorber.

En un país se realizan diariamente ventas más o menos numerosas de mercancías diversas. El valor de las mercancías vendidas se hallaba expresado antes de su venta, por su precio, es decir, por una cantidad de oro imaginado. La moneda realiza el precio de estas mercancías, trasmitiéndolas del vendedor al comprador; en otros términos, representa realmente las cantidades de oro ya expresadas imaginariamente en el total de los precios. La cantidad de dinero exigida por la circulación de todas las mercancías que existen en el mercado, se halla determinada, por lo tanto, por el total de sus precios. Siempre que varíe este total, variará en la misma proporción la masa de moneda circulante.

Ciertas variaciones de esta masa dependen, en último resultado, de la moneda, del oro mismo.

Antes de que el oro funcione como medida del valor, su propio valor se halla determinado, y si funciona como tal, se debe a qué es un producto del trabajo, es decir, un valor variable. En este concepto, cada vez que su valor sufra alteración, se alterará evidentemente la estimación del valor de las mercancías, hecha con arreglo al suyo.

Si el valor del oro aumenta, si, por ejemplo, se duplica, un escudo valdrá lo que antes valían dos escudos, y las mercancías que valían dos escudos, valdrán, por consecuencia, uno. Si disminuye, por ejemplo, en la mitad, dos escudos valdrán lo que antes uno y las mercancías que valían dos escudos valdrán cuatro. Hay que admitir, naturalmente, en ambos casos que el valor particular de las mercancías, es decir, que el tiempo necesario para su producción, sigue siendo el mismo.

Así, pues, los precios, estimación del valor de las mercancías en oro, varían con el valor de este; y como no hay alteración en el valor de las mercancías, los precios bajan si aumenta el valor del oro y suben si disminuye.

Hallándose determinada la cantidad de moneda corriente por el total de precios que deben realizarse, toda variación en estos precios produce una alteración en la cantidad de moneda circulante; cuya variación puede depender, según hemos visto, de la misma moneda, en su cualidad, no de instrumento de la circulación, sino de medida del valor. Dicho esto, suponemos que el valor del oro se haya establecido, como lo está efectivamente, en el momento de fijar los precios.

Consideremos cierto número de ventas sin relación entre sí, por ejemplo, las ventas aisladas de un saco de trigo, de veinte metros de tela, de un vestido y de una pipa de vino. Siendo el precio de cada artículo dos escudos, para realizar el precio de los cuatro, habría que poner ocho escudos en circulación. Por el contrario, si estas mismas mercancías forman la serie de transformaciones expuestas en el párrafo precedente: un saco de trigo — dos escudos — un vestido — dos escudos — veinte metros de tela — dos escudos — un barril de vino — dos escudos, los mismos dos escudos que se detienen en la mano del mercader de vino ponen en circulación las cuatro mercancías, realizando su precio sucesivamente; en cuyo caso, la velocidad del curso de la moneda suple a su cantidad.

El cambio de lugar, cuatro veces repetido, de los dos escudos resulta de las transformaciones completas (su venta seguida de compra) y en relación unas con otras, del trigo, de la tela y del vestido, que terminan con la primera transformación de la pipa de vino. Los movimientos complementarios entre sí, que forman esta serie, se verifican sucesivamente; necesitan más o menos tiempo para realizarse y la velocidad del curso de la moneda que, según acabamos de ver influye en su cantidad, se mide por el número de mutaciones de las mismas monedas en un tiempo dado. Supongamos que la circulación de nuestras cuatro mercancías dure un día; la masa de moneda corriente, dos escudos, multiplicada por el número de mutaciones de las mismas monedas, es decir, por cuatro, es igual al total del precio de las mercancías, o sean ocho escudos.

La circulación en un país comprende, durante un tiempo dado, las ventas o compras aisladas, es decir, las transformaciones parciales en que la moneda solo cambia de lugar una vez, y las series de transformaciones más o menos extensas, en que las mismas monedas experimentan traslaciones más o menos numerosas. Cada una de las monedas que componen la suma total de dinero en circulación, funciona, pues, con actividad diferente, pero el conjunto de las monedas semejantes realiza, durante un tiempo determinado, un total de precios; por consecuencia, se establece una velocidad media en el curso de la moneda. Conocida esta velocidad media, queda determinada la masa de oro que puede funcionar como instrumento de la circulación, puesto que esta masa multiplicada por el número medio de sus mutaciones debe ser igual al total de precios que hay que realizar.

La velocidad del curso de la moneda solo indica la velocidad de las transformaciones de las mercancías, la mayor o menor rapidez con que desaparecen de la circulación y su reemplazo por nuevas mercancías.

En el curso rápido de la moneda aparece la unión de la venta y de la compra como dos actos alternativamente realizados por los mismos cambistas. Por el contrario, la lentitud del curso de la moneda pone de manifiesto la separación de estas dos operaciones, y la interrupción de los cambios de forma de las mercancías. Es muy común la tendencia a explicar esta interrupción por la cantidad insuficiente de moneda circulante, siendo así que (y esto resulta de lo que precede) la cantidad de los medios de circulación, en un periodo dado de tiempo, se halla determinada por el precio total de las mercancías circulantes y por la velocidad media de sus transformaciones, en dinero, por medio de la venta, y en otras mercancías por medio de la compra.

El numerario o las especies y el papel-moneda.

El numerario tiene su origen en la función que desempeña la moneda como instrumento de circulación. El peso de oro adoptado como unidad de medida y sus subdivisiones deben presentarse ante las mercancías en el mercado bajo la forma de numerario o de especies acuñadas. De la misma manera que el establecimiento de la unidad de medida, la acuñación es de la incumbencia del Estado. El oro y la plata revisten así, en concepto de numerario, una forma oficial, un uniforme nacional, que abandonan en el mercado del mundo.

Las monedas de oro o de plata se desgastan más o menos en su circulación y pierden, por consecuencia, mayor o menor cantidad de peso. Especies de igual nombre, que vienen a ser, de este modo, de valor desigual por carecer del mismo peso, se consideran iguales en la circulación. Aun cuando pierden parte de su peso, conservan su valor nominal. La circulación tiende, pues, a transformar el numerario en un emblema de su peso metálico oficial.

La función numeraria del oro, desprendida así de su valor metálico por el roce mismo de su circulación, puede ser desempeñada por cosas relativamente sin valor, tales como unos pedazos de papel. Y desde este momento, como la moneda, en concepto de numerario o instrumento de circulación, queda reducida a ser el signo de sí propia, puede reemplazársela en esta función con simples signos. Solo es necesario que el signo de la moneda, el papel moneda, sea, como ella, socialmente valedero; cuyo carácter lo adquiere por la acción del Estado. Además, ocupando el lugar de la moneda, el papel moneda debe ser proporcionado, en su emisión, a la cantidad de moneda que represente y que realmente debería circular. En el caso en que excediera de esta proporción legítima, los hechos la reducirían al tipo indicado. Si la masa de papel moneda llegara a ser el doble de la proporción debida, un billete de pesetas, por ejemplo, no representaría más que pesetas. No se trata aquí más que del papel moneda puesto en circulación por el Estado y con curso forzoso.

III. *Reservas de oro y de plata o tesoros.*

Al desarrollarse la circulación de las mercancías se desarrollan también la necesidad y el deseo de adquirir y de conservar lo que, en el régimen de producción mercantil, constituye el nervio de todas las cosas: el dinero.

Todo productor debe hacer provisión de dinero. En efecto, las necesidades del productor se renuevan sin cesar y le imponen constantemente la compra de mercancías ajenas, mientras que la producción y la venta de las suyas exigen más o menos tiempo y dependen de mil eventualidades. Para poder comprar sin vender, es preciso antes haber vendido sin comprar. Las mercancías no se venden desde luego para comprar inmediatamente otras, sino para reemplazarlas con dinero que se conserva, y se va empleando según las necesidades. La moneda, detenida intencionadamente en su circulación, se petrifica, por decirlo así, convirtiéndose en tesoro, y el vendedor se transforma en acumulador de dinero. Fórmanse de este modo, en todos los puntos que se hallan en relaciones de negocios, reservas de dinero en las proporciones más diversas.

Ya hemos visto que la cantidad de moneda corriente se halla determinada por el total de los precios de las mercancías circulantes y por la velocidad de su circulación. Esta cantidad aumenta, pues, al mismo tiempo que la circulación de las mercancías y disminuye con ella. En su consecuencia, unas veces debe entrar en circulación una masa mayor de moneda, y otras debe salir de la circulación una parte. Esta condición se cumple por medio de las reservas de dinero que entran o salen de la circulación, esto es, por la forma tesoro.

El dinero como medio de pago.

En la forma de circulación de las mercancías examinada hasta aquí, los cambistas se presentan unos con la mercancía y otros con el dinero. Sin embargo, a medida que se desenvuelve la circulación, se desarrollan también varias circunstancias que tienden a establecer un intervalo, más o menos largo, entre la venta de la mercancía y la realización de su precio.

Algunas especies de mercancías, exigen para su producción más tiempo que otras, las épocas de producción no son las mismas para todas, etc. Puede ocurrir, pues, que uno de los cambistas esté dispuesto a vender en tanto que el otro no tiene aún medios de comprar. Cuando las mismas transacciones se renuevan constantemente entre las mismas personas, las condiciones de venta y compra de las mercancías, se regulan según las condiciones de su producción. El uno venderá una mercancía presente, el otro comprará sin pagar inmediatamente en calidad de representante de dinero por venir. El vendedor se hace acreedor y el comprador deudor; el dinero adquiere una nueva función, se hace medio de pago.

La aparición simultánea en una venta de la mercancía y del dinero deja de existir. Desde este momento, el dinero funciona principalmente como medida de valor en el señalamiento del precio de la mercancía vendida. Establecido mediante contrato, este precio indica la obligación del comprador, es decir, la suma de dinero de que es deudor a plazo fijo.

Funciona además como medio de compra imaginaria. Aunque solo existe en la promesa del comprador le transfiere, sin embargo, la mercancía.

Al finalizar el plazo solamente entra como medio de pago en la circulación, es decir, que pasa de manos del comprador a las del vendedor.

Medio de circulación, el dinero se convertía en tesoro porque el movimiento de circulación se había detenido en su primera mitad, no siguiendo a la venta la compra. Medio de pago, solo entra en circulación cuando la mercancía ha salido ya de ella. El vendedor transformaba la mercancía en dinero para satisfacer sus necesidades por medio de la compra de objetos útiles; el acumulador de dinero para conservarle bajo su forma de permutabilidad inmediata con toda clase de mercancías, es decir, bajo su forma dinero; el comprador deudor para poder pagar. Si no efectúa esta transformación, si no paga al vencimiento tiene lugar una venta forzosa de su hacienda. El cambio de la mercancía en dinero constituye, pues, una necesidad social que se impone al productor cambista, independientemente de sus necesidades y caprichos personales.

Los pagos a efectuar pueden compensarse, cuando en vez de efectuarse de hecho se saldan recíprocamente anulándose. Teniendo esto en cuenta, se organizan instituciones a fin de realizar estas compensaciones que disminuyen la masa de numerario empleado. Además, circula en un tiempo determinado, un día por ejemplo, cierta cantidad de dinero destinada a pagar las obligaciones que vencen este día y que representan mercancías mucho tiempo ha fuera de la circulación. En estas condiciones, la cantidad de moneda que circula en cierto periodo, dada la velocidad de los medios de circulación y de los medios de pago, es igual al total de los precios de las mercancías a realizar, añadiendo a esto el total de los pagos que cumplen en este periodo y descontando, por ejemplo, el total de los pagos que se compensan.

La moneda de crédito (letras, pagarés, etc.), tiene su origen inmediato en la función del dinero como medio de pago. Los certificados que acreditan las deudas contraídas por las mercancías compradas, circulan también a su vez para transferir a otros los créditos que representan. A medida que se extiende el sistema de crédito, la moneda, como medio de pago, reviste formas de existencia especiales, merced a las cuales se regulan las grandes operaciones comerciales, en tanto que las especies de oro y plata quedan reducidas principalmente al comercio al por menor.

Establécense en cada país ciertos términos generales, ciertas épocas determinadas en que los pagos se hacen en grande escala; y la función del dinero como medio de pago exige la acumulación de las sumas necesarias para las fechas de los vencimientos.

La moneda universal.

Al salir de la circulación interior de un país, el metal moneda abandona las formas locales que había revestido para recobrar su forma primitiva de barra o lingote.

En el recinto nacional de la circulación una sola mercancía es la que puede servir de medida de valor; en el mercado universal reina una doble medida de valor: el oro y la plata.

SECCIÓN SEGUNDA

Transformación del dinero en capital.

CAPÍTULO IV

FÓRMULA GENERAL DEL CAPITAL

Circulación simple de las mercancías y circulación del dinero como capital. — La plusvalía.

Circulación simple de las mercancías y circulación del dinero como capital.

La circulación de las mercancías es el punto de partida del capital; solo aparece este cuando la producción mercantil y el comercio alcanzaron cierto grado de desarrollo. La historia moderna del capital data de la creación del comercio y del mercado de ambos mundos en el siglo XVI.

Hemos visto que la forma inmediata de la circulación de las mercancías es (metros de tela — escudos — un vestido) o (mercancía — dinero — mercancía), transformación de la mercancía en dinero y nueva transformación del dinero en mercancía, o sea vender para comprar.

Pero al lado de esta forma, encontramos otra enteramente distinta (dinero — mercancía — dinero), transformación del dinero en mercancía y nueva transformación de la mercancía en dinero, o sea comprar para vender. Todo dinero que realiza este movimiento se convierte en capital.

Conviene observar que este movimiento, comprar para vender, no se diferencia de la forma ordinaria de la circulación de las mercancías sino para aquel que imprime este movimiento al dinero, para el capitalista. En realidad se compone de dos actos de la circulación ordinaria, compra y venta, separados de los que regularmente los preceden y les siguen, y se considera que constituyen una operación completa. El primer acto, la compra, es una venta para aquel a quien el capitalista compra; el segundo, la venta, es una compra para aquel a quien el capitalista vende; solo existe aquí el encadenamiento ordinario de los actos comunes de la circulación. Comprar para vender, como operación completa, distinta de la circulación ordinaria, solo existe bajo el punto de vista del capitalista.

En cada uno de estos dos movimientos (mercancía — dinero — mercancía) y (dinero — mercancía — dinero) se presentan uno enfrente de otro dos elementos materiales idénticos, mercancía y dinero. Pero en tanto que el primer movimiento, la circulación simple de las mercancías, principia por la venta y acaba por la compra, el segundo, o sea la circulación del dinero como capital, empieza por la compra y termina por la venta.

En la primera forma, el dinero se convierte al fin en mercancía destinada a servir de valor de uso, de cosa útil. Arrastrado por el hecho de la compra, el dinero se aleja de su punto de partida, y es gastado definitivamente. En la segunda, el comprador pone su dinero en circulación para recobrarlo en último término como vendedor. Este dinero, que vuelve a su punto de partida, fue sencillamente anticipado, cuando al principio se le puso en circulación.

La plusvalía.

La satisfacción de una necesidad, un valor de uso, tal es el objeto determinante del primer movimiento, que termina en un cambio de productos de igual cantidad como valores, si bien son de cualidad diferente como valores de uso, por ejemplo, tela y vestido. Puede suceder que la tela sea vendida en más de su valor o el vestido comprado en menos, pudiendo salir perjudicado uno de los cambistas, pero esta desigualdad posible de los valores cambiados es, en tal caso, solo un accidente; el carácter regular de esta forma de circulación es la igualdad de valor de ambos extremos, es decir, de las dos mercancías.

El segundo movimiento termina de la misma manera que empieza, por el dinero; su objeto determinante es, por consecuencia, el valor de cambio. Los dos extremos, las dos sumas de dinero, idénticas en cuanto a su calidad y utilidad, solo se diferencian entre sí por su cantidad: cambiar escudos, por ejemplo, por escudos sería una operación de todo punto inútil; de consiguiente, el movimiento (dinero — mercancía — dinero) solo puede tener razón de ser en la diferencia cuantitativa de ambas sumas de dinero. Finalmente, sale de la circulación más dinero del que entró; la forma completa de este movimiento es, por ejemplo (escudos — . libras de algodón — escudos); concluye en el cambio de una suma de dinero, escudos, por una suma mayor, escudos. A este excedente, a este acrecentamiento de escudos, es a lo que llamamos *plusvalía*, es decir, sobrevalor o aumento de valor. Por lo tanto, no solamente se conserva en la circulación el valor anticipado, sino que se hace mayor, y esto es lo que lo convierte en capital.

El movimiento que consiste en vender para comprar, que tiende a la apropiación de cosas aptas para satisfacer determinadas necesidades, encuentra fuera de la circulación un límite en el consumo de las cosas compradas, en la satisfacción de las necesidades.

Por el contrario, el movimiento de comprar para vender, que tiende al aumento de valor, no tiene límites, porque si se estanca el valor, que solo aumenta por su renovación continua, no se acrecentará.

El último término del movimiento (dinero — mercancía — dinero), escudos en nuestro ejemplo, es el primero de un nuevo movimiento de igual género, cuyo último término es mayor que aquel y así sucesivamente.

Como representante de este movimiento, el poseedor del dinero se convierte en capitalista. El movimiento continuo de la ganancia constantemente renovado por el lanzamiento continuo del dinero en la circulación, la plusvalía creada por el valor, tal es su único objeto. No se preocupa para nada del valor de uso, de la utilidad; para él, mercancías y dinero solo funcionan como formas diferentes del valor que, cambiando incesantemente de forma, cambia también de magnitud y parece haber adquirido la propiedad de procrear. Bajo la forma de dinero, el valor principia, termina y vuelve a empezar su procedimiento de adquisición de plusvalía. Bajo la forma de mercancía aparece como instrumento para hacer dinero. La fórmula general del capital, tal como se manifiesta en la circulación, es: comprar para vender más caro.

CAPÍTULO V

CONTRADICCIONES DE LA FÓRMULA GENERAL DEL CAPITAL

La circulación de las mercancías tiene por base el cambio de valores equivalentes. — Aun admitiendo el cambio de valores desiguales, la circulación de las mercancías no crea plusvalía.

La circulación de las mercancías tiene por base el cambio de valores equivalentes.

Vamos a examinar ahora si, por su naturaleza, la circulación de las mercancías permite el aumento de los valores que entran en ella, es decir, la formación de una plusvalía.

Consideremos el cambio de dos mercancías, cambio en que el dinero solo interviene de un modo imaginario, como expresión en moneda de las mercancías; es evidente que los dos cambistas pueden salir gananciosos; ambos se deshacen de productos que no son para ellos de ninguna utilidad y adquieren otros que necesitan. Un individuo que posee mucho trigo y carece de vino, cambia con otro que tiene mucho vino y carece de trigo, un valor de pesetas en trigo por pesetas en vino. Bajo el punto de vista del valor de uso, de la utilidad, hay beneficio para ambos, siendo, en este concepto, el cambio una transacción en que ganan ambas partes. Pero bajo el punto de vista del valor de cambio, el trueque de pesetas en trigo por pesetas en vino no representa aumento de riqueza para ninguno de los cambistas, pues cada uno de ellos poseía antes del cambio un valor igual al que el cambio le ha procurado.

Intervenga ahora realmente el dinero, sirva este de intermediario como instrumento de circulación entre estas mercancías o sepárense los actos de venta y compra del trigo y del vino, es indudable que esto no modificará en nada la cuestión.

Descartando las circunstancias accidentales que no dependen de las leyes mismas de la circulación, solo hay en esta, aparte del reemplazo de un producto útil por otro, un simple cambio de forma de la mercancía, en nuestro ejemplo, trigo en vez de vino. El mismo valor queda siempre en poder del mismo cambista, solo que retiene este valor sucesivamente bajo la forma de su propio producto puesto en venta, trigo por ejemplo, bajo la forma dinero, precio realizado de producto, pesetas en nuestro caso; finalmente, bajo la forma del producto ajeno comprado por esta misma suma, vino por ejemplo. Estos cambios de forma no entrañan cambio de la cantidad de valor, como no lo hay tampoco en cambiar un billete de pesetas por duros; y de la circulación que respecto al valor de las mercancías solo es un cambio de forma, no puede resultar regularmente más que un cambio de valores equivalentes.

De consiguiente, si con relación al valor de uso, el cambio beneficia a los dos cambistas, este cambio no puede ser, en su forma más pura, respecto al valor de cambio, un origen de beneficios para ninguno de ellos. Por lo tanto, la formación de plusvalía no puede provenir, en manera alguna, de la circulación en sí misma.

Aun admitiendo el cambio de valores desiguales, la circulación de las mercancías no crea plusvalía o aumento de valor.

No obstante, como en la realidad estamos obligados a admitir la formación de la plusvalía, y en la práctica las cosas ocurren pocas veces con pureza, supongamos, a fin de explicar esta formación, que el cambio tenga lugar entre valores desiguales.

De todos modos, en el mercado solo hay cambistas frente a cambistas. El motivo material del cambio, que consiste en que los cambistas carecen del objeto que necesitan y poseen el objeto necesario a otro, los pone en una situación de dependencia recíproca.

Decir que la plusvalía resulta para los productores de que venden sus mercancías en más de lo que valen, equivale a decir que los cambistas tienen, como vendedores, el privilegio de vender demasiado caro. El vendedor ha producido por sí mismo la mercancía o representa el producto de ella; pero el comprador ha producido también o representa al que ha producido la mercancía convertida en el dinero con que compra. Por ambas partes hay productores; la única diferencia consiste en que el uno compra y el otro vende. Que el poseedor de mercancías, bajo el nombre de productor o de vendedor, venda las mercancías en más de lo que valen, y que, bajo el nombre de consumidor o de comprador, las compre demasiado caras, gana por un concepto lo que pierde por otro y el resultado no se altera.

Lo mismo resultaría si se supusiera, no ya en el vendedor el privilegio de vender muy caro, sino en el comprador el de pagar las mercancías en menos de lo que valen; pues habiendo sido vendedor antes que comprador y volviéndolo a ser después, perdería como vendedor el beneficio realizado como comprador.

Hemos considerado a vendedores y compradores en general, sin tener en cuenta sus caracteres individuales. Supongamos que el cambista Pedro, que es muy ladino, consigue engañar a los cambistas Pablo y Santiago. Pedro vende a Pablo una cantidad de vino que vale pesetas por , y con esta cantidad compra a Santiago trigo, que vale ; Pedro realiza un beneficio, por lo tanto, de pesetas.

Antes del cambio, teníamos pesetas de vino en manos de Pedro, en dinero en las de Pablo y en trigo en las de Santiago; valor total . pesetas. Después del cambio tenemos pesetas de trigo en poder de Pedro, el ladino, pesetas de vino en poder de Pablo, y pesetas en dinero en poder de Santiago: valor total . pesetas. El valor circulante no ha aumentado ni un céntimo, solo ha cambiado su distribución entre Pedro, Pablo y Santiago. Es igual que si Pedro hubiera robado pesetas. Una modificación en la distribución de los valores circulantes no aumenta su cantidad.

Dese a esto las vueltas que se quiera, las cosas no varían. ¿Se cambian valores equivalentes? no se produce plusvalía; tampoco se produce si se cambian valores desiguales. La circulación o el cambio de las mercancías no crea ningún valor. No pudiendo aumentar la cantidad de los valores lanzados a la circulación, debe ocurrir fuera de ella algo que haga posible la formación de una plusvalía. Pero, ¿es posible esa formación fuera de aquella?

Parece imposible que fuera de la circulación, el productor cambista pueda comunicar a su producto la propiedad de engendrar una plusvalía; porque fuera de ella se encuentra solo con la mercancía que contiene cierta cantidad de su trabajo, la cual determina el valor del producto; puede hacer que aumente el valor de su producto, añadiéndole, merced a un nuevo trabajo, nuevo valor, pero no conseguirá que este valor aumente por su propia virtud, sin nuevo trabajo.

Llegamos, pues, a la siguiente conclusión: el poseedor de dinero debe comprar primero mercancías en su justo valor, venderlas luego en lo que valen, y no obstante recoger al fin un valor mayor que el que adelantó. Esta transformación del dinero en capital debe ocurrir en el campo de la circulación y al mismo tiempo no ha de ocurrir en él. Tales son las condiciones del problema.

———————

CAPÍTULO VI

COMPRA Y VENTA DE LA FUERZA DE TRABAJO

El origen de la plusvalía es la fuerza de trabajo. — Valor de la fuerza de trabajo.

El origen de la plusvalía es la fuerza de trabajo.

El aumento de valor que convierte al dinero en capital no puede provenir del dinero. Si es cierto que sirve de medio de compra o de medio de pago, no hace otra cosa que realizar los precios de las mercancías que compra o que paga. Si queda tal cual es, evidentemente no aumenta. Preciso es, por lo tanto, que la mudanza de valor provenga de la mercancía comprada y vendida después más cara.

Esta mudanza no puede efectuarse ni en la compra ni en la reventa; en efecto, en estos dos actos solo hay, en nuestra hipótesis, un cambio de valores equivalentes. No queda, pues, más que una suposición posible; que la mudanza provenga del uso de la mercancía después de su compra y antes de su reventa. Pero se trata de una alteración en el valor cambiable. Para obtener un aumento de valor cambiable por el uso de una mercancía sería necesario que el capitalista tuviese la buena suerte de descubrir en la circulación una mercancía que poseyera la especial virtud de ser, por su empleo, fuente de valor cambiable, de tal modo que el hecho de usarla, de consumirla, equivaliera a crear valor.

Y el capitalista encuentra efectivamente en el mercado una mercancía dotada de esta virtud especial. La mercancía en cuestión tiene por nombre potencia o fuerza de trabajo. Bajo esta denominación hay que comprender el conjunto de las facultades musculares o intelectuales que existen en el cuerpo de un hombre, y que debe poner en actividad para producir cosas útiles.

El cambio indica que los cambistas se consideran recíprocamente propietarios de las mercancías cambiadas, obrando libremente y con iguales derechos. La fuerza de trabajo solo puede, pues, ser vendida por su propio dueño; este debe gozar jurídicamente de los mismos derechos que el dueño del dinero con quien trata; debe ser dueño de disponer de su persona y vender su fuerza de trabajo siempre por un tiempo determinado, de tal suerte que, transcurrido este tiempo, recobre la plena posesión de ella. Si la vendiese de una vez para siempre, se haría esclavo y de mercader se convertiría en mercancía.

Por otra parte, para que el dueño del dinero encuentre fuerza de trabajo que comprar, es preciso que el poseedor de esta fuerza, desprovisto de medios de subsistencia y de producción, tales como materias primeras, herramientas, etc., que le permitan satisfacer sus necesidades, vendiendo las mercancías, producto de su trabajo, esté obligado a vender su fuerza de trabajo como mercancía, por no tener otra mercancía que vender, ni de qué vivir fuera de esto.

Claro es que la naturaleza no produce por un lado poseedores de dinero o de mercancías, y por otro individuos que solo posean su fuerza de trabajo. Esta relación, sin fundamento natural, no es tampoco una relación social común a todos los periodos de la historia. Y lo que caracteriza a la época capitalista es que el detentador de los medios de subsistencia y de producción encuentra en el mercado al trabajador, cuya fuerza de trabajo reviste la forma de mercancía, y el trabajo, por consecuencia, la forma de trabajo asalariado.

Valor de la fuerza de trabajo.

La fuerza de trabajo, como toda mercancía, posee un valor determinado, como en todas ellas, por el tiempo de trabajo necesario para su producción.

Siendo la fuerza de trabajo una facultad del individuo viviente, es preciso que este se conserve para que aquella subsista. El individuo necesita para su sustento o para su conservación de cierta cantidad de medios de subsistencia. La fuerza de trabajo tiene, pues, exactamente el valor de los medios de subsistencia necesarios al que la pone en acción, para que pueda comenzar al día siguiente en iguales condiciones de vigor y de salud.

Las necesidades naturales, como son, alimentos, vestidos, habitación, calefacción, etc., difieren, según los climas y según otras particularidades físicas de un país. Por otra parte, así el número de las llamadas necesidades naturales como el modo de satisfacerlas, dependen en gran parte del grado de civilización alcanzado. Mas para un país y una época determinados, la medida de los medios necesarios de subsistencia está igualmente determinada.

Los dueños de la fuerza de trabajo son mortales; a fin de que se la encuentre siempre en el mercado, como lo reclama la transformación continua del dinero en capital, es necesario que se perpetúen, que reproduzcan en cantidad igual por lo menos, la cantidad de fuerza de trabajo que el desgaste y la muerte sustraen. La suma de los medios de subsistencia necesarios pava la producción de la fuerza de trabajo comprenden, pues, los medios de subsistencia de los sustitutos, es decir, de los hijos de los trabajadores.

Además, para modificar la naturaleza humana de suerte que adquiera habilidad y rapidez en un género determinado de trabajo, es decir, para hacer de ella una fuerza de trabajo desarrollada en un sentido especial, es necesaria cierta educación, que más o menos extensa, ocasiona un gasto mayor o menor de mercancías diversas: siendo la fuerza de trabajo igual a la suma de mercancías necesarias para su producción, cuando esta suma aumenta, como ocurre en el caso actual, su valor aumenta también.

El precio de la fuerza de trabajo alcanza su mínimum cuando se reduce al valor de los medios de subsistencia que no podrían disminuirse sin exponer la vida misma del trabajador; en este caso el trabajador no hace más que vegetar. Ahora bien, como el valor de la fuerza de trabajo está basado en las condiciones de una existencia normal, su precio es, entonces, inferior a su valor.

Una vez hecho el contrato entre comprador y vendedor, resulta de la naturaleza especial de la fuerza de trabajo que su valor de uso no ha pasado en realidad a manos del comprador. Si su valor, puesto que ha exigido el gasto de cierta cantidad de trabajo social, se hallaba determinado antes de que entrase en la circulación, su valor de uso, que consiste en su ejercicio, solo se manifiesta después. La enajenación de la fuerza de trabajo y su servicio como valor útil, en otros términos, su venta y su empleo, no tienen lugar al mismo tiempo.

Ahora bien, casi siempre que se trata de mercancías de este género, cuyo valor de uso enajenado por la venta no es en realidad trasmitido simultáneamente al comprador, el vendedor no recibe el dinero sino en un plazo más o menos lejano, cuando su mercancía ha servido ya de cosa útil al comprador. En todos los países en que reina la producción capitalista no se paga la fuerza de trabajo hasta que ha funcionado durante cierto tiempo, fijado en el contrato, al fin de cada semana por ejemplo. En todas partes, deja, pues, el trabajador que el capitalista consuma su fuerza de trabajo antes de obtener el precio de ella; en una palabra, le fía o presta bajo todos conceptos. Como este préstamo, que no es un beneficio vano para el capitalista, no modifica la naturaleza misma del cambio, supondremos provisionalmente, para evitar inútiles complicaciones, que el dueño de la fuerza de trabajo recibe el precio estipulado desde el momento en que la vende.

El valor de uso entregado por el trabajador al comprador a cambio de dinero, solo se muestra en su empleo, en el consumo de la fuerza de trabajo vendida. Este consumo, que es a la vez producción de mercancías y de plusvalía, se hace, de igual modo que el consumo de toda mercancía, fuera del mercado, fuera del dominio de la circulación; por consecuencia, hemos de salir de este dominio y penetrar en el de la producción, para conocer el secreto de la fabricación de plusvalía.

SECCIÓN TERCERA

Producción de la supervalía absoluta.

CAPÍTULO VII

PRODUCCIÓN DE VALORES DE USO Y PRODUCCIÓN DE LA SUPERVALÍA

I. El trabajo en general y sus elementos. — El trabajo ejecutado por cuenta del capitalista. — II. Análisis del valor del producto. — Diferencia entro el valor de la fuerza de trabajo y el valor que puede crear. — El problema de la transformación del dinero en capital está resuelto.

I. *El trabajo en general y sus elementos.*

El uso o el empleo de la fuerza de trabajo es el trabajo. El comprador de la fuerza de trabajo la consume haciendo trabajar al que la vende. Para que el trabajador produzca mercancías, su trabajo debe ser útil, esto es, realizarse en valores de uso. Luego el capitalista hace producir a su obrero un valor de uso particular, un artículo útil determinado. La intervención del capitalista no puede modificar en lo más mínimo la naturaleza misma del trabajo, por cuya razón vamos a examinar ante todo el movimiento del trabajo útil en general.

Los elementos simples de todo trabajo son: .°, la actividad personal del hombre o trabajo propiamente dicho; .°, el objeto en que se ejerce el trabajo; .°, el medio por el cual se ejerce.

.° La actividad personal del hombre es un gasto de las fuerzas de que está dotado su cuerpo. El resultado de esta actividad existe, antes del gasto de fuerza, en el cerebro del hombre, no siendo otra cosa que el propósito a cuya realización el hombre aplica a sabiendas su voluntad. La obra exige, mientras dura, además del esfuerzo de los órganos en acción, una atención sostenida que solo puede resultar de un esfuerzo constante de la voluntad, y lo exige tanto más cuanto menor atractivo ofrece el trabajo, por su objeto y su modo de ejecución.

.º La tierra es el objeto universal de trabajo que existe independientemente del hombre. Todas las cosas cuyo trabajo se limita a romper la unión inmediata con la tierra, por ejemplo, la madera cortada en la selva virgen, el mineral extraído de su vena, son objeto de trabajo por la gracia de la Naturaleza. El objeto en que se ha ejercido ya un trabajo, como el mineral lavado, se llama primera materia. Toda primera materia es objeto de trabajo; pero todo objeto de trabajo no es primera materia: solo llega a serlo después de haber sufrido una modificación cualquiera efectuada por el trabajo.

.º El medio de trabajo es una cosa o un conjunto de cosas que el hombre pone entre sí y el objeto de su trabajo para ayudar a su acción. El hombre convierte cosas exteriores en órganos de su propia actividad, órganos que añade a los suyos. La tierra es el almacén primitivo de sus medios de trabajo. Ella le suministra, por ejemplo, la piedra de que se vale para frotar, cortar, lanzar, comprimir, etc. Tan luego como el trabajo alcanza algún desarrollo, por pequeño que sea, no puede prescindir de medios ya trabajados. Lo que distingue una época económica de otra, lo que muestra el desenvolvimiento del trabajador, no es tanto lo que se fabrica como la manera de fabricar, como los medios de trabajo con cuyo auxilio se fabrica. Además de las cosas que sirven de instrumentos, de auxiliares de la acción del hombre, los medios de trabajo comprenden, en una acepción más lata, todas las condiciones materiales que, sin entrar directamente en las operaciones ejecutadas, son sin embargo indispensables o cuya falta haría defectuoso el trabajo, como son los obradores, talleres, canales, caminos, etc.

De consiguiente, en la acción de trabajo, la actividad del hombre efectúa, con ayuda de los medios de trabajo, una modificación voluntaria de su objeto. Esta acción tiene su fin en el producto terminado, es decir, en un valor de uso, en una materia que ha experimentado un cambio de forma que la ha adaptado a las necesidades humanas. El trabajo se ha materializado al combinarse con el objeto de trabajo. Lo que era movimiento en el trabajador aparece ahora en el producto como una propiedad en reposo. El obrero ha tejido y el producto es una tela. Si se considera el conjunto de este movimiento con relación a su resultado, al producto, que es entonces medio y objeto de trabajo, se presentan ambos como medios de producción, y el trabajo mismo como trabajo productivo.

Fuera de la industria extractiva, explotación de minas, caza, pesca, etc., en que la Naturaleza sola suministra el objeto de trabajo, en los demás ramos de la industria entran primeras materias, es decir, objetos en que se ha efectuado ya un trabajo. El producto de un trabajo llega a ser así el medio de producción de otro.

La primera materia puede constituir la sustancia principal de un producto o solo entrar en él bajo la forma de materia auxiliar. En tal caso esta queda consumida por el medio de trabajo, como la hulla por la máquina de vapor o el heno por el caballo de tiro, o bien se une a la primera materia para modificarla en algún concepto, como el color a la lana, o, finalmente, favorece la realización del trabajo, como las materias usadas en el alumbrado y calefacción del taller.

Poseyendo todo objeto propiedades diversas y prestándose por ellas a más de una aplicación, el mismo producto es apto para formar la primera materia de diferentes operaciones. Así, los granos sirven de primera materia al molinero, al destilador, al ganadero, etc., y como semilla sirven de primera materia en su propia producción.

En la misma producción el mismo producto puede servir de medio de trabajo y de materia primera; en la cría de ganado, por ejemplo, el animal, materia trabajada, funciona también como medio de trabajo para la preparación del estiércol.

Existiendo ya un producto bajo forma que le hace adecuado para el consumo, puede llegar a ser a su vez primera materia de otro producto. La uva es la primera materia del vino. Hay también productos que solo sirven para primeras materias, en cuyo caso se dice que el producto no ha recibido más que una semielaboración: el algodón, entre otros.

Se ve que el carácter de producto, de materia primera o de medio de trabajo, depende, cuando se trata de un valor de uso u objeto útil, del lugar que ocupa en el acto del trabajo, y al cambiar de lugar cambia de carácter.

Entrando todo valor de uso en operaciones nuevas como medio de producción, pierde, pues, su carácter de producto y únicamente funciona en calidad de colaborador del trabajo en actividad, para la producción de nuevos productos.

El trabajo gasta sus elementos materiales, objeto de trabajo y medio de trabajo, siendo, por consecuencia, un acto de consumo. Este consumo productivo se distingue del consumo individual en que el último consume los productos como medios de satisfacción del individuo, mientras que el primero los consume como medios de ejercicio del trabajo. El producto del consumo individual es el consumidor mismo; el resultado del consumo productivo es un producto distinto del consumidor.

El movimiento del trabajo útil, tal como acabamos de analizarlo desde el punto de vista general, es decir, la actividad que tiene por objeto la producción de valores de uso, la adaptación de los medios exteriores a nuestras necesidades, es una exigencia física de la vida humana, común a todas las formas sociales; su estudio en general no puede, por lo tanto, indicarnos con arreglo a qué condiciones sociales especiales se realiza en un caso dado.

El trabajo ejecutado por cuenta del capitalista.

El capitalista en agraz compra en el mercado, escogiéndolo de buena calidad y pagándolo en su justo precio, todo lo necesario para la realización del trabajo, medios de producción y fuerza de trabajo.

La naturaleza general del trabajo, que acabamos de exponer, no se modifica evidentemente por la intervención del capitalista. Como consumo de fuerza de trabajo para el capitalista, el movimiento del trabajo presenta dos particularidades.

En primer lugar, el obrero trabaja bajo la inspección del capitalista a quien pertenece su trabajo. El capitalista vigila cuidadosamente para que los medios de producción se empleen con arreglo al fin que desea, para que la tarea se haga concienzudamente y para que el instrumento de trabajo solo sufra el daño inseparable de su empleo.

En segundo lugar, el producto es propiedad, no del productor inmediato, que es el trabajador, sino del capitalista. Este paga el valor cotidiano, por ejemplo, de la fuerza de trabajo; el uso de esta fuerza de trabajo le pertenece, por lo tanto, durante un día, como el de un caballo que se alquila diariamente. En efecto, el uso de la mercancía pertenece al comprador, y al dar su trabajo el poseedor de la fuerza de trabajo, el obrero, solo da en realidad el valor de uso que ha vendido; desde su entrada en el taller, la utilidad de su fuerza de trabajo pertenece al capitalista. Al comprar este la fuerza de trabajo ha añadido el trabajo, como elemento activo del producto, a los elementos pasivos, a los medios de producción que poseía. Es una operación de cosas que ha comprado, que le pertenecen. Por lo tanto, el producto resultante le pertenece con igual título que el producto de la fermentación en su bodega.

II. *Análisis del valor del producto.*

El producto, propiedad del capitalista, es un valor de uso, como tela, botas, etc. Pero, de ordinario, el capitalista no fabrica por amor a la tela. En la producción mercantil el valor de uso, el objeto útil, solo sirve de porta-valor; para el capitalista, lo principal es producir un objeto útil que tenga un valor cambiable, un artículo destinado a la venta, una mercancía. Quiere además el capitalista que el valor de esta mercancía supere al valor de las mercancías empleadas en producirla, es decir, al valor de los medios de producción y de la fuerza de trabajo en cuya compra invirtió su dinero. Quiere producir, no solo una cosa útil, sino un valor, y no solamente un valor, sino también una supervalía.

Así como la mercancía es a la vez valor de uso y valor de cambio, del mismo modo su producción debe ser a la vez formación de valor de uso y de valor. Examinemos ahora la producción desde el punto de vista del valor.

Sabemos que el valor de una mercancía está determinado por la cantidad de trabajo que contiene, por el tiempo socialmente necesario para su producción. Necesitamos, pues, calcular el trabajo contenido en el producto que nuestro capitalista ha hecho fabricar, kilogramos de hilados, por ejemplo.

Para producir esta cantidad de hilados se necesita una primera materia; pongamos kilogramos de algodón, comprados en el mercado en su valor, que es, por ejemplo, pesetas; admitamos que el desgaste de los instrumentos empleados, brocas, etc., asciende a pesetas. Si una masa de oro de pesetas, que es el total de los guarismos anteriores, es el producto de horas de trabajo, se deduce que, siendo la jornada de trabajo de horas, hay ya dos jornadas contenidas en los hilados.

Sabemos ya cuál es el valor que el algodón y el desgaste de las brocas dan a los hilados: es igual a pesetas. Falta averiguar el valor que el trabajo del hilandero añade al producto.

En esto es indiferente el género especial de trabajo o su cualidad; lo que importa es su cantidad: no se trata, como cuando se considera el valor de uso, de las necesidades particulares que la actividad del trabajador tiene por objeto satisfacer, sino únicamente del tiempo durante el cual ha gastado su fuerza en esfuerzos útiles. No hay que olvidar, por otra parte, que el tiempo necesario en las condiciones ordinarias de la producción es el único que se cuenta para la formación del valor.

Desde este último punto de vista, la primera materia se impregna de cierta cantidad de trabajo, considerado únicamente como gasto de fuerza humana en general. Verdad es que esta absorción de trabajo convierte la primera materia en hilados, gastándose la fuerza del obrero en la forma particular de trabajo que se llama hilar; pero el producto en hilados solo sirve por el momento para indicar la cantidad de trabajo absorbido por el algodón. Por ejemplo, kilogramos de hilados indicarán seis horas de trabajo, si para hilar gramos se necesita una hora. Ciertas cantidades de productos, determinadas por la experiencia, representan el gasto de la fuerza de trabajo durante una hora, dos, un día.

Al realizarse la venta de la fuerza de trabajo, supongamos que se ha sobreentendido que su valor diario era de pesetas, suma equivalente a seis horas de trabajo, y, por consiguiente, que era preciso trabajar seis horas para producir lo necesario al sustento cotidiano del obrero. Pero nuestro hilandero ha transformado en seis horas, en media jornada de trabajo, los kilogramos de algodón en kilogramos de hilados. Habiéndose fijado este mismo tiempo de trabajo en una cantidad de oro de pesetas, ha añadido al algodón un valor de pesetas.

Hagamos ahora la cuenta del valor total del producto. Los kilogramos de hilados contienen dos jornadas y media de trabajo; algodón y brocas representan dos jornadas y la operación de hilar media jornada. La misma cantidad de trabajo existe en una masa de oro de pesetas. El precio de pesetas expresa, pues, el valor exacto de kilogramos de hilados; el precio pesetas el de un kilogramo.

En toda demostración los guarismos son arbitrarios, pero la demostración es la misma, cualesquiera que sean los guarismos y el género de producto que se ha tenido en cuenta.

El valor del producto es igual al valor del capital adelantado. Este capital no ha procreado, no ha engendrado supervalía, y el dinero no se ha convertido, por consecuencia, en capital. El precio de kilogramos de hilados es de pesetas, y pesetas se han gastado en el mercado en la compra de los elementos constitutivos del producto: pesetas para kilogramos de algodón, pesetas por desgaste de las brocas durante seis horas, y pesetas por la fuerza de trabajo.

Diferencia entre el valor de la fuerza de trabajo y el valor que puede crear.

Examinemos esta cuestión más de cerca. La fuerza de trabajo importa pesetas, porque esto es lo que cuestan las subsistencias necesarias para el sustento diario de esta fuerza. El dueño de ella, el obrero, produce un valor equivalente en media jornada de trabajo, lo cual no significa que no pueda trabajar una jornada entera ni producir más. El valor que la fuerza de trabajo posee y el que puede crear difieren, pues, en magnitud. En su venta, la fuerza de trabajo realiza su valor determinado por sus gastos de sostén cotidiano; en su uso puede producir en un día más valor del que ha costado. Al comprar la fuerza de trabajo, el capitalista ha tenido precisamente en cuenta esa diferencia de valor.

Por lo demás, nada hay en todo esto que no se acomode a las leyes del cambio de las mercancías. En efecto, el obrero, vendedor de la fuerza de trabajo, como el vendedor de toda mercancía, obtiene el valor cambiable y cede el valor de uso: no puede obtener el primero sin entregar el segundo. El valor de uso de la fuerza de trabajo, es decir, el trabajo, no pertenece al que lo vende, así como no pertenece al tendero el empleo del aceite que ha vendido. El dueño del dinero ha pagado el valor diario de la fuerza de trabajo, cuyo uso le pertenece por todo un día, durante una jornada entera. El hecho de que el sustento diario de esta fuerza solo cuesta media jornada de trabajo, pudiendo, sin embargo, trabajar la jornada entera, esto es, que el valor creado por su uso en el espacio de un día es mayor que su propio valor diario, constituye una buena suerte para el comprador, pero que no lesiona en nada el derecho del vendedor.

Desde este momento, el obrero encuentra en el taller los medios de producción necesarios, no para medio día, sino para un día de trabajo, para doce horas. Puesto que kilogramos de algodón, al absorber seis horas de trabajo, se convertían en kilogramos de hilados, kilogramos de algodón, absorbiendo horas de trabajo, se convertirán en kilogramos de hilados. Estos diez kilogramos contienen entonces cinco jornadas o días de trabajo; cuatro estaban contenidos en el algodón y las brocas consumidas y uno ha sido absorbido por el algodón durante la hilanza. Pero si una masa de oro de pesetas es el producto de horas de trabajo, la expresión monetaria de cinco días de trabajo de horas, será pesetas.

Este es, pues, el precio de los kilogramos de hilados. El kilogramo cuesta lo mismo que antes, pesetas, pero el valor total de las mercancías empleadas en la operación es de pesetas: pesetas por kilogramos de algodón, pesetas por el desperfecto de las brocas durante horas, y pesetas por la jornada de trabajo.

Las pesetas anticipadas se han convertido en pesetas, habiendo engendrado una supervalía de pesetas. La jugada está hecha, el dinero se ha transformado en capital.

El problema de la transformación del dinero en capital está resuelto.

El problema, tal como lo habíamos planteado al final del capítulo quinto, está resuelto en todos sus términos.

El capitalista compra en el mercado cada mercancía en su justo valor (algodón, brocas, fuerza de trabajo), y luego hace lo que todo comprador: consume su valor de uso. Siendo el consumo de la fuerza de trabajo al mismo tiempo producción de mercancías, suministra un producto de kilogramos de hilados, que valen pesetas. El capitalista que había salido del mercado después de hacer sus compras, vuelve entonces a él como vendedor. Vende los hilados a pesetas el kilogramo, ni un céntimo más de su valor, y, sin embargo, retira de la circulación pesetas más de lo que había puesto. Esta transformación de su dinero en capital se efectúa y no se efectúa en el dominio de la circulación, la cual sirve de intermediaria. La fuerza de trabajo se vende en el mercado para ser explotada fuera del mercado, en el dominio de la producción, donde es origen de supervalía.

La producción de supervalía no es, pues, otra cosa que la producción de valor prolongada más allá de cierto límite. Si la acción del trabajo dura solo hasta el momento en que el valor de la fuerza de trabajo pagada por el capital es reemplazada por un valor equivalente, hay simple producción de valor. Cuando pasa de este límite, hay producción de supervalía.

———————

CAPÍTULO VIII

CAPITAL CONSTANTE Y CAPITAL VARIABLE

Propiedad del trabajo de conservar valor creando valor. — Valor simplemente conservado y valor reproducido y aumentado.

Propiedad del trabajo de conservar valor creando valor.

Los diversos elementos que contribuyen a la ejecución del trabajo tienen una parte diferente en la formación del valor de los productos.

El obrero añade un valor nuevo al objeto del trabajo por la adición de nuevas dosis de trabajo, cualquiera que sea el género de utilidad de este. Por otra parte, hallamos en el valor del producto el valor de los medios de producción consumidos, por ejemplo, el valor del algodón y de las brocas en el de los hilados. El valor de los medios de producción se conserva, pues, y se trasmite al producto por medio del trabajo. Pero ¿de qué modo?

El obrero no trabaja una vez para añadir nuevo valor al algodón y otra vez para conservar el antiguo, o lo que es lo mismo, para trasmitir a los hilados el valor de las brocas que desgasta y del algodón que elabora. Por la simple adición de valor conserva el antiguo. Mas como el hecho de añadir valor nuevo al objeto de trabajo y conservar el valor antiguo en el producto, son dos resultados enteramente distintos que el obrero obtiene en el mismo espacio de tiempo, este doble efecto no puede resultar indudablemente sino del doble carácter de su trabajo. Este debe en el mismo momento crear valor en virtud de una propiedad y conservar o trasmitir valor en virtud de otra.

El hilador añade valor hilando, el tejedor tejiendo, el forjador forjando, etc., y esta forma de hilanza, de tejido, etc., en otros términos, la forma productiva especial en que se emplea el trabajo, es causa de que los medios de producción, tales como algodón y brocas, hilo y telar, hierro y yunque, den origen a un nuevo producto. Ahora bien, ya hemos visto que el tiempo de trabajo necesario para crear los medios de producción consumidos entra en cuenta en el producto nuevo; por consecuencia, el trabajador conserva el valor de los medios de producción consumidos y lo trasmite al producto como parte constitutiva de su valor por la forma útil especial del trabajo añadido.

Si el trabajo productivo especial del obrero no fuese la hilanza, por ejemplo, no haría hilados y no trasmitiría a su producto los valores de las brocas y del algodón empleado en la hilanza. Pero si nuestro hilador cambia de oficio por un día de trabajo, y se hace, por ejemplo, carpintero, añadirá como antes un valor a las materias. Añade, pues, este valor por su trabajo, no considerado como trabajo de hilador o de carpintero, sino como trabajo en general, como gasto de fuerza humana; y añade cierta cantidad de valor, no porque su trabajo tenga tal o cual forma útil particular, sino porque ha durado cierto tiempo. Así, una cantidad nueva de trabajo añade nuevo valor, y por la calidad del trabajo añadido los antiguos valores de los medios de producción se conservan en el producto.

Este doble efecto del mismo trabajo aparece claramente en una multitud de circunstancias. Supongamos que una invención cualquiera permite al obrero hilar en seis horas tanto algodón como antes en dieciocho. Como actividad productiva, la potencia de su trabajo ha triplicado y su producto es tres veces mayor: kilogramos en lugar de . La cantidad de valor añadida por las seis horas de hilanza al algodón sigue siendo la misma; solamente que esta cantidad recaía antes sobre kilogramos y ahora recae sobre , siendo, por lo tanto, tres veces menor. Por otra parte, siendo ahora empleados kilogramos de algodón en lugar de , el producto de seis horas de trabajo contiene un valor seis veces mayor de algodón. Así, en seis horas de hilanza, un valor tres veces mayor de materia primera se conserva y trasmite al producto, aunque el valor añadido a esta misma materia sea tres veces más pequeño. Esto muestra que la propiedad en cuya virtud el trabajo conserva el valor, es esencialmente distinta de la propiedad por la que crea el valor durante la misma operación.

El medio de producción solo trasmite al producto el valor que él pierde, perdiendo su utilidad primitiva; pero en este concepto, los elementos materiales del trabajo se comportan de diferente modo.

Las materias primeras y materias auxiliares pierden su aspecto al servir para la ejecución de un trabajo. Distinta cosa ocurre con los instrumentos propiamente dichos, que duran más o menos tiempo y funcionan en mayor o menor número de operaciones. Se sabe por experiencia la duración media de un instrumento de trabajo, y se puede, por consiguiente, calcular su desgaste cotidiano y lo que cada día trasmite de su propio valor al producto; pero el instrumento de trabajo, por ejemplo, una máquina, aunque trasmite diariamente una parte de su valor a su producto diario, funciona todos los días entera durante la ejecución del trabajo.

Por consiguiente, aun cuando un elemento de trabajo entre todo entero en la producción de un objeto de utilidad, de un valor de uso, no entra más que en parte en la formación del valor. Al contrario, un medio de producción puede entrar entero en la formación del valor, y solo en parte en la producción de un valor de uso. Supongamos que en la hilanza de kilogramos de algodón haya de desecho. Si esta pérdida del por es inevitable por término medio en la fabricación, el valor de los kilogramos de algodón que no se transforman en hilados entra todo también en el valor de los hilados, como el de los kilogramos que forman parto de su sustancia. Desde el momento que esta pérdida es una condición de la producción, el algodón perdido trasmite a los hilados su valor.

No trasmitiendo los medios de producción al nuevo producto más que el valor que pierden bajo su antigua forma, solo pueden añadirle valor si ellos mismos lo poseen. Su valor se halla determinado, no por el trabajo en que entran como medios de producción, sino por el trabajo de donde se derivan como productos.

Valor simplemente conservado y valor reproducido y aumentado.

La fuerza de trabajo en actividad, el trabajo viviente, tiene, pues, la propiedad de conservar el valor añadiendo valor. Si esta propiedad no cuesta nada al trabajador, produce mucho al capitalista, que le debe la conservación del valor actual de su capital. Lo echa de ver perfectamente en el momento de las crisis, de las interrupciones de trabajo, en que tiene que soportar los gastos de deterioro de los medios de producción de que se compone su capital: primeras materias, instrumentos, etc., que permanecen inactivos.

Decíamos que el valor de los medios de producción se conserva y no se reproduce, porque los objetos en los cuales existe en un principio no desaparecen sino para revestir nueva forma útil, y el valor persiste bajo los cambios de forma. Lo producido es un nuevo objeto de utilidad en que continúa apareciendo el valor antiguo.

En tanto que el trabajo conserva y trasmite al producto el valor de los medios de producción, crea a cada instante un valor nuevo. Supongamos que la producción cesara cuando el trabajador ha creado de este modo el equivalente del valor diario de su propia fuerza, cuando ha añadido al producto, por medio de un trabajo de seis horas, un valor de pesetas. Este valor reemplaza el dinero que el capitalista anticipa para la compra de la fuerza de trabajo y que el obrero invierte en seguida en subsistencias. Pero este valor, al contrario de lo que hemos sentado respecto del valor de los medios de producción, ha sido producido en realidad; si un valor reemplaza a otro, es merced a una nueva creación.

Sabemos ya, sin embargo, que la duración del trabajo traspasa el límite en que el equivalente del valor de la fuerza de trabajo se hallaría reproducido y añadido al objeto trabajado. En lugar de seis horas que suponemos bastarían para esto, la operación dura doce horas o más. La fuerza de trabajo en movimiento no reproduce solo su propio valor, sino que produce también valor de más. Esta supervalía forma el excedente del valor del producto sobre el de sus elementos constitutivos: los medios de producción y la fuerza de trabajo. Así, pues, en una producción, la parte del capital que se transforma en medios de producción, es decir, en primeras materias, materias auxiliares o instrumentos de trabajo, no cambia en el acto de la producción la magnitud de su valor. Por esto la denominamos parte constante del capital o simplemente *capital constante*.

Al contrario, la parte del capital transformada en fuerza de trabajo, cambia el valor en una nueva producción y por el hecho mismo de esta producción. Reproduce primero su propio valor y además produce un excedente, una supervalía mayor o menor. Esta parte del capital, de magnitud alterable, la denominamos parte variable del capital o simplemente *capital variable*.

CAPÍTULO IX

TIPO DE LA SUPERVALÍA

I. Trabajo necesario y sobretrabajo. — Grado de explotación de la fuerza de trabajo. — II. Los elementos del valor del producto expresados en partes de este producto y en fracciones de la jornada de trabajo. — III. La «última hora». — IV. El producto neto.

Vemos, pues, por una parte, el capital constante que suministra a la fuerza de trabajo los medios de materializarse; medios cuyo valor, reapareciendo solamente, es igual antes y después del acto de producción; por otra, el capital variable, que antes de la producción equivale al precio de compra de la fuerza de trabajo, y después es igual a este valor, reproducido con un aumento mayor o menor. Resultando la supervalía del aumento que experimenta el capital variable, es evidente que la relación de la supervalía con el capital variable determina la proporción en que tiene lugar este aumento. Consideremos las cifras del capítulo séptimo. Siendo pesetas la parte de capital empleado en la compra de la fuerza de trabajo de un hombre durante una jornada o día de trabajo, en una palabra, siendo el capital variable y la supervalía pesetas, esta última cifra expresa la magnitud absoluta de la supervalía producida por un trabajador en un día de trabajo; la magnitud proporcional, es decir, la magnitud comparada con la del capital variable antes del aumento de valor, está expresada por la relación de a , esto es, de un por . A esta magnitud proporcional es a lo que llamamos tipo de la supervalía. No se debe confundir el tipo de la supervalía, que es la relación de esta con la parte variable del capital adelantado y que solo expresa directamente el grado de explotación del trabajo, con el tipo del beneficio, que es la relación de la supervalía con el total del capital adelantado.

I. *Trabajo necesario y sobretrabajo.*

Hemos visto que, durante una parte de la jornada, el obrero solo produce el valor diario de su fuerza de trabajo, esto es, el valor de las subsistencias necesarias para su sostenimiento. Como hay una división del trabajo social organizada por sí misma en el medio en que trabaja, el obrero produce su subsistencia, no directamente, sino bajo la forma de una mercancía particular, hilados, por ejemplo, cuyo valor es igual al de sus medios de subsistencia, o al del dinero con que los compra.

En esta parte de la jornada, mayor o menor según el valor medio de su subsistencia diaria, el obrero, trabajando o no trabajando para un capitalista, no hace más que reemplazar un valor por otro; en realidad, la producción de valor durante este tiempo es una simple reproducción. Llamamos *tiempo de trabajo necesario* a la parte de la jornada en que se verifica esta reproducción, y *trabajo necesario* al trabajo gastado en este tiempo: necesario para el trabajador, que, sea cualquiera la forma social de su trabajo, gana la vida en ese tiempo, y necesario para el mundo capitalista, cuya base es la existencia del trabajador.

La parte de la jornada de trabajo que traspasa los límites del trabajo necesario, no forma ningún valor para el obrero, forma la supervalía para el capitalista; llamamos *tiempo extra* a esa parte de la jornada, y *sobretrabajo* al trabajo gastado en ella. Si el valor en general es una simple materialización de tiempo de trabajo, la supervalía es una simple materialización de tiempo de trabajo extra, es sobretrabajo realizado. Las diferentes formas económicas que la sociedad ha revestido, por ejemplo, la esclavitud y el salariado, solo se distinguen por la forma de imponer y de usurpar este sobretrabajo al productor inmediato.

Grado de explotación de la fuerza de trabajo.

Por una parte, el valor del capital variable es igual al valor de la fuerza de trabajo que compra, y el valor de esta fuerza determina la parte necesaria de la jornada de trabajo; por otra, la supervalía es determinada por la duración de la parte extra de esta misma jornada, por el sobretrabajo. Luego el tipo de la supervalía, expresado por la relación de aquella con el capital variable, lo está también por la relación, igual a la anterior, del sobretrabajo con el trabajo necesario.

El tipo de la supervalía es, por consecuencia, la expresión exacta del grado de explotación de la fuerza de trabajo por el capital, o del trabajador por el capitalista; pero no se debe confundir el grado de explotación con la magnitud absoluta de esta. Supongamos que el trabajo necesario es igual a cinco horas y que el sobretrabajo es también igual a cinco horas; el grado de explotación expresado por la relación de a , es de por , y la magnitud absoluta de la explotación es de cinco horas. Si, por el contrario, el trabajo necesario y el sobretrabajo son cada uno de seis horas, el grado de explotación expresado por la relación de a no varía, sigue siendo de por , en tanto que la magnitud absoluta de la explotación, que antes era de cinco horas, crece en una hora, es decir, en un por .

Para calcular el tipo de la supervalía consideramos el valor del producto sin tener en cuenta el valor del capital constante, que ya existía y que no hace más que reaparecer; el valor que queda entonces es el único valor realmente creado durante la producción de la mercancía. Conocida la supervalía, es preciso restarla de este valor para encontrar el capital variable; conociendo el capital variable, habrá que restar este para encontrar la supervalía. Conocidos ambos, solo hay que calcular la relación de la supervalía con el capital variable, es decir, dividir la supervalía por el capital variable, y multiplicando por el cociente que resulte, se tiene el tanto por ciento del tipo de la supervalía.

II. *Los elementos del valor del producto expresados en partes de este producto y en fracciones de la jornada de trabajo.*

Volvamos al ejemplo que en el capítulo séptimo nos sirvió para mostrar cómo el capitalista convierte su dinero en capital. El trabajo necesario del hilandero ascendía a seis horas, lo mismo que su sobretrabajo; por consiguiente, el obrero trabaja media jornada para sí y media para el capitalista; el grado de explotación es de por .

El producto de la jornada es kilogramos de hilados, que valen pesetas; los ocho décimos de este valor, pesetas, están formados por el valor de los medios de producción consumidos: pesetas por la compra del algodón y pesetas por el desperfecto de las brocas. Por lo tanto, estas pesetas representan el valor que no hace más que reaparecer; es decir, que los ocho décimos del valor de los hilados consisten en capital constante. Los dos décimos que restan son el nuevo valor de pesetas creado durante la hilanza y por la hilanza. Una mitad de este valor reemplaza el valor diario de la fuerza de trabajo, que ha sido adelantado, es decir, el capital variable de pesetas; la otra mitad constituye la supervalía de pesetas. El valor de pesetas en hilados es igual a pesetas de capital constante, más pesetas de capital variable, y, por último, más pesetas de supervalía.

Puesto que el valor total de pesetas está representado por kilogramos de hilados, los diferentes elementos de este valor, que acabamos de indicar, pueden representarse en partes del mismo producto.

Si existe un valor de pesetas en kilogramos de hilados, los ocho décimos de este valor o su parte constante de pesetas, existían en ocho décimos del producto o en kilogramos de hilados. Estos kilogramos representan, pues, el valor del algodón comprado y el desperfecto de las brocas; en total, pesetas, lo cual corresponde a kilogramos y medio de hilados, que representan las pesetas de algodón, y kilogramo y medio, que representa las pesetas del desperfecto de las brocas.

En kilogramos y medio de hilados solo se encuentran realmente kilogramos y medio de algodón, que valen pesetas y céntimos, pero los kilogramos cuestan pesetas; la diferencia de pesetas y céntimos equivale al algodón contenido en los otros kilogramos y medio de hilados. Pero los kilogramos y medio de hilados representan todo el algodón contenido en el producto total de kilogramos de hilados; en efecto, a pesetas kilogramo, valen pesetas, como los kilogramos de algodón; en cambio, no representan nada más. Puede considerarse que no contienen una partícula del valor de los instrumentos de trabajo utilizados, ni del nuevo valor creado por la hilanza. De igual modo, kilogramo y medio de hilados valen pesetas, como las brocas gastadas en doce horas de hilanza; en este caso, kilogramo y medio representa el valor de los instrumentos de trabajo utilizados mientras dura la producción de kilogramos de hilados; pero no representa más que esto, y no contiene ni una partícula del valor nuevo creado por la hilanza.

En resumen, ocho décimos del producto u kilogramos de hilados se considera que no contienen nada del valor nuevo creado por el trabajo del hilandero. Y, de hecho, cuando el capitalista los vende en pesetas y recobra con esta suma lo que ha gastado en medios de producción, aparece evidente que kilogramos de hilados son brocas y algodón bajo otra forma. Por otra parte, los dos décimos restantes, o sean los kilogramos de hilados, representan, por consecuencia, el valor que queda, el valor nuevo de pesetas creado en las doce horas de trabajo. El trabajo del hilandero, materializado en el producto de kilogramos de hilados, se concentra ahora en kilogramos, en dos décimos del producto, de los cuales un décimo, esto es, un kilogramo, representa el valor de la fuerza de trabajo empleada, es decir, las pesetas del capital variable adelantado, y el otro décimo las pesetas de supervalía.

Puesto que doce horas de trabajo crean un valor de pesetas, ascendiendo el valor de los hilados a pesetas, representa sesenta horas de trabajo. Esto es porque, además de las doce horas de hilanza, en las pesetas está comprendido el tiempo de trabajo que contenían los medios de producción consumidos: cuatro jornadas de doce horas o sean cuarenta y ocho horas de trabajo, que precedieron a la operación de la hilanza y se realizaron en un valor de pesetas.

Se puede, pues, descomponer el resultado de la producción, el producto, en una cantidad que representa únicamente el trabajo contenido en los medios de producción, o parte constante del capital; en otra cantidad que solo representa el trabajo necesario añadido durante la producción, o parte variable del capital, y, por último, en una cantidad que representa el sobretrabajo añadido o supervalía.

El producto total fabricado en un tiempo determinado, por ejemplo, en una jornada, descompuesto de esta suerte en partes que representan los diversos elementos de su valor, puede también representarse en fracciones de la jornada de trabajo.

El hilandero produce en doce horas kilogramos de hilados; por consiguiente, en una hora y doce minutos produce kilogramo, y en siete horas cuarenta y cinco minutos kilogramos y medio de hilados, es decir, una parte del producto que vale por sí sola todo el algodón empleado en la jornada. De igual suerte, la parte producida en la hora y cuarenta y cinco minutos siguientes es igual a kilogramo y medio de hilados, y representa, por lo tanto, el valor de las brocas utilizadas durante las doce horas de trabajo. De la misma manera, el hilandero produce en la hora y los doce minutos que siguen kilogramo de hilados, que representa un valor igual a todo el valor que ha creado en las seis horas de trabajo necesario. Finalmente, en los últimos setenta y dos minutos produce otro kilogramo de hilados, cuyo valor es igual a la supervalía producida en sus seis horas de sobretrabajo.

Nótese bien que lo que produce en estos setenta y dos minutos es un kilogramo de hilados, cuyo valor entero es igual a la supervalía que la jornada de trabajo rinde al capitalista; pero el valor entero de este kilogramo se compone, además del valor que resulta del trabajo del hilandero, del valor del trabajo anterior, que produjo el algodón y las brocas consumidas para su fabricación.

III. *La «última hora».*

De la representación de los diversos elementos del valor del producto en partes proporcionales de la jornada de trabajo, y de que la supervalía esté representada por el valor del producto de los setenta y dos últimos minutos, no hay que deducir, como algunos economistas que en nombre de la ciencia intentan oponerse a toda reducción de la jornada de trabajo, que el obrero en su jornada de doce horas consagra al fabricante para la producción de la supervalía tan solo los últimos setenta y dos minutos, la «última hora», como ellos dicen.

La supervalía es igual, en efecto, no al valor de la fuerza de trabajo gastado durante los últimos setenta y dos minutos, sino al valor del producto para el cual se ha realizado el gasto de la fuerza de trabajo en ese tiempo, es decir, que es igual al valor de los medios de producción (algodón y brocas) consumidos en setenta y dos minutos, más el nuevo valor que a ellos añade, durante el mismo tiempo, el trabajo del hilandero al consumirlos.

Y, de creer a estos economistas, si se disminuyese en setenta y dos minutos el tiempo de trabajo, siendo igual el salario, no habría supervalía, y la ganancia del infeliz capitalista sería nula. Su razonamiento es, en suma, el siguiente: siendo un kilogramo de hilados el producto de setenta y dos minutos de hilanza, si se reduce la jornada del hilandero setenta y dos minutos, el capitalista tendrá un kilogramo de hilados menos, y valiendo pesetas el kilogramo, tendrá pesetas menos; y como su supervalía, es decir, su ganancia, era de pesetas, desde el momento en que gana pesetas menos, no gana nada. Examinemos el asunto más detenidamente.

Para un kilogramo de hilados hace falta un kilogramo de algodón, más las brocas que se desgastan funcionando. Costando los kilogramos de algodón   pesetas, un kilogramo cuesta   pesetas y   céntimos; ascendiendo a pesetas el desperfecto de las brocas para la hilanza de   kilogramos, representa céntimos por kilogramo. Un kilogramo menos que se produzca equivale a un gasto menos de pesetas céntimos, más   céntimos; total, pesetas céntimos. Si bien es cierto que el capitalista gana pesetas menos, gasta también pesetas céntimos menos; por una disminución de setenta y dos minutos en doce horas de trabajo solo pierde, pues, céntimos. Si solo pierde céntimos de lo que antes ganaba, su supervalía o beneficio líquido, que era de pesetas, es ahora de   pesetas menos   céntimos, o sean   pesetas   céntimos, y el sobretrabajo dura cuatro horas cuarenta y ocho minutos en lugar de seis horas, es decir, que el tipo de la supervalía es de por , lo cual es aún muy agradable.

Decir, en nuestro ejemplo, que el hilandero, cuya jornada es de doce horas, produce en los últimos setenta y dos minutos el beneficio líquido del capitalista, quiere decir, en puridad, que su producto de setenta y dos minutos, un kilogramo de hilados, representa, tomado en conjunto, tanto tiempo de trabajo como la parte de la jornada consagrada a la fabricación de la supervalía. En efecto, acabamos de ver que los medios de producción consumidos para producir kilogramos de hilados contenían antes de la hilanza cuarenta y ocho horas de trabajo; los medios de producción consumidos para un kilogramo contienen, pues, el décimo de este tiempo, es decir, cuatro horas y cuarenta y ocho minutos de trabajo anterior, que, añadidas a los setenta y dos minutos de hilanza, dan, para un kilogramo de hilados, un total de seis horas, igual al tiempo de sobretrabajo diario del hilandero.

IV. *El producto líquido.*

Llamamos producto líquido a la parte del producto que representa la supervalía. Así como el tipo de esta se determina por su relación, no con el capital total, sino con la parte variable del capital, así el total del producto líquido se determina por su relación, no con el producto entero, sino con la parte que representa el trabajo necesario. La magnitud relativa del producto líquido es la que mide el grado de elevación de la riqueza.

El total del trabajo necesario y del sobretrabajo, es decir, la suma del tiempo durante el cual el obrero produce el equivalente de su fuerza de trabajo y la supervalía, forma la magnitud absoluta de su tiempo de trabajo, esto es, la jornada de trabajo.

CAPÍTULO X

LA JORNADA DE TRABAJO

I. Límites de la jornada de trabajo. — II. El capital hambriento de sobretrabajo. — III. La explotación del trabajador libre, en la forma y en el fondo. — Trabajo de día y trabajo de noche. — IV. Reglamentación de la jornada de trabajo. — V. Lucha por la limitación de la jornada de trabajo.

I. *Límites de la jornada de trabajo.*

Hemos partido del supuesto que la fuerza de trabajo es comprada y vendida en su valor. Este valor, como el de toda mercancía, está determinado por el tiempo de trabajo necesario para su producción. Habiendo comprado el capitalista la fuerza de trabajo en su valor diario, ha adquirido en consecuencia el derecho de hacer trabajar al obrero durante todo un día. Pero ¿qué es un día de trabajo?

La jornada de trabajo varía entre límites que imponen la sociedad por una parte y por otra la Naturaleza. Hay un mínimum, que es la parte de la jornada en la que el obrero debe trabajar necesariamente para su propia conservación, en una palabra, es el tiempo de trabajo necesario, hasta el cual no consiente descender nuestra organización social, basada en el sistema de producción capitalista; en efecto, descansando este sistema de producción en la formación de supervalía, exige cierta cantidad de trabajo además del trabajo necesario; en otros términos, cierta cantidad de sobretrabajo. Hay también un máximum que los límites físicos de la fuerza de trabajo, que el tiempo forzosamente consagrado cada día por el trabajador a dormir, a comer, etc., que la Naturaleza, en una palabra, no permite traspasar.

Estos límites son por sí mismos muy elásticos. De todos modos, un día de trabajo es menor que un día natural. ¿En cuánto? Una de sus partes está bien determinada por el tiempo de trabajo necesario; pero su magnitud total varía con arreglo a la magnitud del sobretrabajo.

Todo comprador procura sacar del empleo de la mercancía comprada el mayor partido posible, y en este sentido obra el capitalista comprador de la fuerza de trabajo; tiene un móvil único, acrecentar su capital, crear supervalía, absorber todo el sobretrabajo posible.

Por su parte, el trabajador tiende, con razón, a no gastar su fuerza de trabajo sino en los límites compatibles con su duración natural y su desarrollo regular. No quisiera gastar cada día más que la fuerza que puede rehacer, merced a su salario.

El capitalista sostiene su derecho como comprador cuando procura prolongar todo lo posible la jornada de trabajo. El obrero sostiene su derecho como vendedor cuando quiere reducir la jornada de trabajo, de suerte que solo transforme en trabajo la cantidad de fuerza cuyo gasto no perjudique a su cuerpo. Hay, pues, derecho contra derecho, ambos igualmente basados en la ley que regula el cambio de las mercancías. ¿Quién decide entre dos derechos iguales? La fuerza. He aquí por qué la reglamentación de la jornada de trabajo se presenta en la historia de la producción capitalista como una lucha entre la clase capitalista y la clase obrera.

II. *El capital hambriento de sobretrabajo.*

El capitalista no ha inventado el sobretrabajo. Doquiera una parte de la sociedad posee el monopolio de los medios de producción, el trabajador, libre o no, está obligado a añadir al tiempo de trabajo necesario para su propio sostenimiento, un exceso destinado a suministrar la subsistencia del que posee los medios de producción. Importa poco que este propietario sea dueño de esclavos, señor feudal o capitalista.

Sin embargo, mientras la forma económica de una sociedad es tal que en ella se considera más bien la utilidad de una cosa que la cantidad de oro o plata por que puede cambiarse, en otros términos, el valor de uso más bien que el valor de cambio, el sobretrabajo encuentra un límite en la satisfacción de necesidades determinadas. Por el contrario, cuando domina el valor de cambio, llega a ser ley hacer trabajar todo lo posible.

Cuando pueblos cuya producción se opera aún por medio de las formas inferiores de esclavitud y servidumbre son arrastrados a un mercado internacional donde domina el sistema de producción

capitalista, y cuando por este hecho llega a ser su interés principal la
venta de sus productos en el extranjero, desde este momento los
horrores del sobretrabajo, fruto de la civilización, vienen a añadirse a
la barbarie de la esclavitud y de la servidumbre. Mientras que en los
Estados del Sur de la Unión americana la producción tendía
principalmente a la satisfacción de las necesidades inmediatas, el
trabajo de los negros presentó un carácter moderado; pero a medida
que la exportación del algodón llegó a constituir el interés principal de
estos Estados, el negro fue extenuado por el trabajo, y el consumo de
su vida en siete años de trabajo entró como parte de un sistema
fríamente calculado. No se trataba ya, como antes, de obtener de él
cierta masa de productos útiles; tratábase ante todo de la producción
de supervalía. Lo mismo ha ocurrido con el siervo en los Principados
danubianos.

¿Qué es una jornada de trabajo? ¿Cuál es la duración del tiempo en
que el capital tiene el derecho de consumir la fuerza de trabajo cuyo
valor compra por un día? ¿Hasta qué punto puede prolongarse la
jornada más del trabajo necesario para la reproducción de esta fuerza?
A todas estas preguntas responde el capital: la jornada de trabajo
comprende veinticuatro horas completas, deduciendo las horas de
descanso sin las cuales la fuerza de trabajo estaría en la imposibilidad
absoluta de volver a la labor.

No queda, pues, tiempo para el desarrollo intelectual, para el libre
ejercicio del cuerpo y del espíritu. El capital monopoliza el tiempo que
exigen el desarrollo y sostenimiento del cuerpo en cabal salud,
escatima el tiempo de las comidas y reduce el tiempo de sueño al
mínimum de pesado entorpecimiento sin el cual el extenuado
organismo no podría funcionar. No es, pues, el sostenimiento regular
de la fuerza de trabajo el que sirve de regla para la limitación de la
jornada de trabajo; al contrario, el tiempo de reposo concedido al
obrero está regulado por el mayor gasto posible por día de su fuerza.

III. *Explotación del trabajador libre, en la forma y en el fondo.*

Suponiendo que la jornada de trabajo esté compuesta de seis horas de
trabajo necesario y seis horas de sobretrabajo, el trabajador libre
suministra al capitalista treinta y seis horas de sobretrabajo en los seis

días de la semana. Es lo mismo que si trabajase tres días para sí y tres días gratis para el capitalista. Pero esto no salta a la vista; el sobretrabajo y el trabajo necesario se confunden entre sí. Distinta cosa ocurre con la servidumbre corporal. En esta forma de servidumbre el sobretrabajo es independiente del trabajo necesario; el labriego ejecuta esto último en su campo propio y aquel en la tierra señorial; de este modo distingue claramente el trabajo que ejecuta para su propio sostenimiento y el que realiza para el señor.

La explotación del trabajador libre es menos visible, tiene una forma más hipócrita. Pero, en realidad, la diferencia de forma en nada altera el fondo sino es para empeorarlo. Tres días de sobretrabajo por semana son siempre tres días de trabajo que nada producen al mismo trabajador, sea cualquiera el nombre que tengan, servidumbre corporal o beneficio.

Hemos dicho que lo que únicamente interesa al capital es el máximum de esfuerzos que, en definitiva, puede arrancar a la fuerza de trabajo en una jornada. Procura conseguir su objeto sin inquietarse por lo que pueda durar la vida de la fuerza de trabajo; así ocasiona la debilitación y la muerte prematura, privándola, por la prolongación impuesta de la jornada, de sus condiciones regulares de actividad y de desarrollo, así en lo físico como en lo moral.

Parece, sin embargo, que el interés mismo del capital debería impulsarle a economizar una fuerza que le es indispensable. Pero la experiencia enseña al capitalista que, por regla general, hay exceso de población, es decir, exceso con relación a la necesidad del momento del capital, aunque esta masa abundante esté formada de generaciones humanas mal desarrolladas, entecas y en disposición de extinguirse.

La experiencia demuestra también al observador inteligente con qué rapidez la producción capitalista, que, históricamente hablando, es de fecha reciente, ataca en la misma raíz la sustancia y la fuerza del pueblo; manifiesta cómo el aniquilamiento de la población industrial se hace más lento por la absorción constante de elementos nuevos tomados a los campos, y cómo los mismos trabajadores de los campos empiezan a decaer.

Pero el capital se preocupa tanto de la extenuación de la raza como de la dislocación de la tierra. En todo periodo de especulación, cada cual sabe que un día ocurrirá la explosión, pero cada uno espera no ser arrollado por ella después de haber obtenido, sin embargo, el beneficio ansiado. ¡Después de mí, el diluvio! Tal es el lema de todo capitalista.

Trabajo de día y trabajo de noche.

El capital solo piensa, pues, en la formación de supervalía, sin preocuparse de la salud ni de la vida del trabajador. Verdad es que, considerando las cosas en su conjunto, esto no depende tampoco de la mala o buena voluntad del capitalista como individuo. La concurrencia anula las voluntades individuales y somete a los capitalistas a las leyes imperiosas de la producción capitalista.

Estando inactivos los medios de producción, son causa de pérdida para el capitalista, porque durante el tiempo que no absorben trabajo representan un adelanto inútil de capital, además de exigir con frecuencia un gasto suplementario cada vez que se vuelve a empezar la obra. Siendo físicamente imposible para las fuerzas de trabajo trabajar cada día veinticuatro horas, los capitalistas han vencido la dificultad; había en esto una cuestión de ganancia para ellos e imaginaron emplear alternativamente fuerzas de trabajo por el día y por la noche, lo cual puede efectuarse de diferentes maneras: una parte del personal del taller hace, por ejemplo, durante una semana el servicio de día y durante la siguiente semana el servicio de noche.

El sistema de trabajo de noche aprovecha tanto más al capitalista cuanto que se presta a una escandalosa explotación del trabajador; tiene además una influencia perniciosa sobre la salud, pero el capitalista realiza un beneficio y esto es lo único importante para él.

IV. *Reglamentación de la jornada de trabajo.*

De todas suertes, el capitalista abusa sin tasa del trabajador en tanto que la sociedad no se lo impide. El establecimiento de una jornada soportable de trabajo es el resultado de una larga lucha entre capitalista y trabajador. La historia de esta lucha presenta, sin embargo, dos tendencias opuestas.

En tanto que la legislación moderna acorta la jornada de trabajo, la antigua legislación procuraba prolongarla; se quería obtener del trabajador, con el auxilio de los Poderes públicos, una cantidad de trabajo que la sola fuerza de las condiciones económicas no permitía imponerlo todavía. En efecto, se necesitarían siglos para que el trabajador *libre*, a consecuencia del desarrollo de la producción capitalista, se prestase voluntariamente, es decir, se viera obligado socialmente a vender todo su tiempo de vida activa, su capacidad de trabajo, por el precio de sus habituales medios de subsistencia, su derecho de primogenitura por un plato de lentejas. Es, pues, natural que la prolongación de la jornada de trabajo, impuesta con la ayuda del Estado desde mediados del siglo XIV hasta el siglo XVIII, corresponda poco más o menos a la disminución del tiempo de trabajo que el Estado decreta e impone acá y allá, en la segunda mitad del siglo XIX.

Si en Estados como Inglaterra las leyes moderan, por una limitación oficial de la jornada de trabajo, el encarnizamiento del capital por absorber trabajo, es porque, sin hablar del movimiento cada vez más amenazador de las clases obreras, esta limitación ha sido dictada por la necesidad. La misma concupiscencia ciega que agota el suelo, atacaba en su raíz la fuerza vital de la nación y ocasionaba su aniquilamiento, como acabamos de demostrar.

V. *Lucha por la limitación de la jornada de trabajo.*

El objeto especial, el fin real de la producción capitalista es la producción de supervalía o la sustracción de trabajo extra; téngase presente que solo el trabajador independiente puede, en calidad de poseedor de la mercancía, contratar con el capitalista; pero el trabajador aislado, el trabajador como vendedor libre de su fuerza de trabajo, debe someterse sin resistencia posible cuando la producción capitalista alcanza cierto grado.

Preciso es confesar que nuestro trabajador sale del dominio de la producción de distinto modo que entró en ella. Se había presentado en el mercado como poseedor de la mercancía «fuerza de trabajo» enfrente de poseedores de otras mercancías, mercader frente a mercader. El contrato mediante el cual vendía su fuerza de trabajo, parecía resultar de un acuerdo entre dos voluntades libres, la del vendedor y la del comprador. Una vez concluido el negocio, se descubre que él no era libre, que el tiempo por el cual puede vender su fuerza de trabajo es el tiempo por el cual está obligado a venderla y que, en realidad, el vampiro que le chupa no le deja mientras quede una gota de sangre que extraer; para defenderse contra esta explotación es necesario que los obreros, por un esfuerzo colectivo, por una presión de clase, obtengan que un obstáculo social les impida venderse ellos y sus hijos por «contrato libre» hasta la esclavitud y la muerte. La pomposa «declaración de los derechos del hombre» es reemplazada de este modo por una modesta ley que indica cuándo termina el tiempo que vende el trabajador y cuándo empieza el tiempo que le pertenece.

———————————

CAPÍTULO XI

TIPO Y MASA DE LA SUPERVALÍA

Compensación del número de obreros por una prolongación de la jornada de trabajo. — Necesidad de cierto mínimum de dinero para la transformación del dinero en capital.

Compensación del número de obreros por una prolongación de la jornada de trabajo.

Supongamos que el valor diario de una fuerza de trabajo es, por término medio, de pesetas y que se necesitan seis horas por día para reproducirlo. Para comprar esta fuerza, el capitalista tiene que adelantar pesetas. ¿Qué supervalía le producirán estas pesetas? Esto depende de la relación del trabajo destinado a la producción de supervalía, del sobretrabajo, con respecto al trabajo destinado a la reproducción del salario, al trabajo necesario. En una palabra, esto depende del tipo de la supervalía. Si esto tipo es de por , la supervalía ascenderá pesetas, que representan seis horas de sobretrabajo; si su tipo es de por , será de pesetas, que representan tres horas de sobretrabajo. El tipo de la supervalía determina, pues, la masa de supervalía producida individualmente por un obrero, dado el valor de su fuerza.

El capital variable es la expresión monetaria del valor de todas las fuerzas de trabajo que el capitalista emplea a la vez. Si pesetas, precio de una fuerza de trabajo, producen una supervalía diaria de pesetas, el precio de fuerzas de trabajo, capital variable de pesetas, producirá una supervalía de pesetas, cifra igual al resultado de multiplicar el capital variable , por /, que indica el tipo de la supervalía. La masa de la supervalía producida por un capital variable es, pues, igual al valor de este capital multiplicado por el tipo de la supervalía.

Supongamos que el tipo de la supervalía disminuya en la mitad y sea de por en vez de ser de por ; que, por otra parte, el capital variable sea doble, es decir, de pesetas en lugar de : la supervalía será igual a multiplicado por /, o sea pesetas otra vez. Por consecuencia, la masa de la supervalía no varía cuando disminuye el tipo de la supervalía aumentando el capital variable, o, por el contrario, cuando este disminuye y aumenta aquel en la misma proporción.

Una disminución del capital variable puede ser compensada, por lo tanto, por una elevación proporcional del tipo de la supervalía, o, siendo así que el capital variable depende del número de obreros empleados, una disminución en el número de estos puede ser compensada por una prolongación proporcional de su jornada de trabajo. Hasta cierto punto, la cantidad de trabajo explotable por el capital llega a ser así independiente del número de obreros.

Esta compensación encuentra, sin embargo, un límite infranqueable; la jornada de trabajo tiene, en efecto, límites físicos: por mucho que se prolongue es siempre menor que el día natural de veinticuatro horas. Con cien obreros pagados a pesetas y que trabajen doce horas, seis de las cuales son de trabajo necesario, el tipo de la supervalía será de por y el capitalista tendrá una supervalía diaria de pesetas; si toma un número de obreros tres veces menor, su supervalía no será nunca la misma porque no les podrá imponer un número de horas de sobretrabajo tres veces mayor; porque dieciocho horas de sobretrabajo añadidas a seis horas de trabajo necesario harían el día de trabajo tan largo como el día natural, lo que no permitiría el tiempo de reposo indispensable cada día. Una reducción en el número de obreros empleados no puede, pues, ser compensada por la prolongación de la jornada de trabajo, por un aumento en el grado de la explotación, sino dentro de los límites físicos de esta jornada y, por consecuencia, del sobretrabajo que encierra.

Necesidad de cierto mínimum de dinero para la transformación del dinero en capital.

Como el valor es trabajo realizado, es evidente que la masa de valor que un capitalista hace producir depende exclusivamente de la cantidad de trabajo que pone en movimiento; según lo que acabamos de ver, puede poner en movimiento una cantidad mayor o menor con el mismo número de obreros, según sea su jornada más o menos larga. Pero dados el valor de la fuerza de trabajo y el tipo de la supervalía, en otros términos, la división de la jornada en trabajo necesario y sobretrabajo, la masa total de valor, comprendida la supervalía, que realiza un capitalista está exclusivamente determinada por el número de obreros que emplea, y este mismo número depende de la magnitud del capital variable que adelanta, de la suma que consagra a la compra de fuerzas de trabajo.

La masa de supervalía producida es entonces proporcional a la magnitud del capital variable; en cuanto al capital constante, no tiene aquí ninguna acción; en efecto, sea grande o pequeño el valor de los medios de producción, permanece sin la menor influencia sobre la masa de valor producido, que es el valor nuevo añadido por el trabajo al valor conservado de los medios de producción.

De lo expuesto resulta que toda suma no puede ser transformada en capital. Esta transformación exige que el aspirante a capitalista maneje cierto mínimum de dinero. Como no solo quiere vivir del trabajo de otro, sino que quiere además enriquecerse por este trabajo, es necesario que pueda tener tal número de obreros que su tiempo de sobretrabajo provea a su sostén y a su enriquecimiento.

Seguramente él puede también poner manos a la obra, pero entonces no es más que un intermediario entre capitalista y obrero, un pequeño patrón. En cierto grado de desarrollo es necesario que el capitalista pueda emplear todo su tiempo en la apropiación y en la vigilancia del trabajo ajeno y en la venta de los productos de este trabajo; es preciso, pues, que explote suficientes obreros para dispensarse de tomar parte en la producción.

Este mínimum de dinero que hay que adelantar, varía según los diversos grados del desarrollo de la producción. Dado el grado de desarrollo, varía en las diferentes industrias según sus condiciones técnicas particulares.

En la producción, considerada desde el punto de vista de la utilidad del producto, los medios de producción desempeñan respecto del obrero el papel de simples materiales de su actividad productora. Si se la considera desde el punto de vista de la supervalía, los medios de producción se convierten inmediatamente en medios de absorción del trabajo de otro.

No es ya el trabajador quien los emplea, ellos son, al contrario, los que emplean al trabajador. En lugar de ser consumidos por él como elementos materiales de su actividad productora, le consumen ellos como elemento indispensable para su propia vida, y la vida del capital consiste en su movimiento como valor perpetuamente en vías de multiplicación.

Para poner en acción la actividad de otro, para explotar la fuerza de trabajo y extraerle el trabajo extra, el sistema capitalista supera en energía, en eficacia y en ilimitada potencia a todos los sistemas anteriores de producción fundados directamente en las diferentes formas de trabajos forzados.

SECCIÓN CUARTA

Producción de la supervalía relativa.

CAPÍTULO XII

SUPERVALÍA RELATIVA

Disminución del tiempo de trabajo necesario. — Aumento de la productividad del trabajo y de la supervalía.

Disminución del tiempo de trabajo necesario.

Hemos considerado hasta aquí la parte de la jornada de trabajo durante la cual el obrero reemplaza el valor que el capitalista le paga, como una duración fija, lo que en realidad es en condiciones de producción invariables. Pasando de esta duración fija, de este tiempo necesario, el trabajo podía prolongarse más o menos horas, y según la magnitud de esta prolongación, variaban el tipo de la supervalía y la duración total de la jornada. Así, el tiempo de trabajo necesario era fijo y la jornada entera de trabajo variable.

Supongamos ahora una jornada entera de trabajo de límite determinado, por ejemplo, una jornada de doce horas. El sobretrabajo y el trabajo necesario, considerados en conjunto, no exceden de doce horas; en estas condiciones ¿cómo aumentar el sobretrabajo, la producción de supervalía? Solo hay un medio: acortar el tiempo de trabajo necesario y aumentar en igual proporción la parte de las doce horas consagrada al sobretrabajo; de este modo, una parte del tiempo que empleaba el obrero, en realidad para sí mismo, se convertirá en tiempo de trabajo para el capitalista. El límite de la jornada no variará, solo cambiará su división en trabajo necesario y sobretrabajo.

Por otra parte, la duración del sobretrabajo está necesariamente marcada desde que se dan los límites de la jornada entera y el valor diario de la fuerza de trabajo. Si este valor es de pesetas, cantidad de oro que contiene seis horas de trabajo, el obrero debe trabajar seis horas para reemplazar el valor de su fuerza, pagada cotidianamente por el capitalista, o para producir un equivalente de las subsistencias que exige su sustento diario. El valor de estas subsistencias determina el valor diario de su fuerza, y este valor determina la duración cotidiana de su trabajo necesario.

El tiempo de trabajo necesario podría ser y es en la práctica reducido por una disminución del salario, que llega a ser inferior al valor de la fuerza de trabajo. Pero aquí admitimos que la fuerza de trabajo se compra y se vende en su justo valor; en este caso, el tiempo consagrado a reproducir dicho valor solo puede disminuir cuando este valor disminuye. Pero este valor depende del valor de la masa de subsistencias que necesita para su sustento; es necesario, pues, que el valor de esta masa disminuya, que se produzca, por ejemplo, en cinco horas la cantidad de subsistencias que antes se producía en seis; y esta producción de igual masa de subsistencias en un tiempo más reducido, solo puede resultar de un aumento de la fuerza productiva del trabajo, aumento que no ocurre sin una modificación en los instrumentos o en el método del trabajo, o en ambos a la vez. Es necesaria una revolución en las condiciones de la producción.

El aumento de la productividad del trabajo y de la supervalía.

Por aumento de la fuerza productiva o de la productividad del trabajo entendemos, en general, un cambio en sus procedimientos que abrevie el tiempo actualmente necesario por término medio para la producción de una mercancía, de tal suerte, que una cantidad menor de trabajo adquiera la facultad de producir más objetos útiles.

Al examinar la supervalía proveniente de la duración prolongada del trabajo, considerábamos determinado el modo de producción; tratándose de producir supervalía por la transformación del trabajo necesario en sobretrabajo, lejos de no tocar a los procedimientos habituales del trabajo, el capital tiene que cambiar sus condiciones técnicas y sociales, esto es, transformar el modo de producción. Solo de esta suerte podrá aumentar la productividad del trabajo, disminuir de este modo el valor de la fuerza de trabajo y aminorar por lo mismo el tiempo empleado en reproducirla.

Denominamos *supervalía absoluta* a la supervalía producida por la simple prolongación de la jornada de trabajo, y *supervalía relativa* a la supervalía que proviene, al contrario, de la disminución del tiempo de trabajo necesario y del cambio, que es su consecuencia, en la duración relativa de las dos partes de que se compone la jornada: trabajo necesario y sobretrabajo.

Para que produzca un descenso en el valor de la fuerza de trabajo, el aumento de productividad debe tener lugar en los ramos de industria cuyos productos determinan el valor de esta fuerza, es decir, en los que suministran las mercancías necesarias para el sustento del obrero o los medios de producción de estas mercancías. Pero la baratura de uno de estos artículos solo rebaja el valor de la fuerza de trabajo en la proporción según la cual entra en su reproducción. En los ramos de industria que no suministran ni los medios de subsistencia ni sus elementos materiales, un aumento de productividad en nada modifica el valor de la fuerza de trabajo.

Hemos visto en el capítulo primero que el valor de las mercancías y, por lo tanto, de la fuerza de trabajo, puesto que el valor de esta lo determina el de aquellas, disminuye cuando aumenta la productividad del trabajo de que proviene. Por el contrario, como el aumento de la productividad del trabajo hace que sea mayor el tiempo consagrado a la fabricación de supervalía, la supervalía relativa crece cuando aumenta la productividad del trabajo.

De este modo, al rebajar el precio de las mercancías, el desarrollo de la fuerza productiva del trabajo hace que baje el precio del trabajador; este desarrollo, en el régimen capitalista, tiene por resultado aminorar la parte de la jornada en que el obrero trabaja para sí mismo y prolongar, en consecuencia, aquella en que trabaja gratis para el capitalista; los mismos procedimientos que rebajan el precio de las mercancías elevan la supervalía que producen. La economía de trabajo que realiza un desarrollo de este género, no tiende jamás a abreviar la jornada de trabajo, como pretenden hacer creer algunos economistas; el que por un aumento de productividad llegue el obrero a producir en una hora diez veces más de lo que producía, no impide que se continúe haciéndole trabajar por lo menos tanto como antes.

CAPÍTULO XIII

COOPERACIÓN

Fuerza colectiva del trabajo. — Resultados y condiciones del trabajo colectivo. — El mando en la industria pertenece al capital. — La fuerza colectiva del trabajo aparece como una fuerza propia del capital.

Fuerza colectiva del trabajo.

La producción capitalista comienza de hecho a establecerse cuando un solo dueño explota muchos asalariados a la vez; un número considerable de obreros que funcionan al mismo tiempo, bajo la dirección del mismo capital, en el mismo lugar para producir el mismo género de mercancías, he aquí el punto de partida histórico de la producción capitalista.

Las leyes de la producción del valor solo se realizan de una manera completa para el que explota una colectividad de obreros. En efecto, el trabajo, considerado como creador de valor, es trabajo de calidad media, es decir, la manifestación de una fuerza media. En cada ramo de industria el obrero aislado se diferencia más o menos del obrero medio; aunque emplee más o menos tiempo que el término medio para una misma operación, recibe el valor medio de la fuerza de trabajo, lo que es causa de que su patrón obtenga de su trabajo más o menos que el tipo general de la supervalía. Estas diferencias individuales en el grado de habilidad se compensan y desaparecen cuando se trata de un número grande de obreros. La jornada de un número considerable de obreros explotados al mismo tiempo, constituye una jornada de trabajo social, es decir, medio.

Aunque los procedimientos de ejecución del trabajo no experimenten variaciones, el empleo de un personal numeroso ocasiona una revolución en las condiciones materiales del trabajo. Un taller en que estén instalados veinte tejedores con veinte telares debe ser mayor que el de un patrón que solo ocupa a dos tejedores; pero la construcción de diez talleres para veinte tejedores que trabajan por grupos de dos, cuesta más que la de uno solo que sirva para veinte a la vez.

El valor de los medios de producción comunes y concentrados es menor que el valor de los medios diseminados que reemplazan; además, este valor se reparte entre una masa relativamente mayor de productos. La porción de valor que trasmiten a las mercancías disminuye, por consecuencia; el efecto es el mismo que si se las hubiese hecho más baratas; la economía en su empleo proviene de su consumo en común.

Cuando muchos trabajadores funcionan juntos para un objeto común, en el mismo acto de producción o en actos de producción diferentes, pero relacionados entre sí, cuando hay conjunto de fuerzas, el trabajo toma la forma cooperativa.

Así como la fuerza de ataque de un escuadrón de caballería difiere profundamente del total de las fuerzas puestas aisladamente en juego por cada uno de los jinetes, así el total de las fuerzas de los obreros aislados difiere de la fuerza que se desenvuelve desde el momento en que funcionan en conjunto en una misma operación. Se trata, pues, de crear, merced a la cooperación, una nueva fuerza que solo funciona como fuerza cooperativa.

Resultados y condiciones del trabajo colectivo.

Además de la nueva potencia que resulta de la reunión de numerosas fuerzas en una fuerza común, el solo contacto social produce una excitación que eleva la capacidad individual de ejecución.

La cooperación de trabajadores, repartiendo las diversas operaciones que ocasiona la confección de un producto entre diferentes manos, permite ejecutarlas al mismo tiempo y abreviar el tiempo necesario para su confección; permite también suplir la corta duración del tiempo disponible en ciertas circunstancias, por la gran cantidad de trabajo que ejecuta en poco tiempo una colectividad de obreros; permite, además, las grandes empresas, imposibles sin ella, limitando el espacio en que el trabajo se opera, en virtud de la concentración de los medios de producción y de los trabajadores, y disminuyendo por esta causa los gastos.

Comparada con un número igual de jornadas aisladas, la jornada de trabajo colectivo produce más objetos útiles y disminuye así el tiempo necesario para obtener el efecto que se busca; en resumen, el trabajo colectivo da resultados que no podría suministrar nunca el trabajo individual. Esta fuerza productiva especial de la jornada colectiva es una fuerza de trabajo social o común. Obrando simultáneamente con otros para un fin común y según plan concertado, el trabajador traspasa los límites de su individualidad y desarrolla su potencia como especie.

La reunión de hombres es la condición misma de su acción común, de su cooperación. Para que un capitalista pueda emplear al mismo tiempo cierto número de asalariados, es necesario que compre a la vez sus fuerzas de trabajo. El valor total de estas fuerzas, o cierta suma de salarios por día, semana, etc., debe estar reunida en la caja del capitalista antes que los obreros estén reunidos en el acto de la producción. El número de los cooperantes o la importancia de la cooperación depende, por consecuencia, ante todo de la magnitud del capital que puede ser adelantado para la compra de fuerzas de trabajo, es decir, de la relación en que un solo capitalista dispone de los medios de subsistencia de numerosos obreros.

Por otro lado, el incremento de la parte variable del capital necesita el de su parte constante; con la cooperación, el valor y la cantidad de los medios de producción, materias primeras e instrumentos de trabajo, aumentan considerablemente. Cuanto más se desarrollan las fuerzas productivas del trabajo, mayor es la cantidad de primeras materias que se invierten en un tiempo determinado. La concentración de los medios de producción en manos de capitalistas es, pues, la condición material de toda cooperación entre asalariados.

Hemos visto en el capítulo decimoprimero que el poseedor de dinero necesitaba tener un mínimum de este que lo permitiese explotar bastantes obreros para descargarse en ellos de todo trabajo manual. Sin esta condición, el pequeño patrón no hubiese podido ser sustituido por el capitalista, y la producción no hubiera podido revestir la forma de producción capitalista. El mínimum de magnitud del capital que debe encontrarse en manos de los particulares, se presenta ahora como la concentración de riqueza necesaria para la transformación de los trabajos aislados en trabajo colectivo.

El mando en la industria pertenece al capital.

En los comienzos del capital, su mando sobre el trabajo tiene un carácter casi accidental. El obrero trabaja bajo las órdenes del capital en el sentido de que le ha vendido su fuerza por carecer de los medios materiales para trabajar por su propia cuenta. Pero desde el momento en que hay cooperación entre obreros asalariados, el mando del capital se manifiesta como una condición indispensable de la ejecución del trabajo. Todo trabajo social o común reclama una dirección que armonice las actividades individuales. Un músico que ejecuta un solo se dirige a sí propio, pero una orquesta necesita un director. Esta función directriz de vigilancia llega a ser la función del capital cuando el trabajo que le está subordinado se hace cooperativo, y, como función capitalista, adquiere caracteres especiales.

El aguijón poderoso de la producción capitalista es la necesidad de hacer valer el capital; su fin determinante es la mayor fabricación posible de supervalía, o, lo que es lo mismo, la mayor explotación posible de la fuerza de trabajo. A medida que aumenta el número de obreros explotados en conjunto, mayor es su fuerza de resistencia contra el capitalista y es preciso ejercer una presión más enérgica para domar toda resistencia. En manos del capitalista la dirección no es solo la función especial que nace de la naturaleza del trabajo cooperativo o social, es además, y sobre todo, la función de explotar el trabajo social, función que tiene por base el antagonismo inevitable entre el explotador y la fuerza que explota. La forma de esta dirección llega a ser indefectiblemente despótica. Las formas particulares de este despotismo sedesenvuelven a medida que se desarrolla la cooperación.

El capitalista empieza por dispensarse del trabajo manual. Después, cuando aumenta su capital y con este la fuerza colectiva que explota, abandona su función de vigilancia inmediata de los obreros y de los grupos obreros y la confía a una especie particular de asalariados. Cuando llega a encontrarse a la cabeza de un ejército industrial, necesita oficiales superiores (directores, gerentes) y oficiales inferiores (vigilantes, inspectores, contramaestres) que, durante el trabajo, mandan en nombre del capital. El trabajo de la vigilancia se convierte en función exclusiva de estos asalariados especiales.

El mando en la industria pertenece al capital, como en los tiempos feudales pertenecían a la propiedad territorial la dirección de la guerra y la administración de la justicia. Augusto Comte y la escuela positivista han intentado demostrar la eterna necesidad de los señores del capital; hubieran podido igualmente y con las mismas razones demostrar la de los señores feudales.

La fuerza colectiva del trabajo aparece como una fuerza propia del capital.

El obrero es propietario de su fuerza de trabajo mientras discute el precio de venta con el capitalista, y solo puede vender lo que posee, su fuerza individual. Así es como el capitalista contrata con uno o con cien obreros independientes unos de otros y que podría emplear sin hacerlos cooperar. El capitalista paga por separado a cada uno de los cien obreros su fuerza de trabajo, pero no paga la fuerza combinada de los ciento.

Como personas independientes, los obreros son individuos aislados que entran en relación con el mismo capital, pero no unos con otros. El vínculo entre sus funciones individuales, su unidad como cuerpo productor, se encuentra fuera de ellos, en el capital que los reúne. Su cooperación solo empieza en el acto del trabajo, pero entonces han dejado ya los obreros de pertenecerse. Desde que figuran en el trabajo no son más que una forma particular de existencia del capital. La fuerza productora que los asalariados desarrollan al funcionar como trabajador colectivo es, por consecuencia, fuerza productora del capital. La fuerza social de trabajo parece ser una fuerza de que por naturaleza está dotado el capital, fuerza productora que le pertenece como propia, porque esta fuerza social del trabajo nada cuesta al capital, y además porque el asalariado la desarrolla, después que su trabajo pertenece al capital.

Si la potencia colectiva del trabajo desarrollada por la cooperación aparece como fuerza productora del capital, la cooperación aparece como forma particular de la producción capitalista; en manos del capital, esta socialización del trabajo aumenta las fuerzas productoras solo para explotarlas con más provecho.

CAPÍTULO XIV

DIVISIÓN DEL TRABAJO Y MANUFACTURA

I. Doble origen de la manufactura. — II. El trabajador fraccionario y su utensilio. — III. Las dos formas fundamentales de la manufactura. — Mecanismo general de la manufactura. — Acción de la manufactura sobre el trabajo. — IV. División del trabajo en la manufactura y en la sociedad. — V. Carácter capitalista de la manufactura.

I. *Doble origen de la manufactura.*

El tipo de cooperación que tiene por base la división del trabajo reviste en la manufactura su forma clásica, y domina durante el periodo manufacturero propiamente dicho, que dura aproximadamente desde mediados del siglo XVI hasta el último tercio del XVIII.

Por una parte, un solo taller puede reunir bajo las órdenes del mismo capitalista artesanos de oficios diferentes, por cuyas manos debe pasar un producto para quedar enteramente concluido. Un coche fue primero el producto de los trabajos de gran número de artesanos independientes unos de otros, tales como carreteros, guarnicioneros, torneros, pintores, cerrajeros, vidrieros, etc. La manufactura carrocera los ha reunido a todos en un mismo local donde trabajan a la par; como se hacen muchos carruajes a la vez, cada obrero tiene siempre su tarea particular que realizar. Pero bien pronto se introduce una modificación esencial. El cerrajero, el carpintero, etc., que solo se han ocupado en la fabricación de coches, pierden poco a poco la costumbre y con ella la capacidad de ejercer su oficio en toda su extensión; limitado desde este momento a una especialidad de su oficio, su habilidad adquiere la forma más propia para este ejercicio circunscrito.

Por otra parte, gran número de obreros, cada uno de los cuales fabrica el mismo objeto, pueden ser ocupados al mismo tiempo por el mismo capitalista en el mismo taller; esta es la cooperación en su forma más sencilla. Cada obrero hace la mercancía entera ejecutando sucesivamente las diversas operaciones necesarias. En virtud de circunstancias exteriores, un día, en vez de hacer que cada uno de los obreros ejecute las diferentes operaciones, se confía cada una de estas especialmente a uno entre aquellos, y todas en conjunto resultan entonces ejecutadas al mismo tiempo por los cooperadores, ejecutando solo una cada uno de ellos en lugar de hacerlas todas sucesivamente cada obrero. Realizada esta división accidentalmente la vez primera, se repite, muestra sus ventajas y concluye por ser una división sistemática del trabajo. De producto individual de un obrero independiente que ejecuta una porción de operaciones diversas, la mercancía se convierte en el producto social de una reunión de obreros, cada uno de los cuales efectúa constantemente la misma operación de detalle.

El origen de la manufactura, su procedencia del oficio, presenta, pues, un doble aspecto. Por un lado, tiene por punto de partida la combinación de oficios diversos e independientes, la cual se simplifica hasta reducirlos a la categoría de operaciones parciales y complementarias en la producción de la misma mercancía. Por otro lado, se apodera de la cooperación de artesanos del mismo género, descompone su oficio en sus diferentes operaciones, las aísla y las hace independientes, de tal suerte que cada una de ellas llega a ser la función exclusiva de un trabajador que, confeccionando solo una parte de un producto, no es más que un trabajador fraccionario. Así, pues, ora combina oficios distintos cuyo producto es la obra, ora desarrolla la división del trabajo en un oficio. Cualquiera que sea su punto de partida, su forma definitiva es la misma: un organismo de producción cuyos miembros son hombres.

Para apreciar bien la división del trabajo en la manufactura, es esencial no perder de vista los dos puntos siguientes: .°, la ejecución de las operaciones no deja de depender de la fuerza, de la habilidad, de la rapidez del obrero en el manejo de su utensilio; por eso cada obrero queda adscrito a una función de detalle, a una función fraccionaria por toda su vida; .°, la división manufacturera del trabajo es una cooperación de género particular; sin embargo, sus ventajas dependen principalmente, no de esta forma particular, sino de la naturaleza general de la cooperación.

II. *El trabajador fraccionario y su utensilio.*

El obrero fraccionario convierte su cuerpo entero en órgano maquinal de una sola operación simple, ejecutada por él durante su vida, de suerte que llega a efectuarla con más rapidez que el artesano que ejecuta toda una serie de operaciones. Comparada con el oficio independiente, la manufactura, compuesta de trabajadores fraccionarios, suministra, pues, más productos en menos tiempo; en otros términos, aumenta la fuerza productiva del trabajo.

El artesano que tiene que efectuar operaciones diferentes debe cambiar bien de lugar o bien de instrumentos. El paso de una operación a otra ocasiona interrupciones en el trabajo, intervalos improductivos, los cuales desaparecen, dejando más tiempo a la producción a medida que, en virtud de la división del trabajo, disminuye para cada trabajador el número de cambios de operaciones. Por otra parte, este trabajo continuo y uniforme concluye por fatigar el organismo, que encuentra alivio y solaz en la actividad variada.

Cuando las partes del trabajo dividido llegan a ser funciones exclusivas, su método se perfecciona. Cuando se repite constantemente un acto simple y se concentra en él la atención, se llega a alcanzar por la experiencia el efecto útil deseado con el menor gasto posible de fuerza; y como siempre diversas generaciones de obreros viven y trabajan al mismo tiempo en los mismos talleres, los procedimientos técnicos adquiridos, las llamadas tretas del oficio, se acumulan y se transmiten, aumentándose así la potencia productora del trabajo.

La productividad del trabajo no depende solo de la habilidad del obrero, sino también de la perfección de sus instrumentos. Una misma herramienta puede servir para operaciones distintas; a medida que estas operaciones se separan, el utensilio abandona su forma única y se subdivide cada vez más en variedades diferentes, cada una de las cuales posee una forma propia para un solo uso, pero la más adecuada para este uso. El periodo manufacturero simplifica, perfecciona y multiplica los instrumentos de trabajo, acomodándolos a las funciones separadas y exclusivas de los obreros fraccionarios.

El trabajador fraccionario y su utensilio; tales son los elementos simples de la manufactura cuyo mecanismo general vamos a examinar.

III. *Las dos formas fundamentales de la manufactura.*

La manufactura presenta dos formas fundamentales que, no obstante su mezcla accidental, constituyen dos especies esencialmente distintas, que desempeñan papeles muy diferentes al ocurrir la transformación que después tiene lugar de la manufactura en grande industria. Este doble carácter depende de la naturaleza del producto, que debe su forma definitiva a un simple ajuste mecánico de productos parciales independientes o a una serie de transformaciones ligadas unas a otras.

La primera especie suministra productos cuya forma definitiva es una simple reunión de productos parciales que hasta pueden ser ejecutados como oficios distintos; un producto tipo de esta especie es el reloj. El reloj constituye el producto social de un inmenso número de trabajadores, tales como los que hacen resortes, esferas, agujas, cajas, tornillos, los doradores, etc. Las subdivisiones abundan. Hay, por ejemplo, los fabricantes de ruedas (ruedas de latón y ruedas de acero separadamente), los que trabajan los muelles, ejes, escape, volante, el pulidor de las ruedas y el de los tornillos, el pintor de las cifras, el grabador, el pulidor de la caja, etcétera, y, por último, el ajustador que reúne estos elementos separados y entrega el reloj completamente concluido. Pero estos elementos tan diversos hacen enteramente accidental la reunión en un mismo taller de los obreros que los preparan: los obreros domiciliarios que ejecutan en sus casas estos trabajos de detalle, pero por cuenta de un capitalista, se hacen, en efecto, una terrible concurrencia en provecho del capitalista, que economiza además los gastos del taller; así, la explotación manufacturera solo da beneficios en circunstancias excepcionales.

La segunda especie de manufactura, su forma perfecta, suministra productos que recorren toda una serie de desarrollos graduales; en la manufactura de alfileres, por ejemplo, el alambre de latón pasa por las manos de un centenar de obreros próximamente, cada uno de los cuales efectúa operaciones distintas. Combinando oficios que eran antes independientes, una manufactura de este género disminuye el tiempo entre las diversas operaciones, y la ganancia en fuerza productiva que resulta de esta economía de tiempo depende del carácter cooperativo de la manufactura.

Mecanismo general de la manufactura.

Antes de llegar a su forma definitiva, el objeto de trabajo, el latón, por ejemplo, en la manufactura de alfileres, recorre una serie de operaciones que, dado el conjunto de los productos en obra, se operan todas simultáneamente; se ve ejecutar a la vez el corte del alambre, la preparación de las cabezas, la afiladura de las puntas, etc.; el producto aparece así en el mismo momento en todos sus grados de transformación.

Como el producto parcial de cada trabajador fraccionario es solo un grado particular de desarrollo de la obra completa, el resultado del trabajo de uno es el punto de partida del trabajo de otro. El tiempo de trabajo necesario para obtener en cada operación parcial el efecto útil apetecido, se establece experimentalmente, y el mecanismo total de la manufactura funciona con la condición de que en un tiempo dado debe obtenerse un resultado determinado. De esta manera, los trabajos diversos y complementarios pueden marchar paralelamente y sin interrupción. Esta dependencia inmediata en que se encuentran recíprocamente trabajos y trabajadores obliga a cada uno a emplear solo el tiempo necesario en su función y aumenta por lo mismo el rendimiento del trabajo.

Operaciones diferentes exigen, sin embargo, tiempos desiguales y suministran, por lo tanto, en tiempos iguales cantidades desiguales de productos parciales. Así, pues, para conseguir que el mismo obrero ejecute todos los días una sola operación sin pérdida de tiempo, es necesario emplear para operaciones diferentes diverso número de obreros: cuatro fundidores, por ejemplo, para dos rompedores y un raspador en una manufactura de caracteres de imprenta; en una hora el fundidor funde solo . caracteres, en tanto que el rompedor desprende . y el raspador raspa . en el mismo espacio de tiempo.

Una vez determinado por la experiencia, para una cifra dada de producción, el número proporcional más conveniente de obreros en cada grupo especial, únicamente puede aumentarse esta cifra aumentando cada grupo especial proporcionalmente a su número de trabajadores.

El grupo especial puede componerse no solo de obreros que realizan la misma tarea, sino de trabajadores cada uno de los cuales tiene su función particular en la confección de un producto parcial. El grupo constituye entonces un trabajador colectivo perfectamente organizado. Los obreros que le componen forman otros tantos órganos diferentes de una fuerza colectiva, que funciona merced a la cooperación inmediata de todos. Faltando uno de ellos se paraliza el grupo de que forma parte.

Finalmente, de la misma manera que la manufactura proviene en parte de una combinación de oficios diferentes, puede también desarrollarse combinando diferentes manufacturas. De este modo, en las fábricas de vidrio importantes se fabrican los crisoles de arcilla que se necesitan. La manufactura del medio de producción se une a la manufactura del producto, y la manufactura del producto a manufacturas en las que este entra como primera materia. En este caso, las manufacturas combinadas forman secciones de la manufactura total, aunque constituyen actos independientes de producción, cada uno de los cuales tiene su división distinta del trabajo. A pesar de sus ventajas, la manufactura combinada no adquiere verdadera unidad sino después de la transformación de la industria manufacturera en industria mecánica.

Con la manufactura se ha desarrollado también en algunos puntos el uso de las máquinas, sobre todo para ciertos trabajos preliminares sencillos que solo pueden ejecutarse en grande y con un gasto considerable de fuerza, tales como la partidura del mineral en los establecimientos metalúrgicos. Pero, en general, en el periodo manufacturero las máquinas desempeñan un papel secundario.

Acción de la manufactura sobre el trabajo.

El trabajador colectivo formado por la combinación de gran número de obreros fraccionarios constituye el mecanismo propio del periodo manufacturero.

Las diversas operaciones que el productor individual de una mercancía ejecuta sucesivamente y que se confunden en el conjunto de su trabajo, exigen cualidades de diferente índole. En una necesita emplear más habilidad, en otra más fuerza, en una tercera más atención, etcétera, y el mismo individuo no posee todas estas facultades en grado igual. Una vez separadas y hechas independientes las distintas operaciones, los obreros son clasificados según las facultades que dominan en cada uno de ellos. De esta suerte, el trabajador colectivo posee todas las facultades productivas requeridas, que no es posible encontrar reunidas en el trabajador individual, y las gasta lo más económica y útilmente posible, empleando a las individualidades que componen solo en funciones adecuadas a sus cualidades. Considerado como miembro del trabajador colectivo, el trabajador fraccionario llega a ser tanto más perfecto cuanto más incompleto es.

El hábito de una función única le convierte en órgano infalible y maquinal de esta función, al mismo tiempo que el conjunto del mecanismo le obliga a obrar con la regularidad de una pieza de máquina.

Siendo las funciones del trabajador colectivo más o menos simples, más o menos elevadas, sus órganos, es decir, las fuerzas individuales de trabajo, deben ser también más o menos simples, más o menos desarrolladas; poseen, por consecuencia, valores distintos. De esta suerte, para responder a la jerarquía de las funciones, la manufactura crea una jerarquía de fuerzas de trabajo, a la cual corresponde una gradación de salarios.

Todo acto de producción exige ciertos trabajos de que cualquiera es capaz; esos trabajos son separados de las operaciones principales que los necesitan y convertidos en funciones exclusivas. La manufactura produce, pues, en cada oficio que entra en su dominio una categoría de simples peones o braceros. Si bien desarrolla la especialidad aislada hasta el punto de hacer de ella una habilidad excesiva a expensas de la potencia del trabajo integral, empieza también por hacer una especialidad de la falta de todo desarrollo. Al lado de la gradación jerárquica se constituye una división simple de los trabajadores en hábiles e inhábiles.

Para estos últimos son nulos los gastos de aprendizaje; para los primeros son menores que los que supone el oficio aprendido en su conjunto; en ambos casos la fuerza de trabajo pierde de su valor. La pérdida relativa de valor de la fuerza de trabajo, que depende de la disminución o desaparición de los gastos de aprendizaje, ocasiona un aumento de supervalía; en efecto, todo lo que aminora el tiempo necesario para la producción de la fuerza de trabajo acrecienta por este mismo hecho el dominio del sobretrabajo.

IV. *División del trabajo en la manufactura y en la sociedad.*

Examinemos ahora la relación entre la división manufacturera del trabajo y su división social, distribución de los individuos entre las diversas profesiones, la cual forma la base general de toda producción mercantil.

Si nos limitamos a considerar el trabajo en sí, se puede designar la separación de la producción social en sus grandes ramas, industria, agricultura, etc., con el nombre de división del trabajo en general; la separación de estos grandes géneros de producción en especies y variedades bajo el de división del trabajo en particular; y, por último, la división en el taller con el nombre de trabajo en detalle.

De la misma manera que la división del trabajo en la manufactura supone como base material cierto número de obreros ocupados a la vez, así también la división del trabajo en la sociedad supone una población bastante numerosa y bastante compacta que corresponde a la aglomeración de los obreros en el taller.

La división manufacturera del trabajo no se arraiga sino allí donde su división social ha llegado ya a ciertogrado de desarrollo, y como resultado desarrolla y multiplica esta última, subdividiendo una profesión con arreglo a la variedad de sus operaciones y organizando estas diferentes operaciones en oficios distintos.

A pesar de las semejanzas y relaciones que existen entre la división del trabajo en la sociedad y la división del trabajo en el taller, existe entre ellas una diferencia esencial.

La semejanza resulta patente allí donde diversas ramas de industria están unidas por lazo íntimo. El ganadero, por ejemplo, produce pieles; el curtidor las convierte en cuero; el zapatero con el cuero hace zapatos. En esta división social del trabajo, como en la división manufacturera, cada uno suministra un producto gradual, y el último producto es la obra colectiva de trabajos especiales.

Pero ¿qué es lo que constituye la relación entre los trabajos independientes del ganadero, del curtidor y del zapatero? El ser mercancías sus productos respectivos. Y, por el contrario, ¿cuál es el carácter propio de la división manufacturera del trabajo? El no producir mercancías los trabajadores, siendo solo mercancías su producto colectivo. La división manufacturera del trabajo supone una concentración de medios de producción en manos del capitalista; la división social del trabajo supone la dispersión de los medios de producción entre gran número de productores comerciantes, independientes unos de otros. Mientras que en la manufactura la proporción indicada por la experiencia determina el número de obreros afectos a cada función particular, el acaso y lo arbitrario imperan de la manera más desarreglada en la distribución de los productores y de sus medios de producción entre las diversas ramas del trabajo social. Los diferentes ramos de la producción se ensanchan o reducen según las oscilaciones de los precios del mercado, pero tienden, sin embargo, a buscar el equilibrio por la presión de las catástrofes. Pero esta tendencia a equilibrarse no es más que una reacción contra la destrucción continua de este equilibrio.

La división manufacturera del trabajo supone la autoridad absoluta del capitalista sobre hombres transformados en simples miembros de un mecanismo que le pertenece. La división social del trabajo pone frente a frente a productores que no conocen más autoridad que la de la concurrencia ni otra fuerza que la presión que sobre ellos ejercen sus intereses recíprocos. ¡Y esa conciencia burguesa, que preconiza la división manufacturera del trabajo, es decir, la condenación perpetua del trabajador a una operación de detalle y su subordinación absoluta al capitalista, levanta el grito y se indigna cuando se habla de intervención, de reglamentación, de organización regular de la producción! Denuncia toda tentativa de este género como un ataque contra los derechos de la propiedad y de la libertad. «¿Queréis, pues, convertir la sociedad en una fábrica?» vociferan entonces esos partidarios entusiastas del sistema de fábrica. A lo que parece, el sistema de las fábricas solo es bueno para los proletarios. La anarquía en la división social y el despotismo en la división manufacturera del trabajo caracterizan la sociedad burguesa.

En tanto que la división social del trabajo, con o sin cambio de mercancías, pertenece a las formas económicas de las sociedades más diversas, la división manufacturera es una creación especial del sistema de producción capitalista.

V. *Carácter capitalista de la manufactura.*

Con la manufactura y la división del trabajo, el número mínimo de obreros que un capitalista debe emplear le es impuesto por la división del trabajo establecido; para obtener las ventajas de una división mayor necesita aumentar su personal, y hemos visto que el aumento debe recaer al mismo tiempo, según proporciones determinadas, sobre todos los grupos del taller. Este acrecentamiento de la parte del capital consagrada a la compra de fuerzas de trabajo, de la parte variable, necesita naturalmente el de la parte constante, anticipos en medios de producción y, sobre todo, en primeras materias. La manufactura aumenta, por lo tanto, el mínimum de dinero indispensable al capitalista.

La manufactura revoluciona totalmente el sistema de trabajo individual y ataca en su raíz a la fuerza de trabajo. Estropea al trabajador, hace de él algo monstruoso activando el desarrollo artificial de su destreza de detalle, en perjuicio de su desarrollo general. El individuo queda convertido en resorte automático de una operación exclusiva. Si adquiere destreza en detrimento de su inteligencia, los conocimientos, el desarrollo intelectual, que desaparecen en él, se concentran en otros como un poder que le domina, poder alistado al servicio del capital.

En el principio, el obrero vende al capital su fuerza de trabajo solo porque le faltan los medios materiales de producción. Desde el momento que en lugar de poseer todo un oficio, de saber ejecutar las diversas operaciones que concurren a la producción de una obra, tiene el obrero necesidad de la cooperación de mayor o menor número de compañeros para que la única función de detalle que es capaz de realizar sea eficaz; cuando, en una palabra, es solo un accesorio que aislado no tiene utilidad, no puede obtener servicio formal de su fuerza de trabajo si no la vende. Para poder funcionar necesita un medio social que solo existe en el taller del capitalista.

La cooperación fundada en la división del trabajo, es decir, en la manufactura, es en sus principios una operación espontánea o inconsciente. En cuanto adquiere alguna consistencia y base suficientemente amplia, llega a ser la forma reconocida y metódica de la producción capitalista.

La división del trabajo, que se desenvuelve experimentalmente, es tan solo un método particular de aumentar el rendimiento del capital a expensas del trabajador. Aumentando las fuerzas productivas del trabajo crea circunstancias nuevas que aseguran la dominación del capital sobre el trabajo. Se presenta, pues, como un progreso histórico, periodo necesario en la formación económica de la sociedad y como medio civilizado y refinado de explotar.

En tanto que la manufactura es la forma dominante del sistema de producción capitalista, la realización de las tendencias dominadoras del capital encuentra, sin embargo, obstáculos. La habilidad en el oficio queda siendo, a pesar de todo, la base de la manufactura; los obreros hábiles son los más numerosos y no se puede prescindir de ellos; tienen, por consiguiente, cierta fuerza de resistencia; el capital tiene que luchar constantemente contra su insubordinación.

CAPÍTULO XV

MAQUINISMO Y GRANDE INDUSTRIA

I. Desarrollo del maquinismo. — Desarrollo de la grande industria. — II. Valor transmitido por la máquina al producto. — III. Trabajo de las mujeres y de los niños. — Prolongación de la jornada de trabajo. — El trabajo más intensificado. — IV. La fábrica. — V. Lucha entre el trabajador y la máquina. — VI. La teoría de la compensación. — VII. Los obreros alternativamente rechazados de la fábrica y atraídos por ella. — VIII. Supresión de la cooperación fundada en el oficio y en la división del trabajo. — Reacción de la fábrica sobre la manufactura y el trabajo a domicilio. — Paso de la manufactura moderna y del trabajo domiciliario a la grande industria. — IX. Contradicción entre la naturaleza de la grande industria y su forma capitalista. — La fábrica y la instrucción. — La fábrica y la familia. — Consecuencias revolucionarias de la legislación de fábrica. — X. Grande industria y agricultura.

I. *Desarrollo del maquinismo.*

Como todo desarrollo de la fuerza productiva del trabajo, el empleo capitalista de las máquinas solo tiende a disminuir el precio de las mercancías y, por consecuencia, a aminorar la parte de la jornada en que el obrero trabaja para sí mismo, a fin de prolongar la otra parte en que trabaja para el capitalista; es, como la manufactura, un método particular para fabricar supervalía relativa.

La fuerza de trabajo en la manufactura y el instrumento de trabajo en la producción mecánica son los puntos de partida de la revolución industrial. Por lo tanto, es necesario estudiar de qué modo el instrumento de trabajo se ha convertido de utensilio en máquina, precisando así la diferencia que existe entre la máquina y el instrumento manual.

Todo mecanismo desarrollado se compone de tres partes esencialmente distintas: motor, transmisión y máquina de operación.

El motor da el impulso a todo el mecanismo. Engendra su propia fuerza de movimiento, como la máquina de vapor, o recibe el impulso de una fuerza natural exterior, como la rueda hidráulica lo recibe de un salto de agua y el aspa de un molino de viento de las corrientes de aire.

La transmisión compuesta de volantes, correas, poleas, etcétera, lo distribuye, lo cambia de forma si es necesario y lo transmite a la máquina de operación, a la máquina-utensilio. El motor y la transmisión existen solo, en efecto, para comunicar a la máquina-utensilio el movimiento que la hace actuar sobre el objeto de trabajo y cambiar su forma.

Examinando la máquina-utensilio, encontramos en grande, aunque bajo formas modificadas, los aparatos e instrumentos que emplea el artesano o el obrero manufacturero; pero de instrumentos manuales del hombre se han convertido en instrumentos mecánicos de una máquina. La máquina-utensilio es, pues, un mecanismo que, recibiendo el movimiento conveniente, ejecuta con sus instrumentos las mismas operaciones que el trabajador ejecutaba antes con instrumentos scmejantes.

Desde que el instrumento, fuera ya de la mano del hombre, es manejado por un mecanismo, la máquina-utensilio reemplaza a la simple herramienta y realiza una revolución aun cuando el hombre continúe impulsándola sirviendo de motor. Porque el número de utensilios que el hombre puede manejar al mismo tiempo está limitado por el número de sus propios órganos: si el hombre solo posee dos manos para tener agujas, la máquina de hacer medias, movida por un hombre, hace puntos con muchos millares de agujas; el número de utensilios o herramientas que una sola máquina pone en actividad a la vez, se ha emancipado, por lo tanto, del límite orgánico que no podía traspasar el utensilio manual.

Hay instrumentos que muestran claramente el doble papel del obrero como simple motor y como ejecutor de la mano de obra propiamente dicha. Elijamos como ejemplo el torno: el pie obra sobre el pedal como motor mientras las manos hilan trabajando con el huso. De esta última parte del instrumento, órgano de la operación manual, se apodera en primer término la revolución industrial, dejando al hombre, a la vez que la nueva tarea de vigilar la máquina, el papel puramente mecánico de motor.

La máquina, punto de partida de la revolución industrial, reemplaza, pues, al operario que maneja una herramienta, con un mecanismo que trabaja a la vez con muchos utensilios semejantes y que recibe el impulso de una fuerza única, sea cualquiera la forma de esta fuerza. Esta máquina-utensilio no es, sin embargo, más que el elemento simple de la producción mecánica.

Al llegar a cierto punto, solo es posible aumentar las dimensiones de la máquina de operación y el número de sus utensilios cuando se dispone de una fuerza impulsiva superior a la del hombre, sin contar con que el hombre es un agente muy imperfecto cuando se trata de producir un movimiento continuo y uniforme. De este modo, al ser sustituido el utensilio por una máquina movida por el hombre, se hizo necesario en seguida reemplazar al hombre en el papel de motor por otras fuerzas naturales.

Recurriose al caballo, al viento y al agua; pero tan solo en la máquina de vapor de Watt se encontró un motor capaz de engendrar por sí mismo su propia fuerza motriz consumiendo agua y carbón, y cuyo ilimitado grado de potencia es regulado perfectamente por el hombre. Además, no siendo condición precisa que este motor funcione en los lugares especiales donde se encuentra la fuerza motriz natural, como ocurre con el agua, puede transportarse e instalarse allí donde se reclame su acción.

Una vez emancipado el motor de los límites de la fuerza humana, la máquina-utensilio, que inauguró la revolución industrial, desciende a la categoría de simple órgano del mecanismo de operación. Un solo motor puede poner en movimiento muchas máquinas-utensilio. El conjunto del mecanismo productivo presenta entonces dos formas distintas: o la cooperación de muchas máquinas semejantes, como en el tejido, por ejemplo, o una combinación de máquinas diferentes, como ocurre en la filatura.

En el primer caso, el producto es fabricado por completo por la misma máquina-utensilio, que ejecuta todas las operaciones; y la forma propia del taller fundado en el empleo de las máquinas, la fábrica, se presenta en primer término como una aglomeración de máquinas-utensilio de la misma especie, que funcionan a la vez en el mismo local. Así, una fábrica de tejidos está formada por la reunión de muchos telares mecánicos. Pero existe aquí una verdadera unidad técnica en cuanto estas numerosas máquinas-utensilio reciben uniformemente su impulso de un motor común. Así como numerosos utensilios forman los órganos de una máquina-utensilio, así también numerosas máquinas-utensilio forman otros tantos órganos semejantes de un mismo mecanismo motor.

En el segundo caso, cuando el objeto de trabajo tiene que recorrer una serie de transformaciones graduales, el sistema de maquinismo realiza estas transformaciones merced a máquinas diferentes, aunque combinadas unas con otras. La cooperación por división del trabajo, que caracteriza a la manufactura, surge aquí también como combinación de máquinas de operación fraccionarias. Sin embargo, se manifiesta inmediatamente una diferencia esencial: la división manufacturera del trabajo debe tener en cuenta los límites de las fuerzas humanas y solo puede establecerse con arreglo a la posibilidad manual de las diversas operaciones parciales; la producción mecánica, al contrario, emancipada de los límites de las fuerzas humanas, funda la división en muchas operaciones de un acto de producción, en el análisis de los principios constitutivos y de los estados sucesivos de este acto, mientras que la cuestión de ejecución se resuelve por medio de la mecánica, etc. Así como en la manufactura la cooperación inmediata de los obreros encargados de operaciones parciales exige un número proporcional y determinado de obreros en cada grupo, así también, en la combinación de máquinas diferentes, la ocupación continua de unas máquinas parciales por otras, suministrando cada una a la que la sigue el objeto de su trabajo, crea una relación determinada entre su número, su dimensión, su velocidad y el número de obreros que se debe emplear en cada categoría.

Sea cualquiera su forma, el sistema de máquinas-utensilio que marchan solas bajo el impulso recibido por transmisión de un motor central que engendra su propia fuerza motriz, es la expresión más desarrollada del maquinismo productivo. La máquina aislada ha sido sustituida por un monstruo mecánico cuyos gigantescos miembros llenan edificios enteros.

Desarrollo de la gran industria.

La división manufacturera del trabajo dio origen al taller de construcción donde se fabricaban los instrumentos de trabajo y los aparatos mecánicos ya empleados en algunas manufacturas. Este taller, con sus obreros hábiles mecánicos, permitió aplicar los grandes inventos, y en él se construyeron las máquinas. A medida que se multiplicaron los inventos y los pedidos de máquinas, su construcción se dividió en ramos variados e independientes, desarrollándose en cada uno de ellos la división del trabajo. La manufactura constituye, pues, históricamente la base técnica de la gran industria.

Las máquinas suministradas por la manufactura hacen que esta sea reemplazada por la gran industria. Pero al extenderse, la gran industria modifica la construcción de las máquinas, que es su base técnica, y la subordina a su nuevo principio, el empleo de las máquinas.

Así como la máquina-utensilio es mezquina mientras el hombre la mueve y de la misma manera que el sistema mecánico progresa lentamente en tanto que las fuerzas motoras tradicionales, animal, viento y aun agua, no son reemplazadas por el vapor, así también la gran industria marcha con lentitud mientras que la máquina debe su existencia a la fuerza y a la habilidad humanas y depende de la fuerza muscular, del golpe de vista y de la destreza manual del obrero.

No es esto todo. La transformación del sistema de producción en un ramo de la industria, entraña una transformación en otro. Los medios de comunicación y de transporte, insuficientes para el aumento de producción, tuvieron que adaptarse a las exigencias de la gran industria (caminos de hierro, paquebotes transatlánticos). Las enormes masas de hierro que por efecto de esto fue preciso preparar necesitaron monstruosas máquinas, cuya creación era imposible para el trabajo manufacturero.

La grande industria se vio, pues, en la necesidad de dirigirse a su medio característico de producción, a la misma máquina, para producir otras máquinas; de este modo se creó una base técnica en armonía con su principio.

Teníase ya en la máquina de vapor un motor susceptible de cualquier grado de potencia; pero para conseguir fabricar máquinas con máquinas hacía falta producir mecánicamente las formas perfectas geométricas tales como el círculo, el cono, la esfera, que exigen ciertas partes de las máquinas. Este problema quedó resuelto a principios de este siglo con la invención del *chariot* en el torno, que poco después pudo moverse por sí solo; este accesorio del torno permite producir las formas geométricas que se deseen con un grado de exactitud, facilidad y rapidez que la experiencia acumulada no consigue nunca dar a la mano del obrero más hábil.

Pudiendo desde este momento extenderse libremente, la gran industria hace del carácter cooperativo del trabajo una necesidad técnica impuesta por la naturaleza misma de su medio; crea un organismo de producción que el obrero encuentra en el taller como condición material ya dispuesta de su trabajo. El capital se presenta ante él bajo una forma nueva y mucho más temible, la de un monstruoso autómata, a cuyo lado la fuerza del obrero individual es casi nula.

II. *Valor transmitido por la máquina al producto.*

Hemos visto que las fuerzas productivas que resultan de la cooperación y de la división del trabajo no cuestan nada al capital. Estas son las fuerzas naturales del trabajo social. Tampoco cuestan nada las fuerzas físicas apropiadas para la producción, tales como el agua, el vapor, etc.; pero para utilizarlas hacen falta ciertos aparatos preparados por el hombre: para explotar la fuerza motriz del agua hace falta una rueda hidráulica, para explotar la elasticidad del vapor es necesaria una máquina.

Si bien es desde luego evidente que la industria mecánica acrecienta de un modo maravilloso la productividad del trabajo, surge la duda de si el empleo de las máquinas economiza más trabajo del que cuestan su construcción y entretenimiento.

Como cualquiera otro elemento del capital constante, que es la parte adelantada en medios de producción, la máquina no produce valor y únicamente transmite el suyo al artículo que fabrica. Pero la máquina, ese medio de trabajo de la gran industria, es muy costosa comparada con los medios de trabajo del oficio y de la manufactura.

Aunque la máquina es utilizada siempre por completo para la creación de un producto, es decir, como elemento de producción, es consumida solamente por fracciones para la formación del valor, esto es, como elemento de valor. En efecto, una vez creado el producto, la máquina subsiste aún; ha servido toda ella para crearlo, pero no desaparece en esa creación, sino que continúa en disposición de volver a empezar para un nuevo producto. Nunca da más valor del que su desgaste la hace perder por término medio. Existe, pues, una gran diferencia entre el valor de la máquina y el valor que transmite a su producto, entre la máquina elemento de valor y la máquina elemento de producción. Como una máquina funciona durante prolongados periodos de trabajo y su desgaste y consumo diarios se reparten entre inmensas cantidades de productos, cada uno de sus productos solo absorbe una pequeñísima porción de su valor y absorbe tanto menos cuanto más productiva es la máquina.

Dada la proporción en que la máquina se gasta y transmite valor al producto, la magnitud del valor transmitido depende del valor primitivo de la máquina. Cuanto menos trabajo contiene, menor es su valor y menor es el que añade al producto.

Es evidente que hay un simple cambio de lugar de trabajo; si en la producción de una máquina se ha gastado tanto tiempo de trabajo como economiza su uso, no disminuye la cantidad total de trabajo que exige la producción de una mercancía y, por lo tanto, no baja el valor de esta. Pero el que la compra de una máquina cueste tanto como la compra de las fuerzas de trabajo que reemplaza, no impide que disminuya el valor transmitido al producto, pues en este caso la máquina reemplaza más tiempo de trabajo del que representa ella misma. En efecto, el precio de la máquina expresa su valor, esto es, equivale a todo el tiempo de trabajo contenido en ella, sea cualquiera la división que de este tiempo se haga en trabajo necesario y sobretrabajo, en tanto que el mismo precio pagado a los obreros a quienes reemplaza no equivale a todo el tiempo de trabajo que suministran, y solamente es igual a una parte de este tiempo, a su tiempo de trabajo necesario.

Considerado exclusivamente como medio de hacer el producto más barato, el empleo de las máquinas encuentra un límite: es necesario que el tiempo de trabajo gastado en su producción sea menor que el tiempo de trabajo suprimido por su uso.

El capitalista encuentra para el empleo de las máquinas un límite todavía más reducido. Lo que paga no es trabajo, sino fuerza de trabajo, y aun el salario real del trabajador es muchas veces inferior al valor de su fuerza. Así, el capitalista se guía en sus cálculos por la diferencia que hay entre el precio de las máquinas y el de las fuerzas de trabajo que estas pueden inutilizar. Esta diferencia es la que determina el precio de costo y le decide a emplear o no la máquina; en efecto, desde su punto de vista, la ganancia proviene de la disminución del trabajo que paga y no del trabajo que emplea.

III. *Trabajo de las mujeres y de los niños.*

Haciendo inútil el trabajo muscular, la máquina permite emplear obreros de poca fuerza física, pero cuyos miembros son tanto más flexibles cuanto menos desarrollo tienen. Cuando el capital se apoderó de la máquina, su grito fue: ¡trabajo de mujeres, trabajo de niños! La máquina, medio poderoso de aminorar los trabajos del hombre, se convirtió en seguida en medio de aumentar el número de asalariados. Doblegó bajo la vara del capital a todos los miembros de la familia sin distinción de edad ni de sexo. El trabajo forzado de todos en provecho del capital usurpó el tiempo de los juegos de la niñez y reemplazó al trabajo libre, que tenía por objeto el sostenimiento de la familia.

El valor de la fuerza de trabajo estaba determinado por los gastos de sostenimiento del obrero y de su familia. Lanzando a la familia en el mercado y distribuyendo así entre muchas fuerzas el valor de una sola, la máquina la rebaja. Puede suceder que las cuatro fuerzas, por ejemplo, que una familia obrera vende al presente le produzcan más que antes la sola fuerza de su jefe, pero también son cuatro jornadas de trabajo en lugar de una; ahora, es preciso que en vez de una sean cuatro las personas que suministran al capital no solamente trabajo, sino también sobretrabajo para que viva una sola familia. Así es cómo la máquina, al aumentar la materia humana explotable, eleva a la vez el grado de explotación.

El empleo capitalista del maquinismo desnaturaliza profundamente el contrato cuya primera condición era que capitalista y obrero debían tratar entre sí como personas libres, ambos comerciantes, poseedor el uno de dinero o de medios de producción y el otro de fuerza de trabajo. Todo esto queda destruido desde el momento que el capitalista compra mujeres y niños. El obrero vendía antes su propia fuerza de trabajo, de la cual podía disponer libremente; ahora vende mujer e hijos y se convierte en mercader de esclavos.

Por la anexión al personal de trabajo de una masa considerable de niños y mujeres, la máquina consiguió por fin romper la resistencia que el trabajador varón oponía aún en la manufactura al despotismo del capital. La facilidad aparente del trabajo con la máquina y el elemento más manejable y más dócil de las mujeres y de los niños le ayudan en su obra de avasallamiento.

Prolongación de la jornada de trabajo.

La máquina crea condiciones nuevas que permiten al capital soltar el freno a su tendencia constante de prolongar la jornada de trabajo y motivos nuevos que aumentan aún su sed de trabajo ajeno.

Cuanto más largo es el periodo durante el cual funciona la máquina, mayor es la masa de productos entre la cual se distribuye el valor que aquella transmite, y menor es la parte que corresponde a cada mercancía. Empero, el periodo de vida activa de la máquina está evidentemente determinado por la duración de la jornada de trabajo multiplicada por el número de jornadas durante las cuales presta servicio.

El desgaste material de las máquinas se presenta bajo un doble aspecto. Por una parte se desgastan por su empleo y por otra por su inacción, como una espada se toma de orín en la vaina. Tan solo por el uso se gastan útilmente, mientras que se desgastan en balde por la falta de uso, y por esto se procura aminorar el tiempo de inacción; si es posible, se la hace trabajar de día y de noche.

La máquina se halla además sujeta a lo que se podría llamar su desgaste moral. Aunque se encuentre en muy buen estado pierde de su valor por la construcción de máquinas perfeccionadas que vienen a hacerle concurrencia. El peligro de su desgaste moral es tanto menor cuanto más corto es su periodo de desgaste físico, y es evidente que una máquina se desgasta tanto más pronto cuanto más larga es la jornada de trabajo.

La prolongación de la jornada permite acrecentar la producción sin aumentar la parte de capital representada por los edificios y las máquinas; por consecuencia, aumenta la supervalía y disminuyen los gastos necesarios para obtenerla. Por otra parte, el desarrollo de la producción mecánica obliga a anticipar una parte cada vez mayor de capital en medios de trabajo, en máquinas, etc., y cada interrupción del tiempo de trabajo hace inútil, mientras dura, ese capital cada vez más considerable. La menor interrupción posible, una prolongación creciente de la jornada de trabajo es, pues, lo que desea el capitalista.

Hemos visto en el capítulo undécimo que la suma de supervalía está determinada por la magnitud del capital variable o, en otros términos, por el número de obreros empleados a la vez y por el tipo de la supervalía. Pero si la industria mecánica disminuye el tiempo de trabajo necesario para la reproducción del trabajo pagado y aumenta así el tipo de la supervalía, solo obtiene este resultado sustituyendo los obreros por máquinas, es decir, disminuyendo el número de obreros ocupados por un capital determinado; transforma en máquinas, en capital constante que no produce supervalía, una parte del capital que, gastada anteriormente en fuerzas de trabajo, la producía. El empleo de las máquinas con el objeto de aumentar la supervalía encierra, pues, una contradicción: por la disminución del tiempo de trabajo necesario aumenta el tipo de la supervalía; por la disminución del número de obreros para un capital dado, disminuye la suma de la supervalía. Esta contradicción conduce instintivamente al capitalista a prolongar la jornada de trabajo todo lo posible, a fin de compensar la disminución del número proporcional de los obreros explotados con el aumento de su sobretrabajo, con el grado de su explotación.

La máquina en manos del capital crea, por consecuencia, motivos nuevos y poderosos para prolongar desmesuradamente la jornada de trabajo. Alistando bajo las órdenes del capital elementos de la clase obrera, mujeres y niños, antes respetados, y dejando disponibles los obreros reemplazados por la máquina, produce una población obrera superabundante que se ve obligada a dejarse dictar la ley. De ahí el fenómeno económico de que la máquina, medio el más eficaz de aminorar el tiempo de trabajo, se convierta, merced a un giro extraño, en el medio más infalible de transformar la vida entera del trabajador y de su familia en tiempo consagrado a dar valor al capital.

El trabajo más intensificado.

La prolongación exagerada del trabajo cotidiano que lleva consigo la máquina en manos capitalistas y el menoscabo de la clase obrera, que es su consecuencia, acaban por producir una reacción de la sociedad, la cual, sintiéndose amenazada hasta en las raíces de su existencia, decreta límites legales a la jornada. Desde que la rebelión cada vez mayor de la clase obrera obligó al Estado a imponer una jornada normal, el capital procuró ganar por un aumento de la cantidad de trabajo gastada en el mismo tiempo lo que se le prohibía obtener por una multiplicación progresiva de las horas de trabajo.

Con la reducción legal de la jornada, el obrero se vio precisado a gastar, mediante un esfuerzo superior de su fuerza, más actividad en el mismo tiempo. Desde este momento se empieza a valuar la magnitud del trabajo de una manera doble, según su duración y según su grado de intensidad. ¿Cómo se obtiene en el mismo tiempo un gasto mayor de fuerza vital? ¿Cómo se hace más intenso el trabajo?

Este resultado de la reducción de la jornada dimana de una ley evidente, según la cual la capacidad de acción de toda fuerza animal es tanto mayor cuanto más corto es el tiempo durante el cual obra. En ciertos límites se gana en eficacia lo que se pierde en duración.

En el momento que la legislación aminora la jornada de trabajo, la máquina se convierte en las manos del capitalista en medio sistemático de arrancar en cada instante más labor. Pero para que el maquinismo ejerza esta presión superior sobre sus servidores humanos, es necesario perfeccionarle continuamente; cada perfeccionamiento del sistema mecánico se convierte en nuevo medio de explotación, a la vez que la reducción de la jornada obliga al capitalista a sacar de los medios de producción, tirantes hasta el extremo, el mayor efecto posible, si bien economizando gastos.

IV. *La fábrica.*

Acabamos de estudiar el fundamento de la fábrica, el maquinismo, y la reacción inmediata de la industria mecánica sobre el trabajador; examinemos ahora la fábrica.

La fábrica moderna puede ser representada como un enorme autómata compuesto de numerosos órganos mecánicos e intelectuales —máquinas y obreros— que obran de concierto y sin interrupción para producir un mismo objeto, estando subordinados todos estos órganos a una potencia motriz que se mueve por sí misma.

La habilidad en el manejo de la herramienta pasa del obrero a la máquina; así, la gradación jerárquica de obreros dedicados a una especialidad, que caracteriza la división manufacturera del trabajo, es sustituida en la fábrica por la tendencia a hacer iguales los trabajos encomendados a los obreros auxiliares del maquinismo.

La distinción fundamental que se establece es la de trabajadores en las máquinas-utensilio (comprendiendo entre ellos a algunos obreros encargados de calentar la caldera de vapor) y peones, casi todos salidos apenas de la infancia, subordinados a los primeros. Al lado de estas categorías principales colócase un personal, insignificante por su número, de ingenieros, mecánicos, etc., que vigilan el mecanismo general y atienden a las reparaciones necesarias.

Todo niño aprende con gran facilidad a adaptar sus movimientos al movimiento continuo y uniforme del instrumento mecánico. Y teniendo en cuenta la facilidad y rapidez con que se aprende a trabajar en la máquina, queda suprimida la necesidad de convertir, como en la manufactura, cada género de trabajo en ocupación exclusiva. Si bien deben ser distribuidos los obreros entre las diversas máquinas, no es ya indispensable reducir a cada uno a la misma tarea. Como el movimiento de conjunto de la fábrica depende de la máquina y no del obrero, la variación continua del personal no produciría ninguna interrupción en la marcha del trabajo.

Aunque desde el punto de vista técnico el sistema mecánico da fin, por consecuencia, al antiguo sistema de división del trabajo, esta se mantiene, sin embargo, en la fábrica, primeramente como tradición legada por la manufactura, y además porque el capital se apodera de ella para conservarla y reproducirla de una manera aun más repulsiva, como medio sistemático de explotación. La especialidad que consistía en manejar durante toda la vida una herramienta propia de una operación parcial, se convierte en la especialidad de servir durante toda la vida a una máquina fraccionaria. Se abusa del mecanismo para transformar al obrero desde su más tierna infancia en parte de una máquina, la cual a su vez forma parte de otra; sujeto así a una operación simple, sin aprender ningún oficio, no sirve para nada si se le separa de esta operación, ya por ser despedido, ya por un nuevo descubrimiento; desde este momento queda consumada su dependencia absoluta de la fábrica, y, por lo tanto, del capital.

En la manufactura y en el oficio, el obrero se sirve de su utensilio; en la fábrica sirve a la máquina. En la manufactura, el movimiento del instrumento de trabajo parte de él; en la fábrica no hace más que seguir este movimiento. El medio de trabajo, transformado en autómata, se levanta ante el obrero, durante el curso del trabajo, en forma de capital, de trabajo muerto que domina y absorbe su fuerza viva.

Al mismo tiempo que el trabajo mecánico sobreexcita hasta el último grado el sistema nervioso, impide el ejercicio variado de los músculos y dificulta toda actividad libre del cuerpo y del espíritu. La facilidad misma del trabajo llega a ser un tormento en el sentido de que la máquina no libra al obrero del trabajo, pero quita a este todo interés. La grande industria acaba de realizar la separación que ya hemos indicado entre el trabajo manual y las potencias intelectuales de la producción, transformadas por ella en poderes del capital sobre el trabajo; hace de la ciencia una fuerza productiva independiente del trabajo, unida al sistema mecánico y que, como este, es propiedad del amo.

Todas las fuerzas de que dispone el capital aseguran el dominio de este amo, a los ojos del cual su monopolio sobre las máquinas se confunde con la existencia de las máquinas.

La subordinación del obrero a la regularidad invariable del maquinismo en movimiento, crea una disciplina de cuartel perfectamente organizada en el régimen de fábrica. En ella cesa de hecho y de derecho toda libertad. El obrero come, bebe y duerme con arreglo a un mandato. La despótica campana le obliga a interrumpir su descanso o sus comidas.

El fabricante es legislador absoluto; consigna en fórmulas a su antojo, en su reglamento de fábrica, su autoridad tiránica sobre su obreros. A los trabajadores que se quejan de la arbitrariedad extravagante del capitalista se les contesta: puesto que habéis aceptado voluntariamente ese contrato, debéis someteros a él. El látigo del mayoral de esclavos es sustituido por la libreta de castigos del contramaestre. Todos estos castigos quedan reducidos a multas y retenciones del salario, de suerte que el capitalista saca más provecho aún de la violación que del cumplimiento de sus leyes.

Y no hablemos de las condiciones materiales en que por cuestión de economía se realiza el trabajo de fábrica: elevación de la temperatura, atmósfera viciada y cargada del polvo de las primeras materias, insuficiencia de aire, ruido ensordecedor de las máquinas, sin contar los peligros que se corren entre un mecanismo terrible que os rodea por todas partes y que suministra periódicamente su contingente de mutilaciones y de asesinatos industriales.

V. *Lucha entre trabajador y máquina.*

La lucha entre el capitalista y el asalariado data de los orígenes mismos del capital industrial y se recrudece durante el periodo manufacturero; pero el trabajador no ataca al medio de trabajo hasta que se introduce la máquina. Se revuelve contra esa forma particular del instrumento que se le presenta como su enemigo terrible.

Es necesario tiempo y experiencia antes de que los obreros, habiendo aprendido a distinguir entre la máquina y su empleo capitalista, dirijan sus ataques, no contra el medio material de producción, sino contra su modo social de explotación.

Sucede que, bajo la forma de máquina, el medio de trabajo se convierte en seguida en enemigo del trabajador, y este antagonismo se manifiesta sobre todo cuando máquinas nuevamente introducidas vienen a hacer la guerra a los procedimientos ordinarios del oficio y de la manufactura.

El sistema de la producción capitalista se funda, por regla general, en que el trabajador vende su fuerza como mercancía. La división del trabajo reduce esta fuerza a ser tan solo apta para manejar una herramienta de detalle; en el momento que esta herramienta es manejada por la máquina, el obrero pierde su utilidad, de la misma manera que una moneda desmonetizada no tiene curso. Cuando esa parte de la clase obrera que la máquina hace así inútil para las necesidades momentáneas de la explotación, no sucumbe, o vegeta en una miseria que la mantiene en reserva siempre a disposición del capital, o invade otras profesiones, en las cuales rebaja el valor de la fuerza de trabajo.

El antagonismo de la máquina y del obrero aparece con efectos semejantes en la gran industria misma cuando hay perfeccionamiento del maquinismo. El objeto constante de estos perfeccionamientos es disminuir el trabajo manual para el mismo capital, que además de que exige el empleo de menos obreros, sustituye cada vez más a los hábiles con los menos diestros, a los adultos con los niños, a los hombres con las mujeres; pero todos estos cambios ocasionan variaciones sensibles para el trabajador en el tipo del salario. Y la máquina no obra tan solo como un concurrente cuya fuerza superior está siempre a punto de hacer inútil el asalariado. El capital la emplea como potencia enemiga del obrero. Constituye el arma de guerra más eficaz para reprimir las huelgas, esas rebeliones periódicas del trabajo contra el despotismo del capital. En efecto, para vencer la resistencia de sus obreros en huelga, el capital ha sido conducido a algunas de las más importantes aplicaciones mecánicas, invenciones nuevas o perfeccionamientos del maquinismo existente.

VI. *Teoría de la compensación.*

Algunos economistas burgueses sostienen que al hacer inútiles en un trabajo a obreros que estaban empleados en él, es decir, al despedirlos y al privarlos de su salario, la máquina deja disponible por este mismo hecho un capital destinado a emplearlos de nuevo en otra ocupación cualquiera; por consiguiente, dicen, hay compensación. A privar de víveres al obrero llaman estos señores dejar víveres disponibles para el obrero como nuevo medio de emplearlo en otra industria. Como se ve, todo depende de la manera de expresarse.

La verdad es que los obreros que la máquina hace inútiles son arrojados del taller en el mercado del trabajo, donde van a aumentar las fuerzas ya disponibles para la explotación capitalista. Rechazados de un género de industria, pueden seguramente buscar ocupación en otra; pero si la encuentran, si pueden de nuevo tener medios de consumir los víveres que por su privación de salario habían quedado disponibles, es decir, que no les estaba permitido comprar, es merced a un nuevo capital que se presenta en el mercado del trabajo y no merced al capital que ya funciona, el cual se ha transformado en máquinas. Y las probabilidades de encontrar ocupación son muy pequeñas, porque, fuera de su antigua ocupación, estos hombres deteriorados por la división del trabajo sirven para poco y solo son admitidos en empleos inferiores mal pagados y que por su misma sencillez son solicitados por muchos.

La máquina es inocente de las miserias a que da lugar; no es culpa suya si, en nuestro medio social, separa al obrero de sus medios de subsistencia. En todas partes donde se introduce hace el producto más barato y más abundante. Tanto después como antes de su introducción, la sociedad posee siempre por lo menos la misma cantidad de víveres para los trabajadores que tienen que cambiar de empleo, prescindiendo de la inmensa porción de su producto anual despilfarrada por los ociosos.

Si la máquina se convierte en instrumento para esclavizar al hombre; si, medio infalible para aminorar el trabajo cotidiano, lo prolonga; si, varita mágica para aumentar la riqueza del productor, lo empobrece, es por estar en manos capitalistas. Estas contradicciones y estos antagonismos inseparables del empleo de las máquinas en el medio burgués, provienen, no de la máquina, sino de su explotación capitalista.

Aunque suprime un número mayor o menor de obreros en los oficios y manufacturas donde se introduce, la máquina puede ocasionar, sin embargo, un aumento de empleos en otros ramos de producción.

Siendo mayor con las máquinas la cantidad de artículos fabricados, hacen falta más materias primeras, y, por consiguiente, es preciso que las industrias que suministran estas materias primeras aumenten la cantidad de sus productos. Verdad es que este aumento puede resultar de la elevación de la intensidad o de la duración del trabajo, y no exclusivamente de la del número de obreros.

Las máquinas dan origen a una especie de obreros consagrados exclusivamente a su construcción, y cuanto mayor es el número de máquinas, más numerosa es esta clase de obreros. A medida que las máquinas hacen así aumentar la masa de primeras materias, de instrumentos de trabajo, etc., las industrias que gastan estas primeras materias, etc., se dividen cada vez más en ramas diferentes y la división social del trabajo se desarrolla más poderosamente que bajo la acción de la manufactura propiamente dicha.

El sistema mecánico aumenta la supervalía. Este aumento de riqueza en la clase capitalista, acompañada, como va siempre, de una disminución relativa de los trabajadores empleados en la producción de las mercancías de primera necesidad, da origen, con las nuevas necesidades de lujo, a nuevos medios de satisfacerlas: la producción de lujo aumenta; y aumenta con ella, en una proporción cada vez mayor, la clase sirviente, compuesta de lacayos, cocheros, cocineras, niñeras, etc.

El aumento de los medios de trabajo y de subsistencia impulsa el desarrollo de las empresas de comunicación y de transporte; aparecen nuevas industrias y abren nuevas salidas al trabajo.

Pero todos estos aumentos de empleos no tienen nada de común con la llamada teoría de compensación.

VII. *Los obreros alternativamente rechazados de la fábrica y atraídos por ella.*

Todo progreso del maquinismo disminuye el número de obreros necesarios y separa de la fábrica, por el momento, a una parte del personal. Pero cuando la explotación mecánica se introduce o se perfecciona en un ramo de la industria, los beneficios extraordinarios que no tarda en procurar a los que hacen la primera aplicación de ella, ocasionan muy pronto un periodo de actividad febril. Estos beneficios atraen al capital, que busca colocaciones privilegiadas; el nuevo procedimiento se generaliza; el establecimiento de nuevas fábricas y el engrandecimiento de las antiguas que de ello resulta hacen que aumente entonces el número total de obreros ocupados. El aumento de las fábricas, o, en otros términos, una modificación cuantitativa en la industria mecánica, atrae, pues, a los obreros, en tanto que el perfeccionamiento de la maquinaria, o, de otro modo, un cambio cualitativo, los separa.

Pero la elevación de la producción, consecuencia del mayor número de fábricas, va seguida de una superabundancia de productos en el mercado que a su vez produce un decaimiento, una paralización de la producción. La vida de la industria se convierte así en series de periodos de actividad media, de prosperidad, de exceso de producción y de inacción. Los obreros son alternativamente atraídos y rechazados, llevados de aquí para allá, y este movimiento va acompañado de cambios continuos en la edad, el sexo y la habilidad de los obreros empleados; la incertidumbre, las alzas y las bajas a que la explotación mecánica somete al trabajador, acaban por ser su estado normal.

VIII. *Supresión de la cooperación fundada en el oficio y en la división del trabajo.*

La explotación mecánica suprime la cooperación basada en el oficio: por ejemplo, la máquina segadora reemplaza la cooperación de determinado número de segadores; suprime igualmente la manufactura basada en la división del trabajo manual, suministrando un ejemplo de ello la máquina de fabricar alfileres: una mujer basta para vigilar cuatro de estas máquinas, que producen mucho más que antes un número considerable de hombres por medio de la división del trabajo.

Cuando una máquina-utensilio sustituye a la cooperación o a la manufactura, puede a su vez llegar a ser la base de un nuevo oficio; empero esta organización del oficio de un artesano sobre la base de la máquina solo sirve de transición al régimen de la fábrica, que aparece ordinariamente desde el momento en que el agua o el vapor reemplazan a los músculos humanos como fuerza motriz. La pequeña industria puede, sin embargo, funcionar momentáneamente con un motor mecánico, alquilando el vapor o sirviéndose de pequeñas máquinas motrices particulares, como las máquinas de gas.

Reacción de la fábrica sobre la manufactura y el trabajo a domicilio.

A medida que se desarrolla la grande industria se ve transformarse el carácter de todos los ramos de la industria. Al introducirse en las antiguas manufacturas para una u otra operación, el maquinismo desconcierta su organización, debida a una división consagrada del trabajo, y trastorna por completo la composición de su personal obrero, fundando en lo sucesivo la división del trabajo en el empleo de las mujeres, de los niños, de los obreros poco hábiles, en una palabra, en el empleo del trabajo barato.

El maquinismo obra también de igual modo sobre la llamada industria domiciliaria; practíquese en la habitación misma del obrero o en pequeños talleres, solo es en lo sucesivo una dependencia de la fábrica, de la manufactura o del almacén de mercancías. La confección de los artículos de vestir, por ejemplo, es en gran parte ejecutada por esos trabajadores llamados domiciliarios, no como antes para consumidores individuales, sino para fabricantes, dueños de almacenes, etc., que les suministran los elementos de trabajo encargándoles obra. Así, pues, además de los obreros de fábrica, los obreros manufactureros y los artesanos a quienes concentra en grandes masas en vastos talleres, el capital posee un ejército industrial disperso en las grandes ciudades y en los campos.

La explotación de los trabajadores baratos se practica con más cinismo en la manufactura moderna que en la fabrica propiamente dicha, porque la sustitución de la fuerza muscular por máquinas, aplicada en esta última, falta en gran parte en la manufactura; esta explotación es aún más escandalosa en la industria domiciliaria que en la manufactura, porque el poder de resistencia de los trabajadores es menor por efecto de su dispersión; porque entre el empresario y el obrero se ingiere toda una cáfila de intermediarios, de parásitos voraces; porque el obrero es demasiado pobre para procurarse las condiciones de espacio, de aire, de luz, etc., más necesarias para su trabajo, y, por último, porque en ellos llega a su máximum la concurrencia entre trabajadores.

Estos antiguos sistemas de producción, modificados, desfigurados bajo la influencia de la gran industria, reproducen y aun exageran sus enormidades hasta el día en que se ven obligados a desaparecer.

Paso de la manufactura moderna y del trabajo domiciliario a la grande industria.

La disminución del precio de la fuerza de trabajo solo por el empleo abusivo de mujeres y niños, por la brutal privación de las condiciones normales de vida y de actividad, por el exceso de trabajo y el abuso del trabajo de noche, encuentra, por último, obstáculos físicos que los límites de las fuerzas humanas no permiten franquear. En ellos se detienen también, por consiguiente, la reducción del precio de las mercancías, obtenida por estos procedimientos, y la explotación capitalista fundada sobre ellos. Si bien es cierto que son necesarios algunos años para llegar a este punto, entonces es llegada la hora de la transformación del trabajo domiciliario y de la manufactura en fábrica.

La marcha de esta revolución industrial es más rápida por la regularización legal de la jornada, por la exclusión de los niños menores de cierta edad, etc., todo lo cual obliga al capitalista manufacturero a multiplicar el número de sus máquinas y a sustituir los músculos con el vapor como fuerza motora. En cuanto al trabajo domiciliario, su única arma en la guerra de concurrencia es la explotación ilimitada de las fuerzas de trabajo barato. Así, pues, está condenada a morir desde el momento en que la jornada esté limitada y restringido el trabajo de los niños.

IX. *Contradicción entre la naturaleza de la gran industria y su forma capitalista.*

Mientras que el oficio y la manufactura son la base de la producción social, la subordinación del trabajador a una profesión exclusiva y el obstáculo que opone al desarrollo de sus aptitudes varias, se pueden considerar como necesidades de la producción. Los diferentes ramos industriales forman otras tantas profesiones cerradas para todo aquel que se halle impuesto en los secretos y la rutina del oficio.

La ciencia modernísima de la tecnología, creada por la gran industria, enseña hoy esos secretos, describe los diversos procedimientos industriales, los analiza, reduce su práctica a algunas formas fundamentales del movimiento mecánico y averigua los perfeccionamientos de que son susceptibles esos procedimientos. La industria moderna no considera y no trata nunca como definitivo el modo actual de un procedimiento.

En tanto que el mantenimiento de su modo consagrado de producción era la primera condición de existencia de todas las antiguas clases industriales, la burguesía, al modificar constantemente los instrumentos de trabajo, modifica por esta misma razón, de una manera continua, las relaciones de la producción y todas las relaciones sociales en su conjunto, que tiene por base la forma de la producción material. Por lo tanto, su base es revolucionaria, mientras que la de todos los sistemas pasados de producción era esencialmente conservadora.

Si la naturaleza misma de la gran industria necesita el cambio continuo en el trabajo, la transformación frecuente de las funciones y la movilidad del trabajador, por otra parte, en su forma capitalista, reproduce la antigua división del trabajo todavía más odiosamente; si el obrero estaba encadenado durante su vida a una operación de detalle, hace de él el accesorio de una máquina parcial. Sabemos que esta contradicción absoluta entre las necesidades técnicas de la gran industria y los caracteres sociales que reviste bajo el régimen capitalista, acaba por destruir todas las garantías de vida del trabajador, siempre amenazado, según hemos visto en el apartado cuarto del presente capítulo, de verse privado, a la vez que del medio de trabajo, de los medios de subsistencia y de quedar inútil por la supresión de su función particular; este antagonismo da origen, como hemos visto también en el apartado quinto, a la monstruosidad de un ejército industrial de reserva que por la miseria está a disposición de la demanda capitalista; conduce a las sangrías periódicas de la clase obrera, al despilfarro más desenfrenado de las fuerzas de trabajo, a los estragos de la anarquía social, que hace de cada progreso industrial una calamidad pública para la clase obrera.

La fábrica y la instrucción.

A pesar de los obstáculos que encuentra la variación en el trabajo bajo el régimen capitalista, las catástrofes mismas que la gran industria ocasiona imponen la necesidad de reconocer el trabajo variado y, por consiguiente, el mayor desarrollo posible de las diversas aptitudes del trabajador como una ley de la producción moderna, siendo necesario a toda costa que las circunstancias se adapten al ejercicio normal de esta ley: es esta una cuestión de importancia vital. En efecto, la grande industria obliga a la sociedad, bajo pena de muerte, a reemplazar el individuo fraccionado, sobre el cual pesa una función productiva de detalle, por el individuo completo, que sabe hacer frente a las exigencias más diversas del trabajo y que en funciones alternativas no hace más que dar libre curso a sus diferentes capacidades naturales o adquiridas.

La burguesía, que al crear para sus hijos las escuelas especiales obedecía tan solo a las tendencias íntimas de la producción moderna, ha concedido únicamente a los proletarios una sombra de enseñanza profesional. Pero si la legislación se ha visto en la necesidad de combinar la instrucción elemental, siquiera sea mezquina, con el trabajo industrial, la inevitable conquista del Poder político por la clase obrera introducirá en las escuelas públicas la enseñanza de la tecnología práctica y teórica. En la educación del porvenir el trabajo manual productivo irá unido a la instrucción y a la gimnasia para todos los jóvenes de uno y otro sexo que pasen de cierta edad y a los ejercicios militares para los varones; este es el único método para formar seres humanos completos.

Evidentemente, el desarrollo de los elementos nuevos, que llegará por último a suprimir la antigua división del trabajo en la cual cada obrero está consagrado a una operación parcial, se halla en flagrante contradicción con el sistema industrial capitalista y con el medio económico en que coloca al obrero, pero el único camino por el que un sistema de producción y la organización social correspondiente marchan a su ruina y renovación, es el desenvolvimiento histórico de sus contradicciones y antagonismos.

¡Zapatero, a tus zapatos! Esta frase, última expresión de la sensatez durante el periodo del oficio y de la manufactura, pasa a ser una locura el día en que el relojero Watt inventa la máquina de vapor, el barbero Arkwright el telar continuo y el platero Fulton el barco de vapor.

La fábrica y la familia.

Ante la vergonzosa explotación del trabajo de los niños, los legisladores se han visto en la necesidad de intervenir poniendo coto no solamente a los derechos señoriales del capital, sino también a la autoridad de los padres; aunque afecto al capital, viendo la torpe crueldad de estos, el legislador ha tenido precisión de preservar a las generaciones venideras de una decadencia prematura; los representantes de las clases que dominan han tenido necesidad de dictar medidas contra los excesos de la explotación capitalista; ¿hay algo que pueda caracterizar mejor este sistema de producción como la necesidad de esas medidas?

No es el abuso de la autoridad paterna el que ha creado la explotación de la niñez, antes al contrario, la explotación capitalista es la que ha hecho que esa autoridad degenere en abuso; la intervención de la ley es la confesión oficial de que la grande industria ha hecho una fatalidad económica de la explotación de mujeres y niños por el capital, que, al descomponer el hogar doméstico, ha destruido la familia obrera de otras épocas; es la confesión de que la gran industria ha convertido la autoridad paterna en dependencia del mecanismo social, destinada a hacer suministrar directa o indirectamente niños al capitalista por el proletario, que bajo pena de muerte tiene que desempeñar su papel de abastecedor y de mercader de esclavos. Así, pues, la legislación solo atiende a impedir los excesos de este sistema de esclavitud. Por terrible y desagradable que parezca en el medio actual la disolución de los antiguos lazos de la familia, la grande industria, por la decisiva importancia que concede a las mujeres y a los niños fuera del círculo doméstico en la producción socialmente organizada, no deja por eso de crear la nueva base económica sobre la cual se ha de constituir una forma superior de familia y de relaciones

entre los sexos. Tan absurdo es considerar como absoluta y definitiva
la actual constitución de la familia como sus constituciones oriental,
griega y romana. La misma composición del trabajador colectivo por
individuos de los dos sexos y de todas edades, fuente de corrupción y
de esclavitud bajo la dominación capitalista, contiene los gérmenes de
una próxima evolución social. En la Historia, como en la Naturaleza,
la putrefacción es el laboratorio de la vida.

Consecuencias revolucionarias de la legislación de fábrica.

Si bien imponen a cada establecimiento industrial, considerado
aisladamente, la uniformidad y la regularidad, las leyes sobre la
limitación de la jornada de trabajo, que han llegado a ser
indispensables para proteger física y moralmente a la clase obrera,
multiplican la anarquía y las crisis de la producción social por el
enérgico impulso que dan al desarrollo mecánico; exageran la
intensidad del trabajo y aumentan la competencia entre el obrero y la
máquina; apresuran la transformación del trabajo aislado en trabajo
organizado en grande y la concentración de capitales.

Al destruir la pequeña industria y el trabajo domiciliario suprime el
último refugio de una masa de trabajadores, a quienes priva de sus
medios de subsistencia, y que quedan por este motivo a disposición
del capital para el día en que a este le convenga admitirlos a trabajar;
suprime, por lo tanto, la válvula de seguridad de todo el mecanismo
social. Generaliza al mismo tiempo la lucha directa entablada contra
la dominación del capital, y desarrolla, a la vez que los elementos de
formación de una nueva sociedad, las fuerzas destructoras de la
antigua.

X. *Gran industria y agricultura.*

Si el empleo de las máquinas en la agricultura se halla en gran parte
exento de los inconvenientes y peligros físicos a que expone al obrero
de fábrica, su tendencia a suprimir, a quitar de su puesto al trabajador,
se realiza en ella con mayor fuerza.

La gran industria obra en el dominio de la agricultura más
revolucionariamente que en ningún otro punto, porque hace que
desaparezca el labrador, baluarte de la sociedad antigua, y le sustituye

con el asalariado. Las necesidades de transformación social y la lucha de clases quedan así reducidas en los campos al mismo nivel que en las ciudades.

En la agricultura como en la manufactura, la transformación capitalista de la producción parece ser tan solo el suplicio del trabajador, el medio de trabajo un medio de subyugar, de explotar y empobrecer al trabajador, y la combinación social del trabajo la opresión combinada de su independencia individual. Pero la disgregación de los trabajadores agrícolas en vastos espacios quebranta su fuerza de resistencia, mientras que la concentración aumenta la de los obreros de las ciudades.

En la agricultura moderna, de igual modo que en la industria de las ciudades, el aumento de productividad y el rendimiento superior del trabajo se obtienen a costa de la destrucción de la fuerza de trabajo. Además, cada progreso de la agricultura capitalista es un adelanto, no solamente en el arte de explotar al trabajador, sino también en el de agotar el suelo; cada progreso en el arte de hacerlo más fértil por un tiempo dado, un adelanto en la ruina de sus principios de fertilidad.

La producción capitalista solo desarrolla el sistema de producción social agotando a la vez las dos fuentes de toda riqueza: la tierra y el trabajador.

———

Nuevas consideraciones acerca de la producción de la supervalía.

CAPÍTULO XVI

SUPERVALÍA ABSOLUTA Y SUPERVALÍA RELATIVA

Lo que caracteriza al trabajo productivo. — La productividad del trabajo y la supervalía.

Lo que caracteriza al trabajo productivo.

Hemos visto en el capítulo séptimo que si se considera el acto de trabajo desde el punto de vista de su resultado, que es el producto, medio y objeto de trabajo se presentan al mismo tiempo como medios de producción, y el trabajo mismo como trabajo productivo. Al adaptar un objeto exterior a sus necesidades, el hombre crea un producto, hace un trabajo productivo; mas, durante esta operación, el trabajo manual y el trabajo intelectual están unidos por lazos indisolubles, del mismo modo que el brazo y la cabeza no obran el uno sin la otra.

Sin embargo, desde que el producto individual se ha transformado en producto social, en producto de un trabajador colectivo cuyos diferentes miembros toman parte en variadas operaciones para la confección del producto, si esta determinación del trabajo productivo, derivada de la naturaleza misma de la producción material, es verdadera en lo que se refiere al trabajador colectivo considerado como una sola persona, no es aplicable a cada uno de sus miembros individualmente.

Para efectuar un trabajo productivo no es necesario que se ejecute un trabajo manual, basta con ser un órgano del trabajador colectivo o desempeñar una función cualquiera de él. Pero no es esto lo que caracteriza de una manera especial al trabajo productivo en el sistema capitalista.

En este, el objeto de la producción es la supervalía, y no se reputa como trabajo productivo sino el del trabajador que produce supervalía al capitalista o cuyo trabajo fecunda el capital. Por ejemplo, un profesor en una escuela es un trabajador productivo, no porque forma útilmente el ánimo de sus alumnos, sino porque haciendo esto produce dinero a su patrono. El que este haya colocado su capital en una fábrica de lecciones, como hubiera podido colocarlo en una fábrica de embutidos, importa poco para la cuestión de negocio; es preciso ante todo que el capital produzca.

Para en adelante, la idea de trabajo productivo no indica ya simplemente una relación entre actividad y resultado útil, sino ante todo una relación social que convierte al trabajo en instrumento inmediato para hacer producir valor al capital. También la Economía política clásica ha sostenido siempre que lo que caracterizaba al trabajo productivo era el crear supervalía.

La productividad del trabajo y la supervalía.

La producción de la supervalía absoluta consiste, según hemos visto en el capítulo duodécimo, en la prolongación de la jornada de trabajo más allá del tiempo necesario al obrero para producir un equivalente de su subsistencia, y en la asignación de este trabajo al capitalista. A fin de aumentar ese sobretrabajo, se acorta el tiempo de trabajo necesario, haciendo producir el equivalente del salario en menos tiempo, y la supervalía así realizada es la supervalía relativa.

La producción de la supervalía absoluta solo afecta a la duración del trabajo, mas la producción de la supervalía relativa transforma completamente sus procedimientos técnicos y sus combinaciones sociales. La supervalía se desarrolla, pues, juntamente con el sistema de producción capitalista propiamente dicho. Una vez establecido y generalizado este, la diferencia entre supervalía relativa y supervalía absoluta se echa de ver cuando se trata de elevar el tipo de la supervalía.

Si se supone pagada la fuerza de trabajo en su justo valor, dados los límites de la jornada de trabajo, el tipo de la supervalía no puede elevarse sino aumentando la intensidad o la productividad del trabajo. Por el contrario, permaneciendo las mismas la intensidad y la productividad del trabajo, el tipo de la supervalía no puede elevarse sino merced a una prolongación de la jornada.

No obstante, cualquiera que sea la duración de la jornada, el trabajo no creará supervalía si no posee el mínimum de productividad que pone al obrero en condiciones de producir, tan solo en una parte de la jornada, el equivalente de su propia subsistencia.

Supongamos que el trabajo necesario para el sustento del productor y de su familia absorbe todo su tiempo disponible: ¿cómo encontraría medio de trabajar gratuitamente para otro? Sin un cierto grado de productividad del trabajo, no hay tiempo disponible; sin este exceso de tiempo, no hay sobretrabajo, y, por consiguiente, no hay supervalía, ni producto neto, pero tampoco hay capitalistas, ni esclavistas, ni señores feudales; en una palabra, no hay clase propietaria.

Se ha tratado de explicar este grado de productividad necesaria, como una cualidad natural del trabajo; pero esta sería una productividad precoz con que la Naturaleza hubiera dotado al hombre al colocarlo en el mundo.

Por el contrario, las facultades del hombre primitivo no se forman sino lentamente, bajo la presión de sus necesidades físicas. Cuando, merced a rudos esfuerzos, los hombres consiguen elevarse sobre su primer estado animal, y cuando ya, por consiguiente, su trabajo está en cierto modo socializado, entonces, y solamente entonces, se producen condiciones tales que el sobretrabajo de uno puede llegar a ser origen de vida para otro que se descarga sobre él del peso del trabajo, lo cual jamás se efectúa sin el auxilio de la fuerza, que somete el uno al otro. La productividad del trabajo es el resultado de un largo desenvolvimiento histórico.

Excepción hecha del modo social de producción, la productividad del trabajo depende de las condiciones naturales en que se efectúa el trabajo. Todas estas condiciones pueden referirse al hombre mismo, a su raza, o a la Naturaleza que le rodea. Las condiciones naturales exteriores se descomponen, desde el punto de vista económico, en dos grandes clases: riqueza natural en medios de subsistencia, es decir, fertilidad del suelo, pesca abundante, etc., y riqueza natural en medios de trabajo, tales como saltos de agua, ríos navegables, maderas, metales, carbón, etc. En los orígenes de la civilización, la primera de las dos clases la simboliza; en una sociedad más adelantada, la civilización está representada por la segunda.

La ventaja de las circunstancias naturales proporciona, si se quiere, la posibilidad, pero nunca la realidad del sobretrabajo, ni, por consiguiente, del producto neto o de la supervalía. Según sea el clima más o menos dulce, el suelo más o menos fértil, etc., el número de las primeras necesidades (alimento, vestido) y los esfuerzos que su satisfacción exige, serán mayores o menores; de suerte que, en circunstancias por otra parte semejantes, el tiempo de trabajo necesario variará de un país a otro; pero el sobretrabajo no puede comenzar sino allí donde acaba el trabajo necesario. Las influencias físicas que determinan la extensión relativa de este último imponen, pues, un límite natural al sobretrabajo; este límite natural retrocede a medida que la industria adelanta y, al paso que ella, los medios de producción.

En nuestra sociedad, en la que el trabajador solo obtiene el permiso de trabajar para atender a su subsistencia a condición de producir supervalía, se cree generalmente que es una cualidad del trabajo humano el crear supervalía. Fijémonos, por ejemplo, en el habitante de las islas orientales del archipiélago asiático donde la palmera sagú crece en los bosques. Del interior de cada árbol se sacan, por término medio, de trescientas a cuatrocientas libras de harina comestible. Allí se va al bosque y se extrae el pan como entre nosotros se va a cortar la leña. Supongamos que un habitante de esas islas emplee una jornada de trabajo a fin de procurarse lo necesario para la satisfacción de sus necesidades durante una semana; se ve, pues, que la Naturaleza lo ha otorgado un favor, es decir, mucho descanso, y solo obligado por la fuerza emplearía ese tiempo de ocio en trabajar para otro, en sobretrabajo.

Si la producción capitalista se introdujese en su isla, el buen insular debería trabajar tal vez seis días por semana para poder consagrar a su subsistencia el producto de una jornada de trabajo. La concesión de la Naturaleza no explicaría por qué trabajaba ahora seis días por semana en lugar de uno que antes bastaba para su subsistencia, en otros términos, por qué creaba supervalía. Únicamente explicaría por qué el sobretrabajo puede ser de cinco días y el trabajo necesario de uno solamente. En resumen, la productividad explica el grado alcanzado por la supervalía, pero nunca es causa de ella; la causa de la supervalía es siempre el sobretrabajo, cualquiera que sea el modo de arrancarlo.

———————

CAPÍTULO XVII

VARIACIONES EN LA RELACIÓN DE INTENSIDAD ENTRE LA SUPERVALÍA Y EL VALOR DE LA FUERZA DE TRABAJO

I. La duración y la intensidad del trabajo no cambian, su productividad cambia. — II. La duración y la productividad del trabajo no cambian, su intensidad cambia. — III. La intensidad y la productividad del trabajo no cambian, su duración cambia. — IV. Cambios simultáneos en la duración, en la intensidad y en la productividad del trabajo.

Hemos visto que la relación de intensidad entre la supervalía y el precio de la fuerza de trabajo está determinada: .º, por la duración del trabajo o su grado de extensión; .º, por su grado de intensidad, según el cual diferentes cantidades de trabajo son consumidas en el mismo tiempo; .º, por su grado de productividad, según el cual la misma cantidad de trabajo produce en el mismo tiempo diferentes cantidades de productos. Evidentemente, esto dará lugar a variadas combinaciones según que uno de estos tres elementos cambie de intensidad y los otros dos no cambien, o que dos, o los tres, cambien al mismo tiempo. Además, uno de ellos puede aumentar cuando otro disminuye, o sencillamente aumentar o disminuir más que este. Examinemos las combinaciones principales.

I. *La duración y la intensidad del trabajo no cambian, su productividad cambia.*

Admitidas estas condiciones, obtenemos las tres leyes siguientes:

.ª La jornada de trabajo de una duración dada produce siempre el mismo valor, cualesquiera que sean los cambios efectuados en la productividad del trabajo.

Si una hora de trabajo de intensidad ordinaria produce un valor de céntimos, una jornada de doce horas no producirá más que un valor de pesetas. Suponemos que el valor del dinero es siempre invariable. Si la productividad del trabajo aumenta o disminuye, la misma jornada suministrará simplemente más o menos productos, y el valor de pesetas se distribuirá así entre más o menos mercancías.

.ª La supervalía y el valor de la fuerza de trabajo cambian en sentido opuesto una respecto de otra. La supervalía aumenta al tiempo que la productividad del trabajo o disminuye en la misma medida que ella, es decir, cambia en el mismo sentido; mientras que el valor de la fuerza de trabajo cambia en sentido contrario: aumenta cuando la productividad disminuye, y recíprocamente.

La jornada de doce horas produce siempre el mismo valor, pesetas, por ejemplo, cuya supervalía forma una parte de ese valor y otra el equivalente de la fuerza de trabajo; pongamos pesetas por cada una. Es evidente que, no pudiendo exceder de pesetas las dos partes reunidas, la supervalía no puede alcanzar un precio de pesetas sin que la fuerza de trabajo quede reducida a pesetas, y viceversa.

Si un aumento de productividad permite proporcionar en cuatro horas la misma masa de subsistencias que antes exigía seis horas, estando determinado el valor de la fuerza obrera por el valor de dichas subsistencias, disminuye de pesetas a ; pero ese mismo valor se eleva de pesetas a , si una disminución de productividad exige ocho horas de trabajo donde antes solo se necesitaban seis. Puesto que la supervalía aumenta cuando el valor de la fuerza de trabajo disminuye, y recíprocamente, dedúcese que el aumento de productividad, al disminuir el valor de la fuerza de trabajo, debe aumentar la supervalía, y que la disminución de productividad, al aumentar el valor de la fuerza de trabajo, debe disminuir la supervalía; se sabe que los únicos cambios de productividad que actúan sobre el valor de la fuerza obrera son los concernientes a las industrias cuyos productos entran en el consumo ordinario del trabajador.

De este cambio en sentido contrario no debe deducirse que no hay cambio más que en la misma proporción. En efecto, si, suponiendo siempre que una jornada produce un valor de pesetas, el valor de la fuerza de trabajo es de pesetas, la supervalía será de pesetas; si, a consecuencia de un aumento de productividad, el valor de la fuerza de trabajo desciende a pesetas, la supervalía se eleva en seguida a pesetas; esta misma diferencia de una peseta disminuye el valor de la fuerza de trabajo, que era de pesetas, en una cuarta parte o un por , y aumenta la supervalía, que era de pesetas, en una mitad o un por .

.ª El aumento o la disminución de la supervalía es siempre el efecto y jamás la causa de la disminución o del aumento correspondiente del valor de la fuerza de trabajo.

Supongamos que el valor de pesetas de una jornada de trabajo de doce horas se divide en pesetas, valor de la fuerza de trabajo, y en una supervalía de pesetas, o, en otros términos, que hay ocho horas de trabajo necesario y cuatro de sobretrabajo. Si la productividad del trabajo se duplica, entonces el obrero solo necesitará la mitad del tiempo que hasta aquí había necesitado para producir el equivalente de su subsistencia cotidiana. Su trabajo necesario descenderá de ocho horas a cuatro, y, por consiguiente, su sobretrabajo se elevará de cuatro horas a ocho, así como el valor de su fuerza de trabajo descenderá de pesetas a , y esta rebaja elevará la supervalía de pesetas a . Luego el cambio de la productividad del trabajo es el que principalmente hace aumentar o disminuir el valor de la fuerza de trabajo, mientras que el movimiento ascendente o descendente de esta, produce por su parte un movimiento de la supervalía en sentido contrario.

No obstante, esa reducción del precio de la fuerza de trabajo a su valor, determinada por el de las subsistencias necesarias para el sustento del obrero, puede tropezar, según el grado de resistencia de este y la presión del capital, con obstáculos que no le permitan realizarse sino incompletamente. La fuerza de trabajo puede pagarse a más de su valor, aunque su precio no varíe o disminuya, si el trabajo excede de su nuevo valor, si, en el ejemplo precedente, sigue siendo superior a pesetas después de haberse duplicado la productividad del trabajo.

Algunos economistas han sostenido que la supervalía puede elevarse, sin que disminuya la fuerza de trabajo, reduciendo los impuestos que paga el capitalista. Una disminución de impuestos no afecta absolutamente nada a la cantidad de sobretrabajo, y, por consiguiente, de supervalía, que el capitalista arranca al obrero. Únicamente cambia la proporción según la cual el capitalista embolsa la supervalía o tiene que repartirla con otros. No altera, pues, la relación que existe entre la supervalía y el valor de la fuerza de trabajo.

II. *La duración y la productividad del trabajo no cambian, su intensidad cambia.*

Si su productividad aumenta, el trabajo rinde en el mismo tiempo más productos, pero no más valor. Si su intensidad aumenta, rinde en el mismo tiempo, no solamente más productos, sino también más valor, puesto que, en este caso, el aumento de productos proviene de un aumento de trabajo. Dadas su duración y su productividad, el trabajo crea, pues, tanto más valor cuanto más excede su grado de intensidad de la intensidad media social.

Como el valor producido durante una jornada de doce horas, por ejemplo, deja así de estar encerrado en límites fijos, se deduce que supervalía y valor de la fuerza de trabajo pueden cambiar en el mismo sentido, marchando paralelamente, en proporción igual o desigual. Si la misma jornada, merced a un aumento de la intensidad del trabajo, produce pesetas en lugar de , es evidente que la parte del obrero y la del capitalista pueden elevarse a un tiempo de pesetas a .

Semejante elevación en el precio de la fuerza de trabajo no significa que se ha pagado por ella más de su valor, porque el aumento de la intensidad del trabajo se refleja en el valor de la fuerza obrera, pues apresura el desgaste de esta. A pesar de este alza, el precio puede ser inferior al valor. Sucede esto cuando la elevación del precio no basta para compensar el aumento de desgaste de la fuerza de trabajo.

III. *La intensidad y la productividad del trabajo no cambian, su duración cambia.*

Bajo el aspecto del cambio de duración, el trabajo puede reducirse o prolongarse. En las condiciones mencionadas obtenemos las leyes siguientes:

.ª El valor realizado en una jornada de trabajo aumenta o disminuye al mismo tiempo que su duración.

.ª Todo cambio en la relación de cantidad entre la supervalía y el valor de la fuerza de trabajo, proviene de un cambio de la cantidad del sobretrabajo y, por consiguiente, de la supervalía.

.ª El valor absoluto de la fuerza de trabajo no puede cambiar sino mediante la acción que ejerce sobre su desgaste la prolongación del sobretrabajo; todo cambio de este valor absoluto es, pues, el efecto y jamás la causa de un cambio en la cantidad de la supervalía.

Supongamos que la jornada de trabajo compuesta de doce horas, seis de trabajo necesario y seis de sobretrabajo, produce un valor de céntimos por hora, o sea pesetas, del cual percibe la mitad el obrero y la otra mitad el capitalista.

Empecemos reduciendo a diez horas la jornada de trabajo, que antes era de doce. Al reducirse, no produce más que un valor de pesetas. Siendo el trabajo necesario de seis horas, el sobretrabajo queda reducido de seis horas a cuatro, y la supervalía desciende de pesetas a . Aun siguiendo invariable, el valor de la fuerza de trabajo gana en cantidad, relativamente a la supervalía, gracias a la disminución de esta, que es, en efecto, como es a , de por , en vez de ser como es a , o de por . El capitalista no podría desquitarse sino pagando por la fuerza de trabajo menos de su valor. En el fondo de las elucubraciones ordinarias contra la reducción de la jornada de trabajo, se advierte la suposición de que las cosas se hallan en las condiciones aquí admitidas, es decir, que se suponen inalterables la productividad y la intensidad del trabajo, cuyo aumento, en suma, sigue siempre a la reducción de la jornada.

Si se prolonga la jornada de doce horas a catorce, estas dos horas se añaden al sobretrabajo y la supervalía se eleva de pesetas a . Por más que el valor nominal de la fuerza de trabajo sea el mismo, pierde en cantidad, relativamente a la supervalía, a causa del aumento de esta; en efecto, la supervalía es como es a , de por , en vez de ser como es a , de por .

El valor de la fuerza de trabajo puede disminuir con una jornada de trabajo prolongada, aunque su precio no cambie o se eleve, si este precio no compensa el gran gasto en fuerza vital que el trabajo prolongado impone al obrero.

IV. *Cambios simultáneos en la duración, en la intensidad y en la productividad del trabajo.*

No nos detendremos a examinar todas las combinaciones posibles, fáciles en suma de resolver por lo que antecede; solo nos detendremos en un caso de interés especial: en el aumento de la intensidad y de la productividad del trabajo junto con la disminución de su duración.

El aumento de la productividad del trabajo y de su intensidad multiplica la masa de las mercancías obtenidas en un tiempo dado, y, por tanto, acorta la parte de la jornada en que el obrero no hace más que producir un equivalente de su subsistencia. Esta parte necesaria, pero susceptible de disminución, de la jornada de trabajo forma el límite absoluto de esta, al cual es imposible descender bajo el régimen capitalista. Suprimido este régimen, el sobretrabajo desaparecería y la jornada entera tendría por límite el tiempo de trabajo necesario. Sin embargo, no hay que olvidar que una parte del sobretrabajo actual, la parte consagrada a la formación de un fondo de reserva y de acumulación, se contaría entonces como trabajo necesario, mientras que la extensión actual de este trabajo está limitada solamente por los gastos de manutención de una clase de asalariados destinada a producir la riqueza de sus dueños.

Cuanto mayor sea la fuerza productiva del trabajo, menor puede ser su duración, y cuanto más corta sea su duración, más puede aumentar su intensidad. Desde el punto de vista social, se aumenta también la productividad del trabajo suprimiendo todo gasto inútil, ya en medios de producción, ya en fuerza vital. Cierto que el régimen capitalista impone la economía de los medios de producción a cada establecimiento tomado aisladamente; pero, a más de hacer del insensato derroche de la fuerza obrera un medio de economía para el explotador, necesita también, por su sistema de competencia anárquica, el despilfarro más desenfrenado del trabajo productivo y de los medios sociales de producción, fuera de las muchas funciones parásitas que engendra y que el mismo capitalista hace más o menos indispensables.

Determinadas la intensidad y la productividad del trabajo, el tiempo que la sociedad debe consagrar a la producción material es tanto más corto, y el tiempo disponible para el libre desarrollo de los individuos tanto más largo, cuanto más equitativamente está distribuido el trabajo entre todos los miembros de la sociedad y cuanto menos una clase se descarga sobre otra de esta necesidad impuesta por la Naturaleza. En este sentido, la disminución de la jornada encuentra su último límite en la generalización del trabajo manual: trabajando todos, corresponderá a cada uno el menor tiempo de trabajo posible.

La sociedad capitalista compra el descanso, la holganza de una sola clase mediante la transformación de la vida entera de las masas en tiempo de trabajo.

CAPÍTULO XVIII

EXPRESIONES DEL TIPO DE LA SUPERVALÍA

Fórmulas diversas que explican este tipo. — La supervalía proviene del trabajo no pagado.

Fórmulas diversas que explican este tipo.

Hemos visto en el capítulo noveno que el tipo de la supervalía es igual a la relación de la supervalía con el capital variable, o a la relación de la supervalía con el valor de la fuerza de trabajo, o bien a la relación del sobretrabajo con el trabajo necesario. El tipo de la supervalía se expresa, finalmente, por la relación del trabajo no pagado con el trabajo pagado.

La supervalía proviene del trabajo no pagado.

Lo que el capitalista paga no es el trabajo, el producto, sino la fuerza de trabajo, la facultad de producir. Al comprar esta fuerza por un día, una semana, etc., el capitalista obtiene en cambio el derecho de explotarla durante un día, una semana, etc. El tiempo de explotación se divide en dos periodos. Durante uno, la actividad de su fuerza produce solo un equivalente de su precio; durante el otro es gratuito y produce, por consecuencia, al capitalista un valor por el cual no paga equivalente alguno, que no le cuesta nada. En este caso, el sobretrabajo de donde saca la supervalía puede denominarse trabajo no pagado.

Vese ahora cuán poco hay que fiar de la opinión de personas interesadas en ocultar la verdad, las cuales se esfuerzan en dar a este cambio de la parte variable del capital por el uso de la fuerza de trabajo, que conduce a la apropiación del producto por el no productor, la falsa apariencia de una relación de asociación, en la cual el obrero y el capitalista comparten el producto, en atención a la cantidad de elementos suministrados por cada uno.

El capital no es tan solo, como dice Adam Smith, la facultad de disponer del trabajo de otro, sino que es principalmente la facultad de disponer de un *trabajo no pagado*. Toda supervalía, cualquiera que sea su forma particular, beneficio, réditos, rentas, etc., es, en sustancia, la materialización de un trabajo no pagado. Todo el secreto del poder que tiene el capital de procrear estriba en el hecho de que dispone de cierta cantidad de trabajo de otro, que no paga.

———————

El salario.

CAPÍTULO XIX

TRANSFORMACIÓN DEL VALOR O DEL PRECIO DE LA FUERZA DE TRABAJO EN SALARIO

El salario es el precio, no del trabajo, sino de la fuerza de trabajo. — La forma salario oculta la relación verdadera entre capital y trabajo.

El salario es el precio, no del trabajo, sino de la fuerza de trabajo.

Si se examina solo superficialmente la sociedad burguesa, parece que en ella el salario del trabajador es la retribución del trabajo, es decir, que se paga cierta cantidad de dinero por otra cantidad determinada de trabajo. El trabajo está, pues, considerado como una mercancía cuyos precios corrientes oscilan, aumentando o disminuyendo su valor.

Pero ¿qué cosa es el valor? El valor representa el trabajo social gastado en la producción de una mercancía. Y ¿cómo medir la cantidad de valor de una mercancía? Por la cantidad de trabajo que contiene. ¿Cómo se determinará, por ejemplo, el valor de un trabajo de doce horas? Por las doce horas de trabajo que contiene, lo cual evidentemente carece de sentido.

Para ser llevado y vendido en el mercado a título de mercancía, el trabajo debería, en todo caso, existir de antemano. Pero si el trabajador pudiese prestarle una existencia material, separada e independiente de su persona, vendería entonces mercancía y no trabajo.

Quien en el mercado se presenta directamente al capitalista, no es el trabajo, sino el trabajador. Lo que este vende es su propio individuo, su fuerza de trabajo. Desde el instante que empieza a poner en actividad su fuerza, es decir, desde que empieza a trabajar, desde que su trabajo existe, este trabajo ha dejado ya de pertenecerle y no puede ser vendido por él. El trabajo es la sustancia y la medida de los valores, pero él por sí mismo no tiene valor alguno. La expresión «valor del trabajo» es una expresión inexacta, que tiene origen en las formas aparentes de las relaciones de producción.

Una vez admitido este error, la Economía política clásica se preguntó cómo se había determinado el precio del trabajo. Desde luego reconoció que, lo mismo respecto al trabajo que a cualquiera otra mercancía, la relación entre la oferta y la demanda no significa otra cosa sino las oscilaciones del precio de mercado sobre o bajo cierto tipo. En cuanto la oferta y la demanda se equilibran, cesan las variaciones de precio que habían ocasionado, pero también cesa en aquel punto el efecto de la oferta y de la demanda. En su estado de equilibrio, el precio del trabajo no depende ya de su acción; ¿de qué depende, pues? Este precio no puede ser, lo mismo para el trabajo que para toda otra mercancía, más que su valor expresado en dinero; este valor lo determinó la Economía política por el valor de las subsistencias necesarias para el sostenimiento y reproducción del trabajador. No cabe duda que de este modo sustituyó el objeto aparente de sus investigaciones, el valor del trabajo, por el valor de la fuerza de trabajo, fuerza que solo existe en la persona del trabajador y se diferencia de su función, el trabajo, como una máquina se diferencia de sus operaciones. Pero la Economía política clásica no paró mientes en la confusión introducida.

La forma salario oculta la relación verdadera entre capital y trabajo.

En efecto, según todas las apariencias, lo que el capitalista paga es el valor de la utilidad que el obrero le produce, el valor del trabajo. Además, el trabajador no percibe su salario hasta después de haber entregado su trabajo. Ahora bien, como medio de pago, el dinero no hace más que realizar tardíamente el valor o el precio del artículo producido, o sea, en el caso precedente, el valor o el precio del trabajo ejecutado. La sola experiencia de la vida práctica no hace resaltar la doble utilidad del trabajo: la propiedad de satisfacer una necesidad, propiedad que tiene de común con todas las mercancías, y la de crear valor, propiedad que le distingue de todas las mercancías y le impide, por ser elemento que crea valor, tenerlo por sí propio.

Examinemos una jornada de doce horas que produce un valor de pesetas, y del que la mitad equivale al valor cotidiano de la fuerza de trabajo. Confundiendo el valor de la fuerza con el valor de su función, con el trabajo que ejecuta, se obtiene esta fórmula: el trabajo de doce horas tiene un valor de pesetas, llegándose así al resultado absurdo de que un trabajo que crea un valor de pesetas, no vale más que . Pero esto no es visible en la sociedad capitalista. El valor de pesetas, para cuya producción solo son necesarias seis horas de trabajo, se presenta en ella como el valor de la jornada entera de trabajo. Al recibir un salario cotidiano de pesetas, parece que el obrero recibe el valor íntegro de su trabajo, sucediendo esto precisamente porque el excedente del valor de su producto sobre el de su salario afecta la forma de una supervalía de pesetas creada por el capital y no por el trabajo.

La forma salario, o pago directo del trabajo, hace desaparecer, pues, todo vestigio de la división de la jornada en trabajo necesario y sobretrabajo, en trabajo pagado y en trabajo no pagado, de suerte que se considera pagado todo el trabajo del obrero libre. El trabajo que el siervo ejecuta para sí propio y el que está obligado a ejecutar para su señor, son perfectamente diferentes uno de otro, y tienen lugar en sitios diversos. En el sistema esclavista, aun la parte de la jornada en que el esclavo reemplaza el valor de sus subsistencias y en la cual trabaja realmente para sí propio, no parece sino que trabaja para su propietario; todo su trabajo reviste la apariencia de trabajo no pagado. Sucede lo contrario con el trabajo asalariado: aun el sobretrabajo o trabajo no pagado afecta la apariencia de trabajo pagado. En la esclavitud, la relación de propiedad oculta el trabajo del esclavo para sí mismo; en el salariado, la relación monetaria encubre el trabajo gratuito que el asalariado produce para su capitalista.

Compréndese ahora la inmensa importancia que tiene en la práctica este cambio de forma, el cual hace aparecer la retribución de la fuerza de trabajo como salario del trabajo, el precio de la fuerza como precio de su función. La forma aparente hace invisible la relación efectiva entre capital y trabajo; de esa forma aparente dimanan todas las nociones jurídicas del asalariado y del capitalista, todas las mistificaciones de la producción capitalista, todas las ilusiones liberales y todas las glorificaciones justificativas de la Economía política vulgar.

———————————

CAPÍTULO XX

EL SALARIO A JORNAL

El precio del trabajo. — Paros parciales y reducción general de la jornada de trabajo. — El bajo precio del trabajo y la prolongación de la jornada.

El salario reviste a su vez formas muy variadas; examinaremos sus dos formas fundamentales: el salario a jornal y el salario a destajo.

El precio del trabajo.

La venta de la fuerza de trabajo tiene siempre lugar, como hemos visto, por un periodo de tiempo determinado. El valor diario, semanal, etc., de la fuerza de trabajo se presenta, pues, bajo la forma aparente de salario a jornal, es decir, por días, por semanas, etc.

En el salario a jornal hay que hacer distinción entre el importe total del salario diario, semanal, etc., y el precio del trabajo. En efecto, es evidente que, según la extensión de la jornada, el mismo salario cotidiano, semanal, etc., puede representar precios de trabajo muy diversos. El precio medio del trabajo se obtiene dividiendo el valor medio diario de la fuerza de trabajo por el número medio de horas de la jornada de trabajo. Si el valor diario es, por ejemplo, de pesetas y la jornada de trabajo de doce horas, el precio de una hora es igual a pesetas divididas por , o sean céntimos. El precio de la hora así averiguado, es la medida del precio del trabajo.

El salario puede quedar invariable y el precio del trabajo puede aumentar o disminuir. Si, por ejemplo, la jornada es de diez horas y el salario el mismo, de pesetas, la hora de trabajo se paga a céntimos; si la jornada es de quince horas, ya solo se paga la hora a céntimos. Por el contrario, el salario puede elevarse aunque el precio del trabajo no varíe o disminuya. Si la jornada media es de diez horas y el valor cotidiano de la fuerza de trabajo es de pesetas, el precio de la hora es de céntimos; si, a consecuencia de un aumento de obra, el obrero trabaja doce horas en lugar de diez, entonces, sin cambiar el precio del trabajo, el salario cotidiano se elevará a , pesetas; hay que advertir que, en este último caso, a pesar de la elevación del salario, la fuerza de trabajo se paga a menos de su valor, pues esta elevación no compensa el mayor desgaste de la fuerza resultante del aumento de trabajo.

En general, dada la duración del trabajo diario o semanal, el salario cotidiano o semanal dependerá del precio del trabajo; dado el precio del trabajo, el salario por día o por semana dependerá de la duración del trabajo diario o semanal.

Paros parciales y reducción general de la jornada de trabajo.

Ya hemos dicho que el precio de una hora de trabajo, medida del salario a jornal, se obtiene dividiendo el valor diario de la fuerza de trabajo por el número de horas de la jornada ordinaria. Pero si el patrono no da ocupación al obrero con regularidad durante ese número de horas, este percibe tan solo una parte de su salario regular. He aquí, pues, el origen de los males que resultan para el obrero de una ocupación insuficiente, de un paro parcial.

Si el tiempo que ha servido de base para el cálculo del salario a jornal es de doce horas, por ejemplo, y el obrero no está ocupado más que seis u ocho, su salario por horas, que multiplicado por doce equivale al valor de sus subsistencias necesarias, desciende de este valor indispensable desde que, a consecuencia de una reducción de ocupación, no se halla multiplicado sino por seis o por ocho, es decir, por un número inferior a doce.

Como es lógico, no debe confundirse el efecto de esta insuficiencia de ocupación con su disminución, que resultaría de una rebaja general de la jornada de trabajo. En el primer caso, el precio ordinario del trabajo se calcula suponiendo que la jornada regular es de doce horas, y si el obrero trabaja menos, supongamos ocho horas, no percibe lo suficiente; mientras que, en el segundo caso, el precio ordinario del trabajo se calcularía estableciendo que la jornada regular fuese, por ejemplo, de ocho horas, y, por consecuencia, el precio de la hora sería más elevado. Podría suceder que aun entonces el obrero no percibiese su salario regular; pero esto solo sucedería si estaba ocupado menos de ocho horas, mientras que en el primer caso ocurre no estando ocupado doce horas.

El precio inferior del trabajo y la prolongación de la jornada.

En ciertos ramos de la industria en que domina el salario a jornal, es costumbre contar como regular una jornada de cierto número de horas, diez, por ejemplo. Después comienza el trabajo suplementario, el cual, tomando como tipo la hora de trabajo, está algo más remunerado. A causa de la inferioridad del precio del trabajo durante el tiempo reglamentario, el obrero se ve obligado, para obtener un salario suficiente, a trabajar durante el tiempo suplementario que está menos mal pagado. Esto conduce, en provecho del capitalista, a una prolongación de la jornada de trabajo. La limitación legal de la jornada de trabajo pone fin a esta canallada.

Hemos visto más arriba que, dado el precio del trabajo, el salario cotidiano o semanal depende de la duración del trabajo suministrado. De esto resulta que, mientras más inferior sea el precio del trabajo, más larga debe ser la jornada para que el obrero alcance un salario suficiente. Si el precio de la hora de trabajo es de céntimos, el obrero debe trabajar quince horas para obtener un salario cotidiano de , pesetas; si el precio de la hora de trabajo es de céntimos, una jornada de doce horas le basta para obtener un salario cotidiano de pesetas. El precio inferior del trabajo, pues, hace forzosa la prolongación del tiempo de trabajo.

Pero si la prolongación de la jornada es el efecto natural del precio inferior del trabajo, puede ser también causa de una baja en el precio del trabajo, y, por consiguiente, en el salario cotidiano o semanal. Si, gracias a la prolongación de la jornada, un hombre ejecuta la tarea de dos, la oferta de trabajo aumenta, por más que no haya variado el número de obreros que hay en el mercado. La competencia así creada entre los obreros, permite al capitalista reducir el precio del trabajo, reducción que, como ya hemos visto, permite a su vez que prolongue aún más la jornada. Por consiguiente, el capitalista saca doble provecho de la disminución del precio corriente del trabajo y de su duración extraordinaria.

No obstante, esta facultad de disponer de una cantidad considerable de trabajo no pagado, no tarda en convertirse en medio de competencia entre los mismos capitalistas; para atraer el mayor número de compradores, rebajan el precio de venta de las mercancías, que les salen a menos coste; este precio concluye por fijarse en una cantidad excesivamente pequeña, la cual, a contar desde ese momento, forma la base normal de un salario miserable para los obreros de aquellos industriales.

CAPÍTULO XXI

EL SALARIO A DESTAJO

Esta forma del salario no altera en nada su naturaleza. — Particularidades que hacen de este forma del salario la más conveniente para la producción capitalista.

Esta forma del salario no altera en nada su naturaleza.

El salario a destajo parece a primera vista demostrar que se paga al obrero, no el valor de su fuerza, sino el del trabajo ya realizado en el producto, y que el precio de este trabajo está determinado por la capacidad de ejecución del productor. En realidad, solo es una transformación del salario a jornal.

Supongamos que la jornada ordinaria de trabajo es de doce horas, seis de trabajo necesario y seis de sobretrabajo, seis pagadas y seis no pagadas, y que el valor producido es de pesetas. El producto de una hora de trabajo será, por consiguiente, de céntimos. La experiencia ha establecido que un obrero, trabajando con el grado medio de intensidad y de habilidad, y empleando, por tanto, solo el tiempo de trabajo socialmente necesario para la producción de un artículo, entregue en doce horas doce de estos productos o fracciones de producto. Estas doce porciones, deducidos los medios de producción que contienen, valen pesetas, y cada una de ellas vale céntimos. El obrero recibe por cada fracción céntimos, y gana así pesetas en doce horas, mientras que las mercancías, producto de doce horas de trabajo, valen pesetas, deducidos los medios de producción consumidos.

Así como en el sistema del salario a jornal es indiferente decir que el obrero trabaja seis horas para sí y seis para el capitalista, o la mitad de cada hora para él y la otra mitad para el patrono, asimismo en este caso puede decirse indiferentemente que cada fracción de producto está mitad pagada y mitad no pagada, o que el precio de seis fracciones de producto no es más que un equivalente de la fuerza de trabajo, mientras que la supervalía está contenida en las otras seis suministradas gratuitamente por el obrero. En el salario a jornal, el trabajo se mide por su duración inmediata; en el salario a destajo, por la cantidad de productos suministrados en un espacio de tiempo determinado; pero, en ambos casos, el valor de una jornada de trabajo está determinado por el valor diario de la fuerza de trabajo. El salario a destajo no es, pues, sino una forma modificada del salario a jornal.

Si la productividad del trabajo aumenta, si la cantidad de productos realizable en cierto tiempo se duplica, por ejemplo, el salario a destajo bajará en la misma proporción, disminuirá una mitad, de suerte que el salario cotidiano no variará absolutamente. De una manera o de otra, lo que el capitalista paga no es el trabajo, sino la fuerza de trabajo. Tal forma de retribución puede ser más favorable que tal otra para el desarrollo de la producción capitalista, pero ninguna modifica la naturaleza del salario.

Particularidades que hacen de esta forma del salario la más conveniente para la producción capitalista.

Dentro de esta forma de salario, la obra debe ser de una calidad media para que la fracción de producto se pague al precio estipulado. Bajo este concepto, el salario a destajo es un manantial inagotable de pretextos para retener parte del salario del obrero y para privarle de lo que le pertenece.

Al mismo tiempo suministra al capitalista una medida exacta de la intensidad del trabajo. No se paga más tiempo de trabajo que el que contiene una masa de productos determinada de antemano y establecida experimentalmente. Si el obrero no posee la capacidad media de ejecución, si no puede suministrar en su jornada el mínimum fijado, se le despide.

Aseguradas así la calidad y la intensidad del trabajo, por la forma misma del salario, se hace innecesaria una gran parte del trabajo de vigilancia. En esto se funda, no solo el trabajo moderno a domicilio, sino todo un sistema de opresión y de explotación jerárquicamente constituido. Este sistema reviste dos formas fundamentales.

Por una parte, el salario a destajo facilita la intervención de parásitos entre el capitalista y el trabajador, o sea la contrata. La ganancia de los contratistas proviene exclusivamente de la diferencia que existe entre el precio del trabajo que paga el capitalista y la porción de este precio que ellos asignan al obrero. Por otra parte, el salario a destajo permite al capitalista ajustar en un tanto cada fracción de producto con un obrero principal, jefe de grupo o tanda, etc., el cual se encarga, por el precio estipulado, de buscar el personal necesario y de pagarlo. La explotación de los trabajadores por el capital se complica en este caso con una explotación del trabajador por el trabajador.

Con el salario a destajo, el interés personal impele al obrero a redoblar sus fuerzas todo lo posible, lo cual facilita al capitalista la elevación de la intensidad ordinaria del trabajo; el obrero está igualmente interesado en prolongar la jornada de trabajo, pues es el único modo de aumentar su salario cotidiano o semanal. De aquí se origina una reacción semejante a la de que hemos hablado al final del capítulo anterior.

El salario a jornal supone, con raras excepciones, la igualdad de remuneración para los obreros encargados de una misma tarea. El salario a destajo, en el cual el precio del tiempo de trabajo se mide por una cantidad determinada de producto, varía naturalmente según lo que la cantidad de producto suministrada en un tiempo dado exceda del mínimum establecido. La diferencia de habilidad, de fuerza, de energía, de perseverancia entre los trabajadores individuales, ocasionan en esta forma de salario grandes diferencias en sus ganancias respectivas.

Por lo demás, esto no altera lo más mínimo la relación general existente entre el capital y el salario del trabajador. En primer lugar, esas diferencias individuales se nivelan en el conjunto del taller. En segundo lugar, la proporción entre el salario y la supervalía no está modificada en este segundo sistema de salario, pues al salario individual de cada obrero corresponde la masa de supervalía suministrada por él. El salario a destajo tiende por esto mismo a desarrollar, por una parte, el espíritu de independencia y de autonomía en los trabajadores, y, por otra, la competencia que se hacen entre ellos. Síguese de aquí una elevación de los salarios individuales sobre su nivel general, acompañada de un descenso de este mismo nivel.

Por último, el salario a destajo permite al patrono aplicar el sistema ya indicado de no ocupar regularmente al obrero durante la jornada o durante la semana.

Todo esto demuestra que el salario a destajo es la forma de salario más conveniente al sistema de producción capitalista.

CAPÍTULO XXII

DIFERENCIA EN EL TIPO DE LOS SALARIOS NACIONALES

Cómo pueden compararse los diferentes tipos nacionales del salario. — Modificaciones de la ley del valor en su aplicación internacional. — Salario aparente y salario real.

Cómo pueden compararse los diferentes tipos nacionales del salario.

Para comparar el tipo del salario entre diferentes naciones, es preciso ante todo tener en cuenta las circunstancias de que depende en cada una de ellas el valor de la fuerza de trabajo, tales como la cantidad de las necesidades ordinarias, el precio de las subsistencias, el número medio de individuos de las familias obreras, los gastos de educación del trabajador, el papel que desempeña el trabajo de las mujeres y de los niños, y, en fin, la productividad, la duración y la intensidad del trabajo.

Conociendo la duración cotidiana del trabajo y el salario de la jornada en cada país, se hallará para cada uno el precio de la hora de trabajo en los mismos ramos de industria; en cuyo caso podrán compararse los tipos nacionales del salario a jornal. Después será necesario reducir el salario a jornal a salario a destajo, único que indica los diferentes grados de intensidad y de productividad del trabajo.

Modificaciones de la ley del valor en su aplicación internacional.

Existe en cada país cierta intensidad ordinaria, en defecto de la cual un producto consume más tiempo de trabajo del socialmente necesario; pero, cualquiera que sea el tiempo que haya consumido, en el mercado nacional solo se encuentra el valor correspondiente al tiempo socialmente necesario para su producción. El valor no se regula más que por la duración de este tiempo, y semejante regla solo se modifica cuando el trabajo alcanza un grado de intensidad superior a la intensidad ordinaria nacional.

No ocurre lo propio en el mercado universal, donde se encuentran los productos de los diversos países. La intensidad ordinaria del trabajo nacional no es la misma en todos ellos. Mayor aquí, menor allá, sus diversos grados nacionales forman una escala que tiene por medida el grado de intensidad media internacional que su comparación proporciona. En comparación con el trabajo nacional más intenso, el trabajo nacional menos intenso crea, en el mismo tiempo, menos valor, que se traduce en menos dinero.

Otra modificación más profunda de la ley del valor en su aplicación al mercado universal consiste en que el trabajo nacional más productivo se considera en ese mercado como trabajo más intenso, es decir, como trabajo que produce, no solo mayor cantidad de productos, sino mayor cantidad de valor, siempre que la nación más productiva no se vea obligada por la competencia a rebajar el precio de venta de sus mercancías al nivel de su valor real.

Si la producción capitalista está más desarrollada en un país, el trabajo nacional alcanza en él, por consecuencia, una productividad y una intensidad ordinarias más acentuadas que la productividad y la intensidad medias internacionales, y la cantidad de valor producida en el mismo tiempo es allí más elevada y se expresa por una cantidad mayor de dinero, el cual vale relativamente menos en ese país que en otro en que la producción capitalista está menos desarrollada.

Salario aparente y salario real.

Resulta de este último hecho que el salario nominal, la expresión de la fuerza de trabajo en dinero, será, por término medio, más elevado en el primer país que en el segundo, lo cual no quiere decir que suceda lo mismo precisamente con el salario real, es decir, con la cantidad de subsistencias puestas a disposición del trabajador.

Aparte de esta diferencia en el valor del dinero con relación a las mercancías, se verá con frecuencia que, si el salario cotidiano, semanal, etc., es más elevado en una nación, el precio proporcional del trabajo, es decir, su precio comparado con la supervalía o con el valor del producto, es en ella menos elevado.

Mientras que el precio aparente del trabajo es por lo general más bajo en los países pobres, donde ordinariamente los artículos alimenticios están más baratos, el precio real, o sea el que cuesta al capitalista una cantidad dada de trabajo ejecutado, el precio real es en ellos, en casi todos los casos, más elevado que en los países ricos.

———————

SECCIÓN SÉPTIMA

Acumulación del capital.

INTRODUCCIÓN

Circulación del capital. — Del estudio del mecanismo fundamental de la acumulación.

Circulación del capital.

La transformación de una cantidad de dinero en medios de producción y en fuerza de trabajo, que es la primera manifestación del movimiento del valor destinado a funcionar como capital, tiene lugar en el mercado, dentro del dominio de la circulación.

El acto de producción, segunda manifestación del movimiento, termina en cuanto los medios de producción se transforman en mercancías cuyo valor es mayor que el de los elementos que han contribuido a formarlos, es decir, contiene una supervalía a más del dinero adelantado.

Entonces es cuando las mercancías deben ser puestas en circulación. Es necesario venderlas, realizar su valor en dinero, para después transformar de nuevo este dinero en capital, y así sucesivamente.

Este movimiento, pues, es el que constituye la circulación del capital.

Del estudio del mecanismo fundamental de la acumulación.

La condición primera de la acumulación es la de que el capitalista haya logrado vender sus mercancías y volver a transformar en capital la mayor parte del dinero así obtenido; es necesario que el capital haya circulado con regularidad, y vamos á suponer que así ha sido, en efecto.

El capitalista que produce la supervalía, es decir, que arranca directamente al obrero trabajo no pagado, se la apropia el primero, pero no es él solo quien la disfruta. La supervalía se divide en diversas partes que perciben diferentes categorías de personas bajo variadas formas, tales como beneficio industrial, interés, ganancia comercial, renta agrícola, etc. Pero esta participación no cambia la naturaleza de la supervalía ni las condiciones por las cuales se convierte en origen de la acumulación. Cualquiera que sea la parte de supervalía que el capitalista empresario retenga para sí, él es siempre el primero que se la apropia por completo y el único que la transforma en capital; podemos, pues, considerar al capitalista como representante de todos los que se reparten el botín.

El movimiento intermediario de la circulación y la división de la supervalía en varias partes revisten formas diversas, que complican y oscurecen el acto fundamental de la acumulación. Así, pues, y a fin de simplificar su análisis, es necesario dejar a un lado todo lo que oculta el juego íntimo de su mecanismo y estudiar la acumulación desde el punto de vista de la producción.

———————

CAPÍTULO XXIII

REPRODUCCIÓN SIMPLE

La parte del capital adelantada en salarios es solo una parte del trabajo efectuado por el trabajador. — Todo capital adelantado se transforma más o menos pronto en capital acumulado. — Consumo productivo y consumo individual del trabajador. — La simple reproducción mantiene al trabajador en la situación de asalariado.

La producción, cualquiera que sea su forma social, debe ser continua. Una sociedad no puede dejar de producir, como tampoco de consumir. Para seguir produciendo, está obligada a transformar continuamente una parte de sus productos en medios de producción, en elementos de nuevos productos. Para mantener su riqueza a la misma altura, en iguales circunstancias, necesita sustituir los medios de trabajo, las materias primeras, las materias auxiliares, en una palabra, los medios de producción consumidos, por ejemplo, durante un año, por idéntica cantidad anual de artículos de la misma especie, o, dicho de otra manera, es necesario que haya reproducción de la riqueza. Si la producción afecta la forma capitalista, igual forma afectará la reproducción. Desde el punto de vista de la primera, el acto de trabajo sirve entonces de auxiliar para crear supervalía; desde el punto de vista de la segunda, sirve de medio para reproducir o perpetuar como capital, es decir, como valor que produce valor, la parte metálica adelantada. Como aumento periódico del valor adelantado, la supervalía adquiere la forma de una *renta* procedente del capital. Si el capitalista consume esta renta y la gasta en la misma medida que se va produciendo, solo habrá simple reproducción, dadas las mismas circunstancias; en otros términos, el capital continuará funcionando sin acrecentar. No obstante, las mismas operaciones repetidas por un capital en la misma escala, le prestan ciertos caracteres que vamos a examinar.

La parte del capital adelantada en salarios es solo una parte del trabajo efectuado por el trabajador.

Examinemos, en primer lugar, la parte del capital adelantada en salarios, o sea el capital variable.

Antes de comenzar a producir, el capitalista compra una cantidad de fuerzas de trabajo por un tiempo determinado, pero no la paga hasta después que el obrero ha trabajado y añadido al producto el valor de su propia fuerza y una supervalía. Además de esta supervalía, que constituye el caudal de consumo del capitalista, el obrero ha producido, pues, ese caudal con su propia paga, que es el capital variable, antes de percibirlo bajo forma de salario. Una parte del trabajo ejecutado por él la semana precedente o el mes anterior, sirve para pagar su trabajo de hoy o del mes próximo. Esta parte de su producto, que vuelve al trabajador convertida en salario, se le paga, cierto, en dinero; pero el dinero solo es el porta-valor de las mercancías, y no afecta en nada al hecho de que el salario percibido por el obrero bajo la forma de adelanto del capitalista no es otra cosa sino una parte de su propio trabajo ya realizado.

Sin embargo, antes de tomar nuevo impulso, este movimiento de producción ha debido tener un principio y durar cierto tiempo, durante el cual el obrero, no habiendo aún producido, no podía ser pagado con su propio producto, como tampoco mantenerse del aire. ¿No se deberá, pues, suponer que la primera vez que la clase capitalista se presenta en el mercado para comprar la fuerza de trabajo, tiene ya acumulado, bien por sus propios esfuerzos o por sus ahorros, capitales que le permitan adelantar las subsistencias del obrero en forma de moneda? Aceptaremos provisionalmente esta solución, cuyo fundamento examinaremos en el capítulo sobre la acumulación primitiva.

Todo capital adelantado se transforma más o menos pronto en capital acumulado.

Aunque así sea, la reproducción continua cambia muy pronto el carácter primitivo del conjunto del capital adelantado, compuesto de parte variable y parte constante.

Si un capital de . pesetas produce anualmente una supervalía de . pesetas, que consume el capitalista, es evidente que después de haberse repetido cinco veces este movimiento, la suma de la supervalía consumida será igual a . pesetas multiplicadas por , o sean . pesetas, es decir, el valor total del capital adelantado.

Si, por ejemplo, solo se consumiese la mitad de la supervalía anual, el mismo resultado se obtendría a los diez años en vez de ser a los cinco, pues multiplicando la mitad de la supervalía, que son . pesetas, por , se tiene la misma cantidad de . pesetas. En términos generales, dividiendo el capital adelantado por la cantidad de supervalía consumida anualmente, se halla el número de años al cabo de los cuales el capital primitivo ha sido consumido enteramente por el capitalista, y, por consiguiente, ha desaparecido.

Según esto, después de cierto tiempo, el valor-capital que pertenecía al capitalista se hace igual a la suma de supervalía que este ha adquirido gratuitamente durante ese mismo tiempo; la suma de valor que ha adelantado iguala a la que ha consumido.

Es cierto que tiene siempre entre manos un capital cuya cantidad no ha variado. Pero cuando un hombre consume su hacienda por las deudas que contrae, el valor de ella solo representa el importe de sus deudas; del mismo modo, cuando el capitalista ha consumido el equivalente del capital que había adelantado, el valor de este capital no representa más que la suma de supervalía monopolizada por él.

Por consecuencia, la reproducción simple basta para transformar más o menos pronto todo capital adelantado en capital acumulado o en supervalía capitalizada. Aunque a su entrada en el dominio de la producción fuera adquirido por el trabajo personal del empresario, al cabo de cierto tiempo se convertiría en valor adquirido sin equivalente, sería la materialización del trabajo no pagado de otro.

Consumo productivo y consumo individual del trabajador.

El trabajador hace un consumo doble. En el acto de producción consume, por su trabajo, medios de producción, con objeto de transformarlos en productos de un valor superior al del capital adelantado; este es su *consumo productivo*, que significa al mismo tiempo consumo de su fuerza por el capitalista a quien pertenece. Pero el dinero desembolsado para la compra de esta fuerza es empleado por el trabajador en medios de subsistencia, y esto es lo que constituye su *consumo individual*.

El consumo productivo y el consumo individual del trabajador son, pues, perfectamente distintos. En el primero, el obrero actúa como fuerza que pone en actividad al capital y pertenece al capitalista; en el segundo, se pertenece a sí propio y ejecuta funciones vitales independientemente del acto de producción. El resultado del primero es la vida del capital, el resultado del segundo es la vida del obrero mismo.

Al transformar en fuerza de trabajo una parte de su capital, el capitalista asegura la conservación y la reducción a valor de su capital entero. Haciendo esto, mata de una pedrada dos pájaros: saca beneficio de lo que recibe del obrero, y además de lo que le paga.

El capital que sirve para pagar la fuerza de trabajo, lo cambia la clase obrera por las subsistencias cuyo consumo fortalece los músculos, los nervios, el cerebro de los trabajadores existentes, y forma nuevos trabajadores. Dentro de los límites de lo estrictamente necesario, el consumo individual de la clase obrera no es más que la transformación de las subsistencias, la cual le permite que venda su fuerza de trabajo en nueva fuerza de trabajo, en nueva materia explotable por el capital. Por contribuir a la producción y reproducción del instrumento más indispensable al capitalista, que es el trabajador, el consumo individual de este es, pues, un elemento de la reproducción del capital.

Cierto es que el trabajador efectúa su consumo individual para su propia satisfacción y no para la del capitalista. Pero las bestias de carga también quieren comer; ¿acaso por esto su alimentación no contribuye a dar utilidad al propietario? El resultado es que el capitalista no necesita cuidar del consumo individual de los obreros; esto lo deja a merced de los instintos de conservación y de reproducción del trabajador libre; su único interés en esta materia es el de limitarlo a lo estrictamente necesario.

Por esto, el cortesano rastrero del capital, el economista vulgar, solo considera como productiva la parte del consumo individual que necesita hacer la clase obrera para perpetuarse y acrecentarse, y sin ella el capital no hallaría fuerza de trabajo que consumir, o no encontraría la suficiente. Todo cuanto el trabajador puede gastar, aparte de su alimentación, en esparcimiento, sea físico o intelectual, es un consumo improductivo que se le echa en cara como si fuese un crimen.

El consumo individual del trabajador puede considerarse, con razón, como improductivo, pero solo en cuanto a él, pues el consumo no reproduce sino al individuo necesitado; en desquite, es productivo para el capitalista y para el Estado, pues da origen a la fuerza creadora de toda riqueza.

La simple reproducción mantiene al trabajador en la situación de asalariado.

Desde el punto de vista social, la clase obrera es, por consiguiente, como cualquier otro instrumento de trabajo, una dependencia del capital, cuyo movimiento de producción exige en ciertos límites el consumo individual de los trabajadores. Este consumo individual que los sustenta y los reproduce, destruye al mismo tiempo las subsistencias que se habían procurado vendiéndose, y los obliga a reaparecer constantemente en el mercado. Hemos visto en el capítulo sexto que no bastan la producción y la circulación de las mercancías para acrecentar el capital. Era necesario todavía que el hombre de dinero encontrase en el mercado a otros hombres libres, pero obligados a vender voluntariamente su fuerza de trabajo, no teniendo otra cosa que vender. La separación entre producto y productor, entre una categoría de personas dotadas de todas las cosas necesarias al trabajo para realizarse y otra categoría de individuos cuyo único patrimonio se reduce a su fuerza de trabajo, tal era el punto de partida de la producción capitalista.

Pero lo que fue punto de partida se convirtió bien pronto, gracias a la simple reproducción, en resultado constantemente renovado. Por una parte, el movimiento de producción no cesa de transformar la riqueza material en capital y en medios de gozar para el capitalista; por otra, el obrero es después lo mismo exactamente que antes era: origen personal de riqueza, privada de sus propios medios de realización. La repetición periódica del movimiento de producción capitalista transforma continuamente el producto del asalariado en valor que absorbe la fuerza creadora de este, en medios de producción que dominan al productor, en medios de subsistencias que sirven para avasallar al obrero.

El sistema de producción capitalista reproduce, pues, por sí mismo la separación entre el trabajador y las condiciones del trabajo. Por esto solamente, reproduce y perpetúa las condiciones que obligan al obrero a venderse para vivir y permiten al capitalista comprarlo para enriquecerse. No es el acaso quien los coloca frente a frente en el mercado como vendedor y comprador, es el hecho mismo del sistema de producción el que arroja siempre al obrero en el mercado como vendedor de su fuerza de trabajo y el que transforma su producto en medio de compra para el capitalista.

En realidad, el trabajador pertenece a la clase capitalista, a la clase que dispone de los medios de vida, antes de venderse a un capitalista individual. Su esclavitud económica se oculta bajo la renovación continua de este acto de venta, por el engaño del libre contrato, por el cambio de dueños individuales y por las oscilaciones de los precios que el trabajo alcanza en el mercado.

Considerado el movimiento de producción capitalista en su continuidad, o como reproducción, no produce solamente mercancías y supervalía, sino que reproduce y perpetúa su base: el trabajador en la condición de asalariado.

CAPÍTULO XXIV

TRANSFORMACIÓN DE LA SUPERVALÍA EN CAPITAL

I. Reproducción en mayor escala. — Cuanto más acumula el capitalista más puede acumular. — La apropiación capitalista no es más que la aplicación de las leyes de la producción mercantil. — II. Ideas falsas acerca de la acumulación. — III. División de la supervalía en capital y en renta. — Teoría de la abstinencia. — IV. Circunstancias que influyen en la extensión de la acumulación. — Grado de explotación de la fuerza obrera. — Productividad del trabajo. — Diferencia creciente entre el capital empleado y el capital consumido. — Cantidad del capital adelantado. — V. El fondo del trabajo.

I. *Reproducción en mayor escala.*

Hemos visto en los capítulos precedentes cómo la supervalía nace del capital; ahora vamos a ver cómo el capital nace de la supervalía.

Si, en vez de ser consumida, la supervalía se adelanta y se emplea como capital, se forma uno nuevo que se añade al primitivo. Consideremos desde luego esta operación en lo que toca al capitalista individual.

Un industrial hilador, por ejemplo, adelanta . pesetas; las cuatro quintas partes, o sean . pesetas, en algodón, máquinas, etc., y la restante en salarios. Con esto produce anualmente . kilogramos de hilados de un valor de pesetas cada kilogramo, o sea un total de . pesetas. La supervalía, que es desde luego de . pesetas, está contenida en el *producto neto* de . kilogramos, que es la sexta parte del *producto bruto*, pues vendidos a pesetas el kilogramo producen una suma igual de . pesetas, y esta cantidad vale siempre . pesetas. Su carácter de supervalía indica cómo han llegado a manos del capitalista, pero no altera absolutamente su carácter de valor o de dinero.

Para capitalizar la nueva suma de . pesetas, el industrial no hace más que adelantar las cuatro quintas partes de ella para la compra de algodón y demás materiales necesarios, y la parte restante para adquirir hilanderos suplementarios. Después de hecho esto, el nuevo capital de . pesetas funciona en la filatura y produce a su vez una supervalía de . pesetas.

En sus comienzos, el capital ha sido adelantado en forma de dinero; la supervalía, al contrario, existe desde luego como valor de cierta cantidad de producto bruto. Si la venta de este último, su cambio por dinero, vuelve al capital a su forma primitiva, la forma dinero, también transforma el modo de ser primitivo de la supervalía, que es la forma mercancía. Pero después de la venta del producto bruto, valor-capital y supervalía son igualmente sumas de dinero, y su transformación en capital, que tiene lugar en seguida, se efectúa de idéntica manera para ambas cantidades. El capitalista adelanta, pues, las dos sumas para comprar las mercancías con cuyo auxilio vuelve a empezar de nuevo, y ahora en mayor escala, la fabricación de su producto.

Sin embargo, para poder comprar los elementos constitutivos de aquella fabricación, es necesario que los encuentre en el mercado. La producción anual debe suministrar, por consecuencia, no solamente todos los artículos necesarios para reemplazar los elementos materiales del capital gastado durante el año, sino también una cantidad de dichos artículos mayor que la consumida, así como fuerzas de trabajo suplementarias, a fin de que pueda funcionar el nuevo valor-capital, que ya es mayor que el primitivo.

El mecanismo de la producción capitalista suministra esta demasía de fuerza de trabajo, reproduciendo a la clase obrera como clase asalariada cuyo salario usual asegura, no solo el sustento, sino aun la multiplicación. Únicamente se necesita para esto que una parte del sobretrabajo anual se haya empleado en crear medios de producción y de subsistencia además de los necesarios para la reposición del capital adelantado, no habiendo que hacer entonces más que añadir las nuevas fuerzas de trabajo suministradas cada año en edades diversas por la clase obrera, al exceso de medios de producción que contiene la producción anual.

La acumulación resulta, por consecuencia, de la reproducción del capital en proporción creciente.

Cuanto más acumula el capitalista, más puede acumular.

El capital primitivo se ha formado, en el ejemplo anterior, por el adelanto de . pesetas. ¿De dónde ha sacado estas riquezas el capitalista? De su propio trabajo o del de sus antepasados, responden a coro las eminencias de la Economía política; y su suposición parece que, en efecto, es la única conforme con las leyes de la producción mercantil.

No sucede lo mismo con el nuevo capital de . pesetas. Su procedencia nos es perfectamente conocida: dimana de la supervalía capitalizada. Desde su origen, no contiene la partícula más mínima de valor que no provenga del trabajo no pagado de otro. Los medios de producción a los cuales se añade la fuerza obrera suplementaria, así como las subsistencias que la mantienen, son partes del producto neto del tributo arrancado anualmente a la clase obrera por la clase capitalista. El hecho de que esta última, mediante cierta cantidad de dicho tributo, compre a la clase obrera una demasía de fuerza, aun en su justo valor, se asemeja a la magnanimidad de un conquistador que se halla dispuesto a pagar generosamente las mercancías de los vencidos con el dinero que les ha arrancado. Merced a su sobretrabajo de un año, la clase obrera crea el nuevo capital que permitirá el año próximo crear trabajo de más; esto es lo que se llama crear capital por medio del capital.

La acumulación de . pesetas por el primer capital supone que la suma de . pesetas, adelantada como capital primitivo, proviene del propio caudal de su poseedor, de su «trabajo primitivo». Pero la acumulación de . pesetas por el segundo capital supone la acumulación precedente del capital de . pesetas, que es la supervalía capitalizada del capital primitivo. Síguese de esto, que cuanto más acumula el capitalista, adquiere más medios de acumular. En otros términos, cuanto más trabajo no pagado de otro se haya apropiado anteriormente, más aún puede monopolizar en la actualidad.

La apropiación capitalista no es más que la aplicación de las leyes de la producción mercantil.

Este modo de enriquecerse resulta, es necesario comprenderlo bien, no de la violación, sino, al contrario, de la aplicación de las leyes que rigen la producción mercantil. Para convencerse de ello, basta echar una ojeada sobre las operaciones sucesivas que tienden a la acumulación.

Hemos visto que la transformación positiva de una suma de valor en capital se hace conforme a las leyes del cambio. Uno de los dos que cambian vende su fuerza de trabajo, que compra el otro. El primero recibe el valor de su mercancía, y el uso de esta, que es el trabajo, pertenece al segundo, quien transforma entonces los medios de producción, que le pertenecen, con el auxilio de un trabajo que le pertenece también, en un nuevo producto que es suyo con perfecto derecho.

El valor de este producto contiene desde luego el de los medios de producción consumidos; pero el trabajo no emplearía útilmente estos medios si su valor no pasase al producto. Dicho valor encierra, además, el equivalente de la fuerza de trabajo y una supervalía. Este resultado es debido a que la fuerza obrera vendida por un tiempo determinado, un día, una semana, etc., posee más valor del que su uso produce en el mismo tiempo. Pero al obtener el valor de cambio de su fuerza, el trabajador ha enajenado el valor de uso de ella, como sucede en toda compra y venta de mercancías.

Por más que el uso de este artículo particular, el trabajo, sea suministrar trabajo, y, por consiguiente, producir valor, eso no altera en nada la dicha ley general de la producción mercantil. Si, pues, la suma de valor adelantada en salarios se vuelve a encontrar en el producto con una demasía, esta no proviene de un engaño cometido con el vendedor, quien recibe el equivalente de su mercancía, sino del consumo que de esta hace el comprador. La ley de los cambios no exige la igualdad sino por relación del valor cambiable de los artículos enajenados mutuamente, pero supone una diferencia entre sus valores de uso, y no tiene nada que ver con su consumo, que solo comienza después de haberse llevado a cabo la venta.

La transformación primitiva del dinero en capital se efectúa, pues, conforme a las leyes económicas de la producción de mercancías y al derecho de propiedad que de ellos se origina. ¿En qué se modifica este hecho porque el capitalista transforme en seguida la supervalía en capital? Acabamos de decir que esta supervalía es propiedad suya; y los nuevos obreros que la supervalía recluta, funcionando a su vez como capital, no tienen que ver nada con que ella haya sido producida anteriormente por obreros. Todo lo que estos nuevos obreros pueden exigir es que el capitalista les pague también a ellos su fuerza de trabajo.

Las cosas no se presentarían así si se examinasen las relaciones que hay entre el capitalista y los obreros, no ya separadamente, sino en su encadenamiento, y si se tuviesen en cuenta la clase capitalista y la clase obrera. Mas como la producción mercantil no pone frente a frente sino vendedores y compradores independientes unos de otros, para juzgar esta producción según sus propias leyes es preciso considerar cada transacción aisladamente, y no en su unión con la que le precede o con la que le sigue. Además, como las compras y ventas se hacen siempre de individuo a individuo, no deben buscarse en ellas las relaciones entre una y otra clase.

Asimismo, cada uno de los esfuerzos en función del capital le presta nuevo impulso; y conforme al derecho de la producción mercantil, en régimen capitalista la riqueza puede ser cada día más monopolizada, merced a la apropiación sucesiva del trabajo no pagado de otro. ¡Qué ilusión es, pues, la de ciertas escuelas socialistas que pretenden quebrantar el régimen del capital aplicándole las leyes de la producción mercantil!

II. *Ideas falsas acerca de la acumulación.*

Las mercancías que el capitalista compra como medios de goce, no le sirven evidentemente como medios de producción y de multiplicación de su valor; el trabajo que paga con el mismo fin, tampoco es trabajo productivo. De este modo derrocha la supervalía a título de ganancia, en vez de hacerla fructificar como capital.

También la Economía política burguesa ha predicado, como el primero de los deberes cívicos, la acumulación, es decir, el empleo de una gran parte de la ganancia en el reclutamiento de trabajadores productivos, que producen más de lo que reciben.

Ha combatido además la creencia popular que confunde la acumulación capitalista con el hacinamiento de tesoros, como si el guardar el dinero bajo llave no fuese el método más seguro para no capitalizarlo. No debe, pues, confundirse la acumulación capitalista, que es un acto de producción, con el aumento de los bienes que figuran en el fondo de consumo de los ricos y que se gastan lentamente, ni tampoco con la formación de reservas o provisiones, hecho común a todos los sistemas de producción.

La Economía política clásica ha sostenido con perfecta razón que el rasgo más característico de la acumulación es que las gentes que viven del producto neto deben ser trabajadores productivos y no improductivos. Pero se equivoca cuando de aquí saca la conclusión de que la parte del producto neto que se transforma en capital, es consumida por la clase obrera.

Dedúcese de esta manera de ver, que toda la supervalía transformada en capital se adelanta únicamente en salarios. La supervalía se divide, al contrario, lo mismo que el valor-capital de donde procede, en precio de compra de medios de producción y de fuerza de trabajo. Para poder transformarse en fuerza de trabajo suplementaria, el producto líquido ha de contener un exceso de subsistencias de primera necesidad; pero, para que esta fuerza suplementaria pueda ser explotada, debe contener, además, nuevos medios de producción que no entran en el consumo personal de los trabajadores ni tampoco en el de los capitalistas.

III. *División de la supervalía en capital y en renta.*

Una parte de la supervalía la gasta el capitalista como ganancia, y la otra la acumula como capital. Siendo las mismas todas las demás circunstancias, la proporción según la cual se hace esta división, determinará la cantidad de la acumulación. El propietario de la supervalía, el capitalista, es quien la divide, según su voluntad. De la parte del tributo arrancado por él, y que él mismo acumula, se dice que la ahorra, porque no la consume, es decir, porque cumple su papel de capitalista, que es el de enriquecerse.

El capitalista no tiene ningún valor histórico, ningún derecho histórico a la vida, ninguna razón de ser social, en tanto no funciona como capital personificado. Solo bajo esta condición, la necesidad momentánea de su propia existencia es una consecuencia de la necesidad pasajera del sistema de producción capitalista. El fin determinante de su actividad no es, pues, ni el valor de uso ni el goce, sino el valor de cambio y su continuo acrecentamiento. Agente fanático de la acumulación, obliga incesantemente a los hombres a producir para producir, impulsándolos así instintivamente a desarrollar las potencias productoras y las condiciones materiales que por sí solas pueden formar la base de una sociedad nueva y superior.

El desarrollo de la producción capitalista exige un acrecentamiento continuo del capital invertido en una empresa, y la competencia obliga a cada capitalista individual a obrar de grado o por fuerza conforme a las leyes de la producción capitalista. La competencia no le permite conservar su capital sin aumentarlo, y no puede continuar aumentándolo sino mediante una acumulación cada vez más considerable. Su voluntad y su conciencia no expresan más que las necesidades del capital que representa; en su consumo personal no ve sino una especie de robo, o de préstamo al menos, hecho a la acumulación.

Pero, a medida que se desarrolla el régimen de producción capitalista, y con él la acumulación y la riqueza, el capitalista deja de ser simple personificación del capital. Mientras que el capitalista chapado a la antigua omite todo gasto individual que no es indispensable, no viendo en él más que una usurpación hecha a la riqueza, el capitalista a la moderna es capaz de ver en la capitalización de la supervalía un obstáculo para sus necesidades insaciables de goces.

En los comienzos de la producción capitalista —y este hecho se renueva en la vida privada de todo industrial principiante—, la avaricia y el afán de enriquecerse le dominan exclusivamente. Pero el progreso de la producción no solamente crea todo un nuevo mundo de goces, sino que abre, con la especulación y el crédito, mil fuentes de súbito enriquecimiento. Llegado a cierto grado el desarrollo, impone aun al infeliz capitalista una prodigalidad puramente convencional, muestra a la vez de riqueza y de crédito. El lujo llega a ser una necesidad del oficio y entra en los gastos de representación del capital.

No es esto todo. El capitalista no se enriquece, como el labrador o el artesano independiente, en proporción a su trabajo particular y a su sobriedad personal, sino proporcionalmente al trabajo gratuito de otro que absorbe, y a la privación de todos los placeres de la vida que inflige a sus obreros. Su prodigalidad se acrecienta a medida que acumula, sin que su acumulación esté necesariamente restringida por su gasto. De todas maneras, hay en él lucha entre la tendencia a la acumulación y la tendencia al placer.

Teoría de la abstinencia.

Ahorrar, ahorrar constantemente, es decir, volver a transformar sin descanso en capital la mayor parte posible de la supervalía o del producto líquido, acumular para acumular, producir para producir, tal es el lema de la Economía política al proclamar la misión histórica del periodo burgués; si el proletario no es más que una máquina que produce supervalía, el capitalista es también una máquina que capitaliza esta supervalía.

Pero después de , en la época en que se propagaban las doctrinas socialistas, el fourierismo y el sansimonismo en Francia, el owenismo en Inglaterra, mientras el proletariado de las ciudades tocaba en Lyon el somatén de alarma, y en Inglaterra el proletariado del campo paseaba la tea incendiaria, fue cuando la Economía política reveló al mundo una doctrina maravillosa para salvar la sociedad amenazada.

Dicha doctrina transformó instantáneamente las condiciones del movimiento de trabajo del capitalista en otras tantas prácticas de «abstinencia» del capitalista, aunque admitiendo que su obrero no se abstiene de trabajar para él. El capitalista «se impone», escribe M. G. de Molinari, «una privación al prestar sus instrumentos de producción al trabajador»; dicho de otro modo, se impone una privación cuando hace valer los medios de producción como capital añadiendo a ellos la fuerza obrera, en vez de comerse los piensos, los animales de tiro, el algodón, las máquinas de vapor, etc.

En resumen, todo el mundo se compadeció de las mortificaciones del capitalista. No es solamente la acumulación, no, «la simple conservación de un capital exige un esfuerzo constante para resistir a la tentación de consumirlo» (Courcelle-Seneuil). Sería preciso, en verdad, haber renunciado a todo sentimiento humanitario para no buscar el modo de librar al capitalista de sus tentaciones y de su martirio, librándole de su capital.

IV. *Circunstancias que influyen en la extensión de la acumulación.*

Determinada la proporción según la cual la supervalía se divide en capital y en beneficio, la cantidad del capital acumulado depende evidentemente de la cantidad de la supervalía. Supongamos, por ejemplo, que la proporción es de por lo capitalizado y de por lo consumido, entonces el capital acumulado se eleva a . pesetas o a ., según la supervalía sea de . o de . pesetas. Así, todas las circunstancias que determinan la cantidad de la supervalía, contribuyen a determinar la extensión de la acumulación. Recapitulémoslas desde este último punto de vista solamente.

Grado de explotación de la fuerza obrera.

Se sabe que el tipo de la supervalía depende, en primer lugar, del grado de explotación de la fuerza obrera. Al tratar de la producción de la supervalía, hemos supuesto siempre que el obrero recibe el justo valor de su fuerza. Los cercenamientos hechos a este valor juegan, no obstante, en la práctica un papel muy importante. En cierto modo, este procedimiento transforma el fondo de consumo necesario para el sustento del trabajador en fondo de acumulación del capitalista. La tendencia del capital es también reducir los salarios todo lo posible, y eliminar del consumo obrero lo que él llama lo superfluo. El capital ha sido auxiliado en esta tarea por la competencia cosmopolita que el desarrollo de la producción capitalista ha hecho nacer entre todos los trabajadores del globo. Hoy día se trata nada menos que de hacer descender, en una época más o menos próxima, el nivel europeo de los salarios al nivel chino.

Además, una explotación más intensa de la fuerza de trabajo permite aumentar la cantidad de trabajo sin aumentar la maquinaria, es decir, el conjunto de medios de trabajo, máquinas, aparatos, instrumentos, edificios, construcciones, etc. Un establecimiento que emplea, por ejemplo, cien hombres trabajando ocho horas por día, recibirá diariamente ochocientas horas de trabajo. Si, para aumentar este total en una mitad más, el capitalista admitiese cincuenta nuevos obreros, necesitaría hacer un adelanto no solamente en salarios, sino también en maquinaria. Pero, si hace trabajar a sus cien obreros doce horas diarias en lugar de ocho, obtiene el mismo resultado, y la antigua maquinaria es suficiente. En adelante, esa maquinaria va a funcionar en mayor escala, se desgastará más pronto y habrá que reponerla antes, y esto será todo. Obtenido de esa manera un excedente de trabajo por un esfuerzo más considerable exigido a la fuerza obrera, aumenta la supervalía o el producto líquido, fundamento de la acumulación, sin que haya necesidad de un aumento previo y proporcional a la parte del capital adelantado en maquinaria.

Un simple excedente de trabajo, sacado del mismo número de obreros, basta en la industria extractora, la de las minas, por ejemplo, para aumentar el valor y la masa del producto que suministra gratuitamente la Naturaleza, y, por consecuencia, el fondo de acumulación. En la agricultura, en que la sola acción mecánica del trabajo sobre el suelo aumenta maravillosamente su fertilidad, un excedente de trabajo idéntico produce mayor efecto; como en la industria extractora, la acción directa del hombre sobre la Naturaleza favorece la acumulación. Además, como la industria extractora y la agricultura suministran materias a la industria manufacturera, el acrecentamiento de productos que el excedente de trabajo procura en las dos primeras, sin aumento de adelantos, redunda en provecho de la última. Merced únicamente a la fuerza obrera y a la tierra, fuentes primitivas de la riqueza, el capital aumenta, pues, sus elementos de acumulación.

Productividad del trabajo.

Otro elemento importante de la acumulación es el grado de productividad del trabajo social.

Estando determinada la supervalía, la abundancia del producto líquido, del cual ella es el valor, corresponde a la productividad del trabajo puesto en función. Así, pues, a medida que el trabajo desarrolla sus facultades productivas, aumentando la eficacia y la cantidad de los medios de producción, rebajando su precio, el de las subsistencias y el de las materias primeras y auxiliares, el producto líquido encierra más medios de gozar y de acumular. De este modo, la parte de la supervalía que se capitaliza puede aumentar a expensas de la otra que constituye la renta, sin que el consumo del capitalista disminuya por eso, pues en lo sucesivo un valor más pequeño se realiza en una cantidad mayor de objetos útiles.

Diferencia creciente entre el capital empleado y el capital consumido.

La propiedad natural del trabajo, al crear nuevos valores, es de conservar los antiguos, pues el trabajo transmite al producto el valor de los medios de producción consumidos. A medida, pues, que sus medios de producción aumentan en actividad, en masa y en valor, es decir, a medida que se hace más productivo y favorece más la acumulación, el capital conserva y perpetúa un valor-capital siempre creciente.

La parte del capital que se adelanta en forma de maquinaria, funciona siempre por completo en la producción, mientras que, no desgastándose sino poco a poco, solo transmite su valor por fracciones a las mercancías que ayuda a confeccionar sucesivamente. Su aumento produce una diferencia de cantidad cada vez más considerable, entre la totalidad del capital empleado y la parte de este consumido de una sola vez. Compárese, por ejemplo, el valor de los ferrocarriles europeos diariamente explotados, con la cantidad de valor que pierden por su uso cotidiano. Luego estos medios creados por el hombre prestan servicios gratuitos, en proporción de los efectos útiles que contribuyen a producir sin aumento de gastos. Estos servicios gratuitos del trabajo de otro periodo, puestos en actividad por el trabajo de hoy, se acumulan merced al desarrollo de las fuerzas productivas y a la acumulación que le acompaña.

El concurso cada vez más potente que, en forma de maquinaria, el trabajo pasado lleva al trabajo vivo, se atribuye por los economistas, no al obrero que ha ejecutado la obra, sino al capitalista que se la ha apropiado. Desde su punto de vista, el instrumento de trabajo y el carácter de capital que reviste en el medio social actual no pueden separarse jamás, así como, en la mente del plantador de la Georgia, el trabajador mismo tampoco podía separarse de su carácter de esclavo.

Cantidad del capital adelantado.

Dado el grado de explotación de la fuerza obrera, la cantidad de la supervalía se determina por el número de obreros explotados a la vez, y este número corresponde, aunque en proporciones variables, a la cantidad del capital adelantado. Luego, cuanto más se acrecienta el capital mediante acumulaciones sucesivas, más se acrecienta también el valor que ha de dividirse en fondo de consumo y en fondo de nueva acumulación.

V. *El fondo del trabajo.*

Los capitalistas, sus hijos y sus gobiernos derrochan cada año una parte considerable del producto líquido anual; además, guardan en su fondo de consumo una porción de objetos que se gastan lentamente y son aptos para un empleo reproductivo, y hacen estériles, al adaptarlas a su servicio personal, una multitud de fuerzas obreras. La cantidad de riqueza que se capitaliza no es, pues, nunca tan grande como podría ser. La relación de cantidad con el total de la riqueza social varía con todo cambio en la división de la supervalía en renta personal y en nuevo capital. Así, lejos de ser una parte determinada de adelanto y una parte fija de la riqueza social, el capital social solo es una porción variable de esta.

Sin embargo, ciertos economistas se hallan propensos a no ver, en el capital social, más que una parte determinada de adelanto de la riqueza social, y aplican esta teoría a lo que ellos llaman «fondo del salario» o «fondo del trabajo». Según ellos, este es una porción particular de la riqueza social, el valor de una cantidad dada de subsistencias, cuya naturaleza fija a cada momento los límites fatales que la clase trabajadora trata inútilmente de franquear. De creer esto, estando así determinada la suma que debe distribuirse entre los asalariados, se sigue que si la parte que toca a cada uno es demasiado pequeña, ocurre esto porque su número es demasiado grande, y que, finalmente, su miseria es un hecho, no del orden social, sino del orden natural.

En primer lugar, los límites que el sistema capitalista impone al consumo del productor, no son «naturales» sino dentro del medio adecuado a este sistema, así como el látigo no funciona como aguijón «natural» del trabajo más que en el sistema esclavista. En efecto, es propio de la naturaleza de la producción capitalista el limitar la parte del productor a lo que es indispensable para el sustento de su fuerza obrera, y el atribuir la demasía de su producto al capitalista. Lo que sería menester demostrar ante todo es que, a pesar de su origen completamente reciente, el sistema capitalista de la producción social es, no obstante, su sistema irrevocable y «natural».

Pero, aun con la manera de ser del sistema capitalista, es falso que el «fondo del salario» esté determinado de antemano por la suma de la riqueza social o del capital social. Puesto que este es solamente una porción variable de la riqueza social, el fondo del salario, que no es más que una parte de este capital, no sería una parte fija y determinada de antemano de la riqueza social.

———

CAPÍTULO XXV

LEY GENERAL DE LA ACUMULACIÓN CAPITALISTA

I. La composición del capital. — Circunstancias en que la acumulación del capital puede provocar un alza de los salarios. — La magnitud del capital no depende del número de la población obrera. — II. La parte variable del capital disminuye relativamente a su parte constante. — Concentración y centralización. — III. Demanda de trabajo relativa y demanda de trabajo efectiva. — La ley de población adecuada a la época capitalista. — Formación de un ejército industrial de reserva. — Lo que determina el tipo general de los salarios. — La ley de la oferta y la demanda es un engaño. — IV. Formas diversas del exceso relativo de población. — El pauperismo es la consecuencia fatal del sistema capitalista.

I. *La composición del capital.*

Vamos ahora a tratar de la influencia que el acrecentamiento del capital ejerce en la suerte de la clase obrera. El elemento más importante para la solución de este problema es la composición del capital y los cambios que esta experimenta con el progreso de la acumulación.

La composición del capital puede ser considerada desde un doble punto de vista. Con relación al valor, se halla determinada por la proporción según la cual el capital se divide en parte constante (el valor de los medios de producción) y en parte variable (el valor de la fuerza obrera). Con relación a su materia, tal como aparece en el acto de producción, todo capital consiste en medios de producción y en fuerza obrera activa, y su composición está determinada por la proporción que existe entre la masa de los medios de producción empleados y la cantidad de trabajo necesario para hacerlos funcionar.

La primera composición del capital es la *composición-valor*; la segunda la *composición técnica*. Y, a fin de expresar el lazo íntimo existente entre ambas, llamaremos *composición orgánica* del capital a su composición-valor siempre que esta dependa de su composición técnica, y que, por consiguiente, los cambios ocurridos en la cantidad de medios de producción y de fuerza obrera influyan en su valor. Cuando hablamos en general de la composición del capital, se trata siempre de su composición orgánica.

Los numerosos capitales colocados en un mismo ramo de producción y que funcionan en manos de una multitud de capitalistas independientes unos de otros, difieren más o menos en su composición, pero el término medio de sus composiciones particulares constituye la composición del capital social consagrado a este ramo de producción. La composición media del capital varía mucho de uno a otro ramo de producción, pero el término medio de todas estas composiciones medias constituye la composición del capital social empleado en un país, siendo de esta última de la que se trata en las investigaciones siguientes.

Circunstancias en que la acumulación del capital puede provocar un alza de los salarios.

Cierta cantidad de la supervalía capitalizada debe ser adelantada en salarios. Luego, suponiendo que la composición del capital sea la misma, la demanda de trabajo marchará a compás de la acumulación, y la parte variable del capital aumentará al menos en la misma proporción que su masa total.

En este supuesto, el progreso constante de la acumulación debe provocar tarde o temprano una elevación gradual de los salarios. Porque, proporcionando cada año ocupación a un número de asalariados mayor que el del año precedente, las necesidades de esta acumulación, la cual va siempre en aumento, acabarán por sobrepujar la oferta ordinaria de trabajo, y, por de contado, se elevará el tipo de los salarios.

No obstante, las circunstancias más o menos favorables en medio de las cuales la clase obrera se reproduce y se multiplica, no alteran en lo más mínimo el carácter fundamental de la reproducción capitalista. Así como la reproducción simple vuelve a traer constantemente la misma relación social, capitalismo y salariado, así también la acumulación no hace más que reproducir, con más capitalistas o capitalistas más poderosos por un lado, más asalariados por otro. La reproducción del capital encierra la de su gran instrumento de crear valor: la fuerza de trabajo. Acumulación del capital es, pues, al mismo tiempo, aumento del proletariado, de los asalariados que transforman su fuerza obrera en fuerza vital del capital y se convierten así, de grado o por fuerza, en siervos de su propio producto, que es propiedad del capitalista.

En la situación que suponemos, y que es la más favorable posible para los obreros, su estado de dependencia reviste, pues, las formas más soportables. En vez de ganar en intensidad, la explotación y la dominación capitalistas ganan simplemente en extensión a medida que aumenta el capital y, con él, el número de sus vasallos. Entonces toca a estos una parte mayor del producto líquido siempre creciente, de suerte que se hallan en disposición de ensanchar el círculo de sus goces, de alimentarse mejor, de vestirse, de proveerse de muebles, etc., y de formar pequeñas reservas pecuniarias. Pero, si un trato mejor para con el esclavo, una alimentación más abundante, vestidos más decentes, y un poco más de dinero por añadidura, no pueden romper las cadenas de la esclavitud, sucede lo mismo con las del salariado.

En efecto, no hay que olvidar que la ley absoluta del sistema de producción capitalista es fabricar supervalía. Lo que se propone el comprador de la fuerza obrera es enriquecerse haciendo valer su capital, produciendo mercancías que contienen más trabajo del que paga por ellas, y con cuya venta realiza, por lo tanto, una porción de valor que no le ha costado nada. Sean cuales fueren las condiciones de la venta de la fuerza obrera, la naturaleza del salario es poner siempre en movimiento cierta cantidad de trabajo gratuito. El aumento del salario no indica, pues, sino una disminución relativa del trabajo gratuito que el obrero debe proporcionar siempre; pero esta disminución no llegará nunca a ser tal que ponga en peligro el sistema capitalista.

Hemos admitido que el tipo de los salarios haya podido elevarse merced a un aumento del capital superior al del trabajo ofrecido. Solo queda entonces esta alternativa: o los salarios continúan subiendo, y siendo motivado este movimiento por los progresos de la acumulación, es evidente que la disminución del trabajo gratuito de los obreros no impide al capital extender su dominación, o bien el alza continua de los salarios comienza a perjudicar a la acumulación, y esta llega a disminuir; pero esta disminución nunca hace desaparecer la causa primera del alza, que no es otra sino el exceso del capital comparado con la oferta del trabajo; inmediatamente el tipo del salario vuelve a descender a un nivel en armonía con las necesidades del movimiento del capital, nivel que puede ser superior, igual o inferior al que era en el momento de efectuarse el alza de los salarios.

Así, el mecanismo de la producción capitalista vence por sí solo el obstáculo que puede llegar a crear, aun dado caso de que no varíe la composición del capital. Pero el alza de los salarios es un poderoso acicate que impele al perfeccionamiento de la maquinaria, y, por tanto, al cambio en la composición del capital que trae por consecuencia la baja de los salarios.

La magnitud del capital no depende del número de la población obrera.

Hay que conocer a fondo la relación que existe entre los movimientos del capital en vías de acumulación y las oscilaciones del tipo de los salarios que a aquellos se refieren.

Ora es un exceso de capital procedente de una acumulación más rápida, la cual hace que el trabajo ofrecido sea relativamente insuficiente, y tiende, por consecuencia, a elevar su precio; ora un aminoramiento de la acumulación, el cual da por resultado que el trabajo ofrecido sea relativamente superabundante, y rebaja su precio. El movimiento de aumento y de disminución del capital en vías de acumulación produce, pues, alternativamente la insuficiencia y la superabundancia relativas del trabajo ofrecido; pero ni una baja efectiva del número de la población obrera hace que el capital abunde en el primer caso, ni un aumento efectivo de dicho número hace al capital insuficiente en el segundo.

La relación entre la acumulación del capital y el tipo del salario no es más que la relación entre el trabajo gratuito, transformado en capital, y el suplemento de trabajo pagado que exige este capital suplementario para ser puesto en actividad. No es precisamente una relación entre dos términos independientes uno de otro, a saber, por un lado la suma del capital, y, por otro, el número de la población obrera, sino, en último término, una relación entre el trabajo gratuito y el trabajo pagado de la misma población obrera.

Si la cantidad de trabajo gratuito que la clase obrera suministra y que la clase capitalista acumula, aumenta tan rápidamente que su transformación en nuevo capital necesita un suplemento extraordinario de trabajo pagado, en una palabra, si el aumento de capital produce una demanda más considerable de trabajo, el salario sube y, siendo las mismas las demás circunstancias, el trabajo gratuito disminuye proporcionalmente. Pero desde el momento en que, a consecuencia de esta disminución del sobretrabajo, hay aminoramiento de la acumulación, sobreviene una reacción, la parte de la renta que se capitaliza es menor, la demanda de trabajo disminuye y el salario baja.

El precio del trabajo no puede jamás elevarse sino en unos límites que dejen intactas las bases del sistema capitalista y aseguren la reproducción del capital en una escala mayor. ¿Cómo podría suceder otra cosa donde el trabajador existe únicamente para aumentar la riqueza ajena creada por él? Así como, en el mundo religioso, el hombre se halla dominado por la obra de su mente, de igual manera lo es, en el mundo capitalista, por la obra de sus manos.

II. *La parte variable del capital disminuye relativamente a su parte constante.*

No dependiendo el alza de los salarios sino del progreso continuo de la acumulación y de su grado de actividad, nos es indispensable esclarecer las condiciones en que tiene lugar este progreso.

«La misma causa —dice Adam Smith— que hace que se eleven los salarios del trabajo, el aumento del capital, tiende a aumentar las fuerzas productivas del trabajo, y a poner a una cantidad menor de trabajo en estado de producir mayor cantidad de obra.»

¿Cómo se obtiene este resultado? Mediante una serie de cambios en la manera de producir, que ponen a una cantidad dada de fuerza obrera en condiciones de manejar una masa cada vez mayor de medios de producción. En este aumento, por relación a la fuerza obrera empleada, los medios de producción desempeñan un doble papel. Los unos, tales como máquinas, edificios, hornos, aumentan en número, extensión y eficacia para hacer al trabajo más productivo; mientras que los otros, materias primeras y auxiliares, aumentan porque el trabajo, al hacerse más productivo, consume mayor cantidad de ellas en un tiempo determinado.

En el progreso de la acumulación no hay solamente aumento cuantitativo de los diversos elementos del capital; el desarrollo de las potencias productivas, que este progreso trae, se manifiesta aún por cambios cualitativos en la composición técnica del capital: la masa de los medios de producción, maquinaria y materiales, aumenta cada vez más en comparación con la cantidad de fuerza obrera necesaria para hacerlos funcionar.

Estos cambios en la composición técnica del capital obran sobre su composición-valor y traen consigo un aumento siempre creciente de su parte constante a expensas de su parte variable; de suerte que si, por ejemplo, en una época atrasada de la acumulación se transforma el por del valor-capital en medios productivos y otro por en trabajo, en una época más adelantada se empleará el por del valor-capital en medios de producción y solo el por en trabajo.

Pero este aumento de valor de los medios de producción no indica sino lejanamente el aumento mucho más rápido y más considerable de su masa; la razón de ello es que ese mismo progreso de las potencias del trabajo, que se manifiesta por el aumento de la maquinaria y de los materiales puestos en actividad con auxilio de una cantidad menor de trabajo, hace disminuir el valor de la mayor parte de los productos, y principalmente el de los que funcionan como medios de producción; su valor no se eleva, pues, tanto como su masa.

Por otra parte, hay que notar que el progreso de la acumulación, al disminuir el capital variable relativamente al capital constante, no impide su aumento efectivo. Supongamos que un valor-capital de . pesetas, se divide primero por mitad en parte constante y en parte variable, y que más tarde, habiendo llegado, a consecuencia de la acumulación a la cantidad de . pesetas, la parte variable de esta cantidad no es más que la quinta, y a pesar de su disminución relativa de la mitad a la quinta parte, dicha parte variable se ha elevado de . a . pesetas.

La cooperación, la división manufacturera del trabajo, la fabricación mecánica, etc., en suma, los métodos apropiados para desarrollar las fuerzas del trabajo colectivo, no pueden introducirse sino allí donde la producción tiene ya lugar en grande escala, y, a medida que esta se extiende, aquellas fuerzas se desarrollan más y más. La escala de las operaciones depende, teniendo por base el régimen del salario, en primer lugar, de la suma de los capitales acumulados entre las manos de los empresarios privados. Así es como cierta acumulación previa, cuyo origen examinaremos después, llega a ser el punto de partida del sistema de producción capitalista. Pero todos los métodos que emplea este sistema de producción para hacer más productivo el trabajo, son otros tantos métodos para aumentar la supervalía o el producto líquido, para alimentar la fuente de la acumulación. Si, pues, la acumulación debe haber alcanzado cierto grado de extensión para que pueda establecerse el modo de producción capitalista, este acelera de rechazo la acumulación, cuyo nuevo progreso, al permitir un nuevo acrecentamiento de las empresas, extiende de nuevo la producción capitalista. Este desarrollo recíproco ocasiona en la composición técnica del capital las variaciones que van disminuyendo cada vez más su parte variable, pagando la fuerza de trabajo con relación a la parte constante que representa el valor de los medios de producción empleados.

Concentración y centralización.

Cada uno de los capitales individuales de que se compone el capital social, representa desde luego cierta *concentración*, en manos de un capitalista, de medios de producción y de medios de subsistencia del trabajo, y, a medida que la acumulación se produce, esta concentración se extiende. Al aumentar los elementos reproductivos de la riqueza, la acumulación opera, pues, al mismo tiempo, su concentración cada vez mayor en manos de empresarios privados.

Todos esos capitales individuales que componen el capital social llevan a cabo juntamente su movimiento de acumulación, es decir, de reproducción en una escala cada vez mayor. Cada capital se enriquece con los elementos suplementarios que resultan de esta reproducción, conserva así, al aumentarse, su existencia distinta y limita el círculo de acción de los demás. Luego el movimiento de concentración, no solo se esparce en tantos puntos como la acumulación, sino que la división del capital social en una multitud de capitales independientes unos de otros, se mantiene precisamente porque todo capital individual funciona como centro de concentración.

El aumento de los capitales individuales acrecienta otro tanto el capital social. Pero la acumulación del capital social resulta, no solo del acrecentamiento sucesivo de los capitales individuales, sino aun del aumento de su número, por la transformación, por ejemplo, en capitales de valores improductivos. Además, capitales enormes lentamente acumulados se dividen, en un momento dado, en muchos capitales diferentes, como sucede con ocasión del reparto de una herencia en las familias capitalistas. La concentración desaparece con la formación de nuevos capitales y con la división de los antiguos.

El movimiento de la acumulación social presenta, pues, por un lado, una concentración cada vez mayor de los elementos reproductivos de la riqueza entre manos de empresarios privados, y, por otro, la diseminación y la multiplicación de los centros de acumulación y de concentración.

En cierto punto del progreso económico, esta división del capital social en multitud de capitales individuales se ve contrariada por el movimiento opuesto, gracias al cual, atrayéndose mutuamente, se reúnen diferentes centros de acumulación y de concentración. Cierto número de capitales se funden entonces en un número menor, en una palabra, hay *concentración* propiamente dicha. Examinemos rápidamente esta atracción del capital por el capital.

La guerra de la competencia se hace bajando cada cual los precios todo lo que puede. La baratura de los productos depende, siendo iguales las demás circunstancias, de la productividad del trabajo, y esta de la escala de las empresas. Los grandes capitales derrotan a los pequeños. Hemos visto ya, en los capítulos undécimo y decimotercero, que cuanto más se desarrolla el sistema de producción capitalista, más aumenta el mínimum de los adelantos necesarios para explotar una industria en sus condiciones regulares. Los pequeños capitales se dirigen, pues, hacia los ramos de la producción de los que la grande industria no se ha apoderado aún, o de que solo se ha apoderado de una manera imperfecta. La competencia es en este terreno violentísima, y termina siempre con la ruina de un buen número de pequeños capitalistas, cuyos capitales perecen en parte, y pasan, también en parte, a manos del vencedor.

El desarrollo de la producción capitalista da origen a una potencia completamente nueva, el crédito, que, en sus comienzos, se introduce cautelosamente cual modesto auxiliar de la acumulación, se convierte en seguida en una nueva y terrible arma de la guerra de la competencia, y se transforma, por último, en un inmenso aparato social destinado a centralizar los capitales.

A medida que la acumulación y la producción capitalistas se extienden, la competencia y el crédito, los más poderosos agentes de la centralización, se desarrollan también. Por eso en nuestra época la tendencia a la centralización es más poderosa que en ninguna otra época histórica. Lo que principalmente diferencia la centralización de la concentración, que no es otra cosa que la consecuencia de la reproducción en mayor escala, es que la centralización no depende de un aumento efectivo del capital social; los capitales individuales de que este es la reunión, la materia que se centraliza, pueden ser más o menos considerables, pues eso depende de los progresos de la acumulación, pero la centralización no admite más que un cambio de distribución de los capitales existentes, una sola modificación en el número de los capitales individuales que componen el capital social.

En un ramo de producción particular, la centralización no habría llegado a su último límite sino en el momento en que todos los capitales individuales que estuviesen en ella empeñados, no formasen más que un solo capital individual. En una sociedad dada, tampoco llegaría a su último límite sino cuando el capital nacional entero no formase más que un solo capital y se hallase en manos de un solo capitalista o de una sola compañía de capitalistas.

La centralización no hace sino ayudar a la obra de acumulación, poniendo a los industriales en situación de ensanchar el círculo de sus operaciones. Que este resultado se deba a la acumulación o a la centralización, que esta se efectúe por el violento sistema de la anexión, derrotando unos capitales a otros y enriqueciéndose con sus elementos desunidos, o que la fusión de una multitud de capitales se verifique por el procedimiento más suave de las sociedades por acciones, etc., el efecto económico de esta transformación no dejará de ser el mismo. La extensión del círculo de las empresas será constantemente el punto de partida de una organización más vasta del trabajo colectivo, de un desarrollo más amplio de sus resortes materiales, o en otros términos, de la transformación cada vez mayor de movimientos de producción parciales y rutinarios en movimientos de producción socialmente combinados y ordenados científicamente.

Pero es evidente que la acumulación, el acrecentamiento gradual del capital merced a su reproducción en una escala creciente, no es más que un procedimiento lento, comparado con la centralización, la cual, en primer lugar, cambia únicamente la disposición cuantitativa de las partes componentes del capital. El mundo carecería aún del sistema de los ferrocarriles, por ejemplo, si hubiese tenido que aguardar el momento en que los capitales individuales hubieran suficientemente acrecentado por la acumulación para hallarse en estado de tomar a su cargo empresa de tamaña importancia, que la centralización del capital, merced al auxilio de las sociedades por acciones, ha efectuado, por decirlo así, en un abrir y cerrar de ojos.

Los grandes capitales creados por la centralización se reproducen como los demás, pero más rápidamente, y se convierten a su vez en poderosos agentes de la acumulación social. Al aumentar y hacer más rápidos los efectos de la acumulación, la centralización extiende y precipita las variaciones en la composición técnica del capital, variaciones que aumentan su parte constante a expensas de su parte variable, o bien ocasionan en la demanda de trabajo una disminución relativamente a la cantidad del capital.

III. *Demanda de trabajo relativa y demanda de trabaja efectiva.*

La demanda de trabajo efectiva que ocasiona un capital, no depende de la cantidad absoluta de este capital, sino de la cantidad absoluta de su parte variable, única que se cambia por la fuerza obrera. La demanda de trabajo relativa que ocasiona un capital, es decir, la proporción entre la cantidad de este capital y la suma de trabajo que absorbe, está determinada por la cantidad proporcional de su parte variable relativamente a su cantidad total. Acabamos de ver que la acumulación que acrecienta el capital social, reduce al mismo tiempo la cantidad relativa de su parte variable y disminuye así la demanda de trabajo relativa. ¿Cuál es ahora la influencia de este movimiento en la suerte de la clase obrera? Es evidente que, para resolver este problema, es preciso examinar desde luego de qué modo una disminución en la demanda de trabajo relativa ejerce su acción sobre la demanda de trabajo efectiva.

Supongamos un capital de . pesetas; la cantidad relativa de la parte variable es de la mitad del capital entero. No variando este y bajando aquella de la mitad a la tercera parte, la cantidad efectiva de esta parte no es más que de pesetas en lugar de ser de : mientras no varía la cantidad de un capital, toda disminución en la cantidad relativa de su parte variable es al mismo tiempo una disminución de la cantidad efectiva de aquel.

Tripliquemos el capital de . pesetas, que se convertirá en . pesetas; la cantidad relativa de la parte variable disminuye en esta misma proporción; es decir, es dividida por , y baja entonces de la mitad a la sexta parte; su cantidad efectiva será de pesetas, como en su principio, pues es la sexta parte de . y la mitad de .: variando la cantidad total del capital, el fondo de los salarios, no obstante una disminución de su cantidad relativa, conserva la misma cantidad efectiva, si esta disminución tiene lugar en la misma proporción que el aumento del capital entero.

Si el capital de . pesetas se duplica, será de . pesetas; si la cantidad relativa de la parte variable disminuye en mayor proporción que ha aumentado el capital, y baja, por ejemplo, como en el caso anterior, de la mitad a la sexta parte, su cantidad efectiva no será más que de pesetas: si la disminución de la cantidad relativa de la parte variable tiene lugar en mayor proporción que el aumento del capital adelantado, el fondo de salario sufre una disminución efectiva, a pesar del aumento del capital.

El mismo capital de . pesetas, triplicado de nuevo, es igual a . pesetas; la cantidad relativa de la parte variable disminuye, pero en menor proporción que ha aumentado el capital; dividida por , mientras que el capital ha sido multiplicado por , baja de la mitad a la cuarta parte; su cantidad efectiva asciende a pesetas: si la disminución de la cantidad relativa de la parte variable tiene lugar en una proporción menor que el aumento del capital entero, el fondo del salario experimenta un aumento efectivo, a pesar de la disminución de su cantidad relativa.

Estos son, a la vez, los periodos sucesivos por que atraviesan las masas del capital social distribuidas entre los diferentes ramos de producción, y las condiciones diversas que presentan al mismo tiempo diferentes ramos de producción.

Tenemos los ejemplos de fábricas en que un mismo número de obreros basta para poner en actividad una cantidad creciente de medios de producción; el aumento del capital procedente del acrecentamiento de su parte constante hace que en este caso disminuya otro tanto la cantidad relativa de la fuerza obrera explotada, sin variar su cantidad efectiva. Hay también ejemplos de disminución efectiva del número de obreros ocupados en ciertos ramos de industria y de su aumento simultáneo en otros ramos, aunque en todos haya habido aumento del capital invertido.

En el capítulo decimoquinto hemos indicado las causas que, no obstante las tendencias contrarias, hace que las filas de los asalariados vayan engrosando con los progresos de la acumulación. Recordaremos aquí, pues, lo que hace relación a nuestro asunto.

El mismo desarrollo del maquinismo que ocasiona una disminución no solo relativa, sino frecuentemente efectiva, del número de obreros empleados en ciertos ramos de industria, permite a estos suministrar una masa mayor de productos a bajo precio; dichas industrias impulsan de esta manera el desarrollo de otras industrias, el de aquellas a quienes proporcionan medios de producción, o bien el de aquellas de donde sacan sus primeras materias, instrumentos, etc., formando así otros tantos mercados nuevos para el trabajo.

Además, hay momentos en que los trastornos técnicos se dejan sentir menos, en que la acumulación se presenta más bien como un movimiento de extensión sobre la última base técnica establecida. Entonces empieza de nuevo a operar más o menos la ley según la cual la demanda de trabajo aumenta en la misma proporción que el capital. Pero, al mismo tiempo que el número de obreros atraídos por el capital llega a su máximum, los productos vienen a ser tan abundantes, que al menor obstáculo que se oponga a su circulación, el mecanismo social parece como que se detiene, y el trabajo se interrumpe, disminuye. La necesidad que obliga al capitalista a economizarlo, engendra perfeccionamientos técnicos que reducen, por consecuencia, el número de los obreros necesarios. La duración de los momentos en que la acumulación favorece más la demanda de trabajo, es cada día menor.

Así, desde que la industria mecánica ha alcanzado la supremacía, el progreso de la acumulación redobla la energía de las fuerzas que tienden a disminuir la demanda de trabajo relativa, y debilita las fuerzas que tienden a aumentar la demanda de trabajo efectiva. El capital variable, y por consecuencia la demanda de trabajo, aumenta con el capital social de que forma parte, pero aumenta en proporción decreciente.

La ley de población adecuada a la época capitalista.

Hallándose regida la demanda de trabajo, no solamente por la cantidad de capital variable puesto ya en actividad, sino también por el término medio de su aumento continuo (capítulo XXIV), la oferta de trabajo sigue siendo normal mientras sigue este movimiento. Pero cuando el capital variable llega a un término medio de aumento inferior, la misma oferta de trabajo, que hasta entonces era normal, se hace superabundante, de suerte que una parte más o menos considerable de la clase asalariada, habiendo dejado de ser necesaria para poner en actividad el capital, es entonces superflua, supernumeraria. Como semejante hecho se repite con el progreso de la acumulación, esta arrastra en pos de sí un sobrante de población que va continuamente en aumento.

El progreso de la acumulación y el movimiento, que la acompaña, de disminución proporcional del capital variable y de disminución correspondiente en la demanda de trabajo relativa, los cuales, como acabamos de ver, dan por resultado el aumento efectivo del capital variable y de la demanda de trabajo en una proporción decreciente, tienen, finalmente, por complemento, la creación de un sobrante de población relativo. Llamámosle «relativo» porque proviene, no de un aumento real de la población obrera, sino de la situación del capital social, que le permite prescindir de una parte más o menos considerable de sus obreros. Como este sobrante de población no existe más que con relación a las necesidades momentáneas de la explotación capitalista, puede aumentar o disminuir repentinamente según los movimientos de expansión y de contracción de la producción.

Al producir la acumulación del capital, y a medida que lo consigue, la clase asalariada produce, pues, los instrumentos de su anulación o de su transformación en sobrante de población relativo. Tal es la *ley de población* que distingue a la época capitalista y corresponde a su sistema de producción particular. Cada uno de los sistemas históricos de la producción social tiene su ley de población adecuada, ley que solo a él se aplica, que pasa con él, y no tiene, por consecuencia, más que un valor histórico.

Formación de un ejército industrial de reserva.

Si la acumulación, el progreso de la riqueza sobre la base capitalista, crea necesariamente un sobrante de población obrera, este se convierte, a su vez, en el auxiliar más poderoso de la acumulación, en una condición de existencia de la producción capitalista, en su estado de completo desarrollo. Este sobrante de población forma un ejército de reserva industrial que pertenece al capitalista de una manera tan absoluta como si lo hubiese educado y disciplinado a expensas suyas: ejército que provee a sus necesidades variables de trabajo la materia humana siempre explotable y siempre disponible, independientemente del aumento natural de la población.

La presencia de esta reserva industrial, su entrada de nuevo, parcial o general, en el servicio activo, y su reconstitución con arreglo a un plan más vasto, todo esto se encuentra en el fondo de la vida accidentada que atraviesa la industria moderna, con la repetición casi regular cada diez años, fuera de las demás sacudidas irregulares, del mismo periodo compuesto de actividad ordinaria, de producción excesiva, de crisis y de inacción.

Esta marcha singular de la industria no se encuentra en ninguna de las épocas anteriores de la humanidad. Solo de la época en que el progreso mecánico, habiendo echado raíces bastantes profundas, ejerció una influencia preponderante sobre toda la producción nacional; en que, gracias a él, el comercio exterior comenzó a sobreponerse al comercio interior; en que el mercado universal se anexionó sucesivamente vastos territorios en América, en Asia y en Australia; en que, finalmente, las naciones rivales se hicieron bastante numerosas, de esa época solamente datan los periodos florecientes que van a parar siempre a una crisis general, fin de un periodo y punto de partida de otro. Hasta el presente, la duración de estos periodos es de diez u once años, pero no hay razón alguna para que este número sea inmutable. Al contrario, debe deducirse de las leyes de la producción capitalista, tales como acabamos de desarrollarlas, que ese número variará y que los periodos irán acortándose.

El progreso industrial que sigue la marcha de la acumulación, al mismo tiempo que reduce cada vez más el número de obreros necesarios para poner en actividad una masa siempre creciente de medios de producción, aumenta la cantidad de trabajo que el obrero individual debe proporcionar. A medida que el progreso desarrolla las potencias productivas del trabajo y hace, por consecuencia, que se saquen más productos de menos trabajo, el sistema capitalista desarrolla también los medios de sacar más trabajo del asalariado, ya prolongando su jornada o bien haciendo más intenso su trabajo, o de aumentar en apariencia el número de los trabajadores empleados, reemplazando una fuerza superior y más cara con muchas fuerzas inferiores y muy baratas, es decir, el hombre con la mujer, el adulto con el niño, un obrero americano con tres chinos. He ahí diferentes métodos para disminuir la demanda de trabajo y hacer superabundante su oferta, en una palabra, para fabricar supernumerarios.

El exceso de trabajo impuesto a la parte de la clase asalariada que se halla en servicio activo, a los ocupados, engruesa las filas de los desocupados, de la reserva, y la competencia de estos últimos, que buscan naturalmente colocación, contra los primeros, ejerce sobre estos una presión que los obliga a soportar más dócilmente los mandatos del capital.

Lo que determina el tipo general de los salarios.

La proporción diferente según la cual la clase obrera se descompone en ejército activo y ejército de reserva, el aumento o la disminución del sobrante de población relativo correspondiente al flujo y reflujo del periodo industrial, es lo que determina exclusivamente las variaciones en el tipo general de los salarios.

En vez de basar la oferta del trabajo en el aumento y la disminución alternativos del capital que funciona, es decir, en las necesidades momentáneas de la clase capitalista, el evangelio economista burgués hace depender el movimiento del capital de un movimiento en el número efectivo de la población obrera. Según su doctrina, la acumulación produce un alza de salarios, que poco a poco hace que se aumente el número de los obreros, hasta el punto que estos obstruyen de tal manera el mercado, que el capital no basta ya para ocuparlos a todos a un tiempo. Entonces el salario baja. Este descenso es mortal para la población obrera, impidiéndole al menos aumentarse, de tal modo que, a causa del corto número de obreros, el capital torna a ser superabundante, la demanda de trabajo comienza otra vez a ser mayor que la oferta, los salarios vuelven a subir y así sucesivamente.

¡Y un movimiento de esta naturaleza sería posible con el sistema de producción capitalista! Pero antes de que el alza de los salarios hubiese provocado el menor aumento efectivo en la cifra absoluta de la población realmente apta para trabajar, se hubiera dejado transcurrir veinte veces el tiempo necesario para comenzar la campaña industrial, empeñar la lucha y conseguir la victoria. Por rápida que sea la reproducción humana, necesita, en todo caso, el intervalo de una generación para reemplazar a los trabajadores adultos. Ahora bien, el beneficio de los fabricantes depende principalmente de la posibilidad de explotar el momento favorable de una demanda abundante; es necesario que puedan inmediatamente, según el capricho del mercado, activar sus operaciones; es preciso, pues, que hallen en él en seguida brazos disponibles; no pueden aguardar a que su demanda de brazos produzca, mediante un alza de los salarios, un movimiento de población que les proporcione los brazos que necesitan. La expansión de la producción, en un momento dado, no es posible sino con un ejército de reserva a las órdenes del capital, con un sobrante de trabajadores aparte del aumento natural de la población.

Los economistas confunden las leyes que rigen el tipo general del salario y expresan relaciones entre el capital y la fuerza obrera consideradas ambas en conjunto, con las leyes que en particular distribuyen la población entre los diversos ramos de industria.

Hay circunstancias especiales que favorecen la acumulación ya en este o en aquel ramo. En cuanto los beneficios exceden del tipo medio en uno de ellos, acuden a él nuevos capitales, la demanda de trabajo se deja sentir, se hace más necesaria y eleva los salarios. El alza atrae una gran parte de la clase asalariada al ramo de industria privilegiado hasta que, por el hecho de esta afluencia continua, el salario vuelve a descender a su nivel ordinario o más bajo todavía. Desde este momento, no solo cesa la invasión de aquel ramo por los obreros, sino que da lugar a su emigración hacia otros ramos de industria. La acumulación del capital produce un alza en los salarios; este alza, un aumento de obreros; este aumento, una baja en los salarios, y esta, por último, una disminución de obreros. Pero los economistas no tienen razón al proclamar como ley general del salario lo que no es más que una oscilación local del mercado del trabajo, producida por el movimiento de distribución de los trabajadores entre los diversos ramos de producción.

La ley de la oferta y la demanda es un engaño.

Una vez convertido en eje sobre el cual gira la ley de la oferta y la demanda de trabajo, el sobrante relativo de población no le permite funcionar sino dentro de unos límites que no se opongan al espíritu de dominación y de explotación del capital.

A este propósito, recordemos una teoría que ya hemos mencionado en el capítulo XV. Cuando una máquina deja sin ocupación a obreros hasta entonces ocupados, los utopistas de la economía política pretenden demostrar que esta operación deja disponible al mismo tiempo un capital destinado a emplearlos de nuevo en algún otro ramo de industria. Hemos demostrado que no sucede nada de eso; ninguna parte del antiguo capital queda disponible para los obreros despedidos, al contrario, son ellos los que quedan a disposición de nuevos capitales si los hay. Y ahora puede apreciarse cuán poco fundamento tiene la supuesta «teoría de compensación».

Los obreros destituidos por la máquina y que quedan disponibles, se hallan a disposición de todo nuevo capital a punto de entrar en juego. Que este capital los ocupe a ellos o a otros, el efecto que produce sobre la demanda general de trabajo será siempre nulo, si este capital puede retirar del mercado tantos brazos como a él han arrojado las máquinas. Si retira menos, el número de los desocupados aumentará al fin y al cabo; por último, si retira más, la demanda general de trabajo se aumentará solo con la diferencia entre los brazos que atraiga y los que la máquina haya rechazado. El aumento que, por efecto de nuevos capitales en vías de colocación, habría tenido la demanda general de brazos, se encuentra, pues, en todo caso anulada hasta la ocupación de los brazos arrojados por las máquinas al mercado.

Tal es el efecto general de todos los métodos que contribuyen a formar trabajadores supernumerarios. Gracias a ellos, la oferta y la demanda de trabajo dejan de ser movimientos procedentes de dos polos opuestos, el del capital y el de la fuerza obrera. El capital influye en ambos polos simultáneamente. Si su acumulación aumenta la demanda de brazos, sabemos que aumenta también su oferta al fabricar supernumerarios. En estas condiciones, la ley de la oferta y de la demanda de trabajo completa el despotismo capitalista.

Así, cuando los trabajadores comienzan a notar que su función de instrumentos que hacen valer el capital es cada vez más insegura a medida que su trabajo y la riqueza de sus dueños aumentan; tan luego como echan de ver que la violencia mortífera de la competencia que entre ellos se hacen, depende enteramente de la presión ejercida por los supernumerarios; tan luego como, a fin de aminorar el efecto funesto de esta ley «natural» de la acumulación capitalista, se unen para organizar la inteligencia y la acción común entre los ocupados y los desocupados, se ve inmediatamente al capital y a su defensor titular el economista burgués, clamar contra semejante sacrilegio y contra tal violación de la ley «eterna» de la oferta y de la demanda.

IV. *Formas diversas del sobrante relativo de población.*

Por más que el sobrante relativo de población presenta matices que varían hasta lo infinito, distínguense en él, sin embargo, algunas grandes categorías, algunas diferencias de forma muy marcadas: la forma flotante, la forma oculta y la forma permanente.

Los centros de la industria moderna, talleres mecánicos, manufacturas, fundiciones, minas, etc., no cesan de atraer y de rechazar alternativamente a los trabajadores; pero, en general, concluyen por atraer más que rechazan, de suerte que el número de obreros explotados va aumentando en ellos, aunque disminuye proporcionalmente en la escala de la producción. El sobrante de población existe allí en estado flotante.

Las fábricas, la mayor parte de las grandes manufacturas, solo emplean a los obreros varones hasta la edad de su madurez. Pasado este término, conservan únicamente una escasa minoría y despiden casi siempre a los restantes. Este elemento del sobrante de población aumenta a medida que se extiende la grande industria; el capital necesita una proporción mayor de mujeres, de niños y de jóvenes, que de hombres adultos. Por otra parte, es tal la explotación de la fuerza obrera por el capital, que el trabajador se encuentra aniquilado a la mitad de su carrera. Al llegar a la edad madura, debe dejar su puesto a una fuerza más joven y descender un peldaño de la escala social, y dichoso él si no se ve relegado definitivamente entre los supernumerarios. Además, el término medio más corto de la vida se halla entre los obreros de la grande industria. Dadas estas condiciones, las filas de esta fracción del proletariado solo pueden engrosar cambiando frecuentemente de elementos individuales. Es necesario, pues, que las generaciones se renueven frecuentemente, cuya necesidad social queda satisfecha por medio de matrimonios precoces y gracias a la prima que la explotación de los niños asegura a su producción.

En seguida que la producción capitalista se apodera de la agricultura e introduce en ella el empleo de las máquinas, la demanda de trabajo disminuye efectivamente a medida que el capital se acumula en ese ramo; una parte de la población agrícola se halla siempre a punto de transformarse en población urbana y manufacturera. Para que la población de los campos se dirija, como lo hace, a las ciudades, es preciso que, en los campos mismos, haya un sobrante de población oculto, cuya extensión no se echa de ver sino en el momento en que la emigración de los campos a las ciudades tiene lugar en grande escala. Por consiguiente, el obrero agrícola se halla reducido al mínimum de salario y tiene ya un pie en el fango del pauperismo.

Por otra parte, a pesar de este sobrante relativo de población, los campos quedan al mismo tiempo insuficientemente poblados. Esto se deja sentir no solo de una manera local en los puntos donde se opera un rápido tránsito de hombres hacia las ciudades, minas, ferrocarriles, etc., sino generalmente en la primavera, en verano y en otoño, épocas en que la agricultura tiene necesidad de un suplemento de brazos. Aunque hay demasiados obreros para las necesidades ordinarias, hay escasez de ellos para las necesidades excepcionales y temporales de la agricultura.

La tercera categoría del sobrante relativo de población, la permanente, pertenece al ejército industrial activo, pero, al mismo tiempo, la extremada irregularidad de sus ocupaciones hace de él un depósito inagotable de fuerzas disponibles. Acostumbrado a la miseria crónica, a condiciones de existencia completamente inseguras y vergonzosamente inferiores al nivel ordinario de la clase obrera, se convierte en extensa base de ramos especiales de explotación en los cuales el tiempo de trabajo llega a su máximum y el tipo del salario a su mínimum. El llamado trabajo a domicilio nos ofrece un ejemplo espantoso de esta categoría. Esta capa social, que se recluta sin cesar entre los supernumerarios de la grande industria y de la agricultura, se reproduce en escala creciente. Si las defunciones son en ella numerosas, el número de los nacimientos es, en cambio, muy elevado. Semejante fenómeno trae a la memoria la reproducción extraordinaria de ciertas especies animales débiles y constantemente perseguidas. «La pobreza —dice Adam Smith— parece favorable a la generación».

Finalmente, el último residuo del sobrante relativo de población habita el infierno del pauperismo. Sin contar los vagabundos, los criminales, las prostitutas, los mendigos, y todo ese mundo que llaman «clases peligrosas», esta capa social se compone de tres categorías.

La primera comprende los obreros aptos para trabajar; su masa, que engrosa a cada crisis, disminuye cuando los negocios recobran su actividad. La segunda comprende los niños de los pobres socorridos y los huérfanos. Estos son otros tantos candidatos de la reserva industrial, los cuales, en las épocas de mayor prosperidad, entran en masa en el servicio activo. La tercera categoría comprende los más miserables; en primer lugar los obreros y obreras a quienes el desarrollo social ha, por decirlo así, desmonetizado, al suprimir la obra de detalle que, por la división del trabajo, era su único recurso; después los que, por desgracia, han pasado de la edad productiva del asalariado, y por último, las víctimas directas de la industria, enfermos, mutilados, viudas, etc., cuyo número se eleva con el de las máquinas peligrosas, las minas, las manufacturas químicas, etc.

El pauperismo es la consecuencia fatal del sistema capitalista.

El pauperismo es el cuartel de inválidos del ejército del trabajo. Su producción está comprendida en la del sobrante relativo de población, su necesidad en la necesidad de este, y forma con él una condición de existencia de la riqueza capitalista.

Las mismas causas que desarrollan con la potencia productiva del trabajo la acumulación del capital, creando la facilidad de disponer de la fuerza obrera, hacen que aumente la reserva industrial con los resortes materiales de la riqueza. Pero cuanto más aumenta la reserva, comparativamente al ejército del trabajo, más aumenta también el pauperismo oficial. He ahí la ley general, absoluta, de la acumulación capitalista. La acción de esta ley, como la de cualquiera otra, está naturalmente sujeta a las modificaciones de circunstancias particulares.

El análisis de la supervalía relativa (sección cuarta) nos ha conducido al siguiente resultado: que en el sistema capitalista, en que los medios de producción no están al servicio del trabajador, sino el trabajador al servicio de los medios de producción, todos los métodos para multiplicar los recursos y la potencia del trabajo colectivo se practican a expensas del trabajador individual; todos los medios de desarrollar la producción se transforman en medios de dominar y explotar al productor; hacen de él un hombre truncado, parcelario, o el accesorio de una máquina; le oponen, como otros tantos poderes enemigos, las potencias científicas de la producción; sustituyen el trabajo atractivo por el trabajo forzado; hacen cada vez más penosas las condiciones en que se efectúa el trabajo, y someten al obrero durante su servicio a un despotismo tan mezquino como ilimitado; transforman su vida entera en tiempo de trabajo y encierran a su mujer y a sus hijos en los presidios capitalistas.

Pero todos los métodos que ayudan a la producción de la supervalía, favorecen igualmente la acumulación, y toda extensión de esta necesita a su vez de aquellos. De lo cual resulta que, cualquiera que sea el tipo de los salarios, alto o bajo, la condición del trabajador debe empeorar a medida que el capital se acumula; de tal suerte, que acumulación de riqueza por un lado, significa acumulación igual de pobreza, de sufrimiento, de ignorancia, de embrutecimiento, de degradación física y moral, de esclavitud por otro, o sea del lado de la clase que produce el capital mismo.

———

SECCIÓN OCTAVA

La acumulación primitiva.

CAPÍTULO XXVI

EL SECRETO DE LA ACUMULACIÓN PRIMITIVA

I. Separación del productor y de los medios de producción. — Explicación del movimiento histórico que ha reemplazado el régimen feudal con el régimen capitalista. — II. Después de haber estado sometido a la explotación por la fuerza bruta, el trabajador acaba por someterse a ella voluntariamente. — III. Establecimiento del mercado interior para el capital industrial.

I. *Separación del productor y de los medios de producción.*

Ya hemos visto cómo el dinero se convierte en capital, el capital en origen de supervalía, y la supervalía en origen de un nuevo capital. Pero la acumulación capitalista supone la presencia de la supervalía, y esta el modo de producción capitalista, el cual, a su vez, depende de la acumulación ya operada, en mano de productores mercantiles, de capitales bastante considerables. Todo este movimiento, por consecuencia, parece que gira en un círculo vicioso del que no podría salirse sin admitir una acumulación primitiva, que sirva de punto de partida a la producción capitalista, en vez de proceder de ella. ¿Cuál es el origen de esta acumulación primitiva?

Según la historia real y verdadera, la conquista, la servidumbre, el robo a mano armada, el reinado de la fuerza bruta son los que han triunfado siempre. En los manuales de Economía política, es, por el contrario, el idilio el que siempre ha florecido; jamás ha habido otros medios de enriquecerse sino el trabajo y el derecho. En realidad, los métodos de la acumulación primitiva son todo lo que se quiera, excepto materia de idilio. El escamoteo de los bienes de las iglesias y hospitales, la enajenación fraudulenta de los dominios del Estado, el robo de las tierras comunales, la transformación terrorista de la propiedad feudal en propiedad moderna privada, tales son los orígenes idílicos de la acumulación primitiva.

Si, en la relación entre capitalista y asalariado, el primero desempeña el papel de dueño y el segundo el de servidor, es merced a un contrato por el cual no solo se pone el asalariado al servicio, y por lo tanto bajo la dependencia del capitalista, sino que hasta ha renunciado a todo derecho de propiedad sobre su propio producto.

¿Por qué hace el asalariado semejante convenio? Porque no posee más que su fuerza personal, el trabajo en estado de potencia, mientras que todas las condiciones exteriores requeridas para dar cuerpo a esta potencia, la materia y los instrumentos necesarios para el ejercicio útil del trabajo, la facultad de disponer de las subsistencias indispensables para la vida, se encuentran en el lado opuesto.

La base del sistema capitalista es la separación radical del productor y los medios de producción. Para que este sistema se establezca, es necesario, pues, que, en parte al menos, los medios de producción hayan sido arrancados ya a los productores que los empleaban en realizar su propia potencia de trabajo, y que estos medios, hayan sido ya detentados por productores mercantiles, quienes los emplean en especular con el trabajo ajeno. El movimiento histórico que da por resultado el divorcio entre el trabajo y sus condiciones, los medios de producción, tal es el significado de la acumulación primitiva.

Explicación del movimiento histórico que ha reemplazado el régimen feudal con el régimen capitalista.

El orden económico capitalista ha salido del seno del orden económico feudal. La disolución del uno ha disgregado los elementos constitutivos del otro.

Para que el trabajador, el productor inmediato, pudiese disponer de su propia persona, necesitaba ante todo no estar sujeto a una tierra o a otra persona; tampoco podía llegar a ser vendedor libre de trabajo, llevando su mercancía, la fuerza de trabajo, donde quiera que esta encontrase un mercado, sin haberse sustraído al régimen de los gremios con sus patronatos, sus jurados, sus leyes de aprendizaje, etc. El movimiento histórico que transforma a los productores en asalariados, se presenta, pues, como su emancipación de la servidumbre y del régimen de los gremios. Por otra parte, si estos emancipados se venden a sí propios es porque se ven obligados a ello para vivir, porque han sido despojados de todos los medios de producción y de todas las garantías de existencia ofrecidas por el antiguo orden de cosas. La historia de su expropiación no tiene réplica, pues se halla escrita en la historia de la humanidad con letras indelebles de sangre y fuego.

Tocante a los capitalistas empresarios, estos nuevos potentados no solo tenían que destituir a los maestros de oficios, sino también a los detentadores feudales de las fuentes de la riqueza. Su advenimiento se presenta, desde este punto de vista, como el resultado de una lucha victoriosa contra el poder señorial con sus irritantes privilegios, y contra el régimen de los gremios por las trabas que oponía al libre desarrollo de la producción y a la libre explotación del hombre por el hombre. El progreso ha consistido en variar la forma de la explotación: la explotación feudal se ha convertido en explotación capitalista.

11. *Después de haber sido sometido a la explotación por la fuerza bruta, el trabajador acaba por someterse a ella voluntariamente.*

No basta que, por una parte, se presenten las condiciones materiales del trabajo en forma de capital, y, por otra, hombres que nada tienen que vender si no es su fuerza de trabajo. No basta tampoco que se les obligue por la fuerza a venderse voluntariamente.

La burguesía naciente —y este es un momento esencial de la acumulación primitiva— no podía prescindir de la intervención constante del Estado para prolongar la jornada de trabajo (capítulo X), para «reglamentar» el salario, es decir, para conservar al trabajador en el grado de dependencia requerido, abrumándole bajo el yugo del salariado mediante leyes de un terrorismo grotesco, leyes que iban dirigidas en el occidente de Europa, a fines del siglo XV y durante el XVI, contra el proletariado sin casa ni hogar, contra los padres de la clase obrera de hoy, castigados por haber sido reducidos al estado de vagabundos y de pobres, la mayor parte de las veces de resultas de expropiación violenta.

No olvidemos que la burguesía, desde el principio de la Revolución francesa, se atrevió a despojar a la clase obrera del derecho de asociación que esta acababa apenas de conquistar. Por una ley de de junio de , se consignó que todo acuerdo tomado por los trabajadores para la defensa de sus intereses comunes fuese declarado «atentatorio a la libertad y a la Declaración de los derechos del hombre», y castigado con multa y privación de los derechos de ciudadano.

Con el progreso de la producción capitalista, se forma una clase cada vez más numerosa de trabajadores que, gracias a la educación, a las costumbres transmitidas, se conforman con las exigencias del actual régimen económico de un modo tan instintivo como se conforma con las variaciones atmosféricas. En cuanto este modo de producción adquiere cierto desarrollo, su mecanismo destruye toda resistencia; la presencia constante de un sobrante relativo de población mantiene la ley de la oferta y de la demanda de trabajo, y por consecuencia el salario, dentro de los límites adecuados a las necesidades del capital; la presión sorda de las relaciones económicas remata el despotismo del capital sobre el trabajador. A veces se recurre todavía a la violencia, al empleo de la fuerza bruta, pero solo como excepción. En el curso ordinario de las cosas, el trabajador puede quedar abandonado a la acción de las «leyes naturales» de la sociedad, es decir, a la dependencia del capital, engendrada, defendida y perpetuada por el propio mecanismo de la producción.

III. *Establecimiento del mercado interior para el capital industrial.*

La continua expropiación de los labradores, fomentada por las leyes salvajes contra los vagabundos, introdujo violentamente en la industria de las ciudades masas enormes de proletarios, y contribuyó a destruir la antigua industria doméstica. Es necesario que nos detengamos un instante a examinar este elemento de la acumulación primitiva.

Antiguamente, la misma familia campesina elaboraba en primer lugar, y luego consumía directamente, a lo menos en gran parte, los víveres y las materias primeras, producto de su trabajo. De simples valores de uso que eran, al convertirse en mercancías, estas materias primeras se vendían a las manufacturas, y los objetos que, gracias a ella, eran elaborados en el campo, se transformaban en artículos de manufactura, a los que el campo servía de mercado. Desde entonces desapareció la industria doméstica de los labriegos. Esta desaparición es la única que puede dar al mercado interior de un país la extensión y la constitución que exigen las necesidades de la producción capitalista.

No obstante, el periodo manufacturero propiamente dicho no consigue hacer radical esta revolución. Si, en efecto, destruye, en ciertos ramos y en determinados puntos, la industria doméstica, también le da vida en otros. Ese periodo contribuye a la formación de una clase de labradores en pequeño, para quienes el cultivo de la tierra es una operación secundaria, y el trabajo industrial, cuyo producto venden a las manufacturas directamente o por mediación del comerciante, la ocupación principal. La grande industria es la que separa definitivamente la agricultura de la industria doméstica de los campos, arrancando sus raíces, que son el hilado y el tejido a mano.

De esta separación fatal datan el desarrollo necesario de los poderes colectivos del trabajo y la transformación de la producción dividida, rutinaria, en producción combinada, científica. La industria mecánica, acabando esta separación, es la primera que entrega al capital todo el mercado interior de un país.

CAPÍTULO XXVII

ORIGEN DEL CAPITALISTA INDUSTRIAL

La acumulación primitiva se ha efectuado por la fuerza. — Régimen colonial, deudas públicas, sistema proteccionista.

La acumulación primitiva se ha efectuado por la fuerza.

No es dudoso que muchos jefes de gremios, artesanos independientes, y aun obreros asalariados, se hayan hecho desde luego capitalistas en pequeño y que, poco a poco, merced a una explotación siempre creciente de trabajo asalariado seguida de una acumulación correspondiente, hayan por fin salido de su concha transformados en capitalistas de la cabeza hasta los pies.

Sin embargo, esta transformación lenta del capital no respondía en manera alguna a las necesidades comerciales del nuevo mercado universal, creado por los grandes descubrimientos del siglo XV.

Pero la Edad Media había legado dos especies de capital que prosperan bajo los más diversos regímenes de economía social, y que, antes de la época moderna, ocupan por sí solos la categoría de capital. Tales son el *capital usurario* y el *capital comercial*. Ahora bien, la constitución feudal de los campos y la organización corporativa de las ciudades, barreras que impedían al capital-dinero, formado por el doble camino de la usura y del comercio, transformarse en capital industrial, concluyeron por desaparecer.

El descubrimiento de las minas de oro y plata de América, la sepultura en ellas de sus habitantes reducidos a la esclavitud o al exterminio, los amagos de conquista y de saqueo en las Indias orientales, la transformación de África en territorio de caza para la captura de negros, tales fueron los procedimientos suaves de acumulación primitiva con que se señaló en su aurora la era capitalista. Inmediatamente después estalla la guerra mercantil, que llega a tener el mundo entero por teatro. Empezando por la rebelión de Holanda contra España, adquiere proporciones gigantescas en la cruzada de Inglaterra contra la Revolución francesa, y se prolonga hasta nuestros días en expediciones de piratas como las famosas *guerras de opio* contra China.

Algunos de los diferentes métodos de acumulación primitiva, como régimen colonial, deudas públicas, hacienda moderna, sistema proteccionista, etc., descansan en el empleo de la fuerza; pero todos, sin excepción, explotan el poder del Estado, la fuerza concentrada y organizada de la sociedad, a fin de precipitar violentamente el paso del orden económico feudal al orden económico capitalista, y abreviar los periodos de transición. En efecto, la fuerza es la partera de toda sociedad en vías de alumbramiento; la fuerza es un agente económico.

Régimen colonial, deudas públicas, sistema proteccionista.

El régimen colonial dio un gran impulso a la navegación y al comercio, y produjo las sociedades mercantiles, a las que los gobiernos concedieron monopolios y privilegios, medios poderosos para efectuar la concentración de los capitales. Dicho régimen proporcionaba mercados a las nacientes manufacturas, cuya facilidad de acumulación se duplicó merced al monopolio del mercado en las colonias. Los tesoros directamente usurpados, fuera de Europa, por el trabajo forzoso de los indígenas reducidos a la esclavitud por el robo y el asesinato, volvían a la madre patria para funcionar allí como capitales. En nuestros días, la superioridad industrial indica la superioridad comercial; pero, en la época manufacturera propiamente dicha, la superioridad comercial es la que da la superioridad industrial. De aquí proviene el importante papel que desempeñó en aquella época el régimen colonial.

El sistema de las deudas públicas, cuya aplicación iniciaron en la Edad Media Venecia y Génova, invadió definitivamente a Europa durante la época manufacturera. La deuda pública, o, en otros términos, la enajenación del Estado, ya sea este despótico, constitucional o republicano, es la que da carácter a la era capitalista. La única parte de la llamada riqueza nacional que entra efectivamente en la posesión colectiva de los pueblos modernos, es su deuda pública.

La deuda pública obra como uno de los agentes más enérgicos de la acumulación primitiva. Con facilidad mágica dota al dinero improductivo de la virtud procreadora, transformándolo así en capital, y sin que por esto se halle expuesto a sufrir los riesgos inseparables de su empleo industrial y aun de la usura privada.

A decir verdad, los que prestan al Estado no dan nada, pues su capital, transformado en efectos públicos de fácil circulación, continúa funcionando entre sus manos como si fuese numerario. Mas, dejando a un lado la clase de rentistas ociosos así creada y la fortuna improvisada de los hacendistas intermediarios entre el gobierno y la nación, la deuda pública ha dado impulso a las sociedades por acciones, al comercio de toda clase de papeles negociables, a las operaciones dudosas, al agiotaje, en suma, a los juegos de Bolsa y a la soberanía moderna de la banca.

Desde su creación, los grandes bancos engalanados de títulos nacionales, no son más que asociaciones de especuladores privados que se establecen al lado de los gobiernos y que, merced a los privilegios que estos les conceden, llegan a prestarle aun el dinero del público.

Como la deuda pública está basada sobre la renta pública, la cual tiene que satisfacer los intereses anuales de aquella, el sistema moderno de las contribuciones era la consecuencia obligada de los empréstitos nacionales. Los empréstitos, que permiten a los gobiernos atender a los gastos extraordinarios sin que los contribuyentes se resientan de ellos inmediatamente, producen al cabo una elevación en las contribuciones; por otra parte, el recargo de impuestos, causado por la acumulación de las deudas sucesivamente contraídas, obliga a los gobiernos, en caso de nuevos gastos extraordinarios, a recurrir a nuevos empréstitos. El sistema fiscal moderno, que descansa ante todo sobre la contribución de los artículos de primera necesidad, y produce, por consecuencia, la elevación de su precio, se ve arrastrado por su propio mecanismo a hacerse cada vez más pesado e insoportable. El recargo excesivo de las cuotas es el principio, no un incidente de dicho sistema, el cual ejerce una acción expropiadora sobre el labrador, el artesano y demás elementos de la clase media.

La gran parte que toca a la deuda pública y al sistema fiscal correspondiente en la capitalización de la riqueza y en la expropiación de las masas, ha llevado a multitud de escritores a ver en este hecho la causa primordial de la miseria de los pueblos modernos.

El sistema proteccionista, con ayuda de los derechos protectores, de las primas de exportación, de los monopolios de venta en el interior, etc., fue un medio artificial de crear fabricantes, de expropiar trabajadores independientes, de transformar en capital los instrumentos y condiciones materiales del trabajo, de abreviar a viva fuerza el paso del antiguo sistema de producción al sistema moderno. El procedimiento de fabricación de fabricantes se simplificó aún en ciertos países donde Colbert había formado escuela: la fuente misteriosa de donde el capital primitivo llegaba directamente a los especuladores, en forma de adelanto y aun de donativo, fue a menudo el tesoro público.

Régimen colonial, deudas públicas, dilapidaciones fiscales, protección industrial, guerras comerciales, etc., adquirieron un desarrollo gigantesco durante la primera juventud de la grande industria.

En resumen, así es como el trabajador se ha divorciado de las condiciones del trabajo, y como estas se han transformado en capital y la masa del pueblo en asalariados. El capital viene al mundo sudando sangre y cieno por todos sus poros.

———

CAPÍTULO XXVIII

TENDENCIA HISTÓRICA DE LA ACUMULACIÓN CAPITALISTA

Supresión, por la propiedad capitalista, de la propiedad privada basada en el trabajo personal. — La transformación de la propiedad capitalista en propiedad social.

Supresión, por la propiedad capitalista, de la propiedad privada basada en el trabajo personal.

Por lo ya expuesto, se advierte que lo que hay en el fondo de la acumulación primitiva, y en el de su formación histórica, es la expropiación del productor inmediato, la desaparición de la propiedad fundada en el trabajo personal de su poseedor.

La propiedad privada, como oposición a la propiedad colectiva, solo existe allí donde los instrumentos y demás condiciones exteriores del trabajo pertenecen a particulares; pero, según que sean estos trabajadores o no trabajadores, la propiedad privada cambia de aspecto.

La propiedad privada del trabajador que posee los medios para poner en ejercicio su actividad productiva, acompaña a la pequeña industria agrícola o manufacturera, que es la escuela donde se adquieren la habilidad manual, la destreza ingeniosa y la libre individualidad del trabajador. Es cierto que este modo de producción se encuentra en medio de la esclavitud, de la servidumbre y otros estados de dependencia; pero no prospera, ni despliega toda su energía, ni reviste su forma completa y clásica sino donde el trabajador es propietario libre de las condiciones de trabajo que él mismo pone en ejercicio, el labrador del suelo que cultiva y el artesano de la herramienta que maneja, como el artista lo es de su instrumento de trabajo.

Semejante régimen industrial de pequeños productores independientes, que trabajan por cuenta propia, supone la división de la tierra y el fraccionamiento de los demás medios de producción. Como excluye la concentración de estos medios, excluye también la cooperación en gran escala, la división del trabajo en el taller y en el campo, el maquinismo, el dominio inteligente del hombre sobre la naturaleza, el libre desarrollo de las potencias sociales del trabajo y el concierto y la unidad en el fin, en los medios y en los esfuerzos de la actividad colectiva; siendo solo compatible con un estado restringido y mezquino de la producción y de la sociedad. El perpetuar semejante régimen, si fuera posible, equivaldría —como dice Pecqueur perfectamente— a «decretar la medianía en todo».

Mas en cuanto llega a cierto grado, él mismo comienza a engendrar los agentes materiales de su disolución. A partir de este momento, las fuerzas y pasiones que comprime, empiezan a agitarse en el seno de la sociedad. Está condenado a ser, y será, en efecto, aniquilado. Su movimiento de eliminación, que consiste en transformar los medios de producción individuales y dispersos en medios de producción socialmente concentrados, y en convertir la diminuta propiedad de la mayor parte en propiedad colosal de unos cuantos, por medio de la dolorosa y terrible expropiación del pueblo trabajador, he ahí cuáles son los orígenes del capital, que entrañan toda una serie de procedimientos violentos, de los que solo hemos mencionado los más notables al investigar los métodos de acumulación primitiva.

La expropiación de los productores inmediatos se lleva a cabo con un cinismo implacable, aguijoneado por los móviles más infames, por las pasiones más sórdidas y más aborrecibles en medio de su pequeñez. La propiedad privada, basada en el trabajo personal, esa propiedad que adhiere, por decirlo así, al trabajador aislado y autónomo a las condiciones exteriores del trabajo, ha sido suplantada por la propiedad privada capitalista, fundada en la explotación del trabajo ajeno, en el régimen del salario.

La transformación de la propiedad capitalista en propiedad social.

Desde que este movimiento de transformación ha descompuesto de arriba abajo la vieja sociedad; desde que los productores se han convertido en proletarios, y sus medios de trabajo en capital; desde que el régimen capitalista se sostiene por la sola fuerza económica de las cosas, la socialización futura del trabajo, así como la transformación progresiva de la tierra y de los demás medios de producción en instrumentos socialmente explotados, comunes, en una palabra, la eliminación futura de las propiedades privadas, va a revestir una nueva forma. No es al trabajador independiente a quien hay que expropiar ahora, sino al capitalista, al jefe de un ejército o de una escuadra de asalariados.

Esta expropiación tiene lugar por la acción de las leyes de la misma producción capitalista, las cuales tienden a la concentración de los capitales. Al mismo tiempo que la centralización —que es la expropiación de la mayoría de los capitalistas por la minoría— se desarrollan, cada vez en mayor escala, la aplicación de la ciencia a la industria, la explotación de la tierra con método y en conjunto la transformación de la herramienta en instrumentos poderosos, solo por el uso común, y por consecuencia la economía de los medios de producción y las relaciones de todos los pueblos en el mercado universal; de donde procede el carácter internacional que lleva impreso el régimen capitalista.

A medida que disminuye el número de los potentados del capital que usurpan y monopolizan todos los beneficios de este periodo de evolución social, aumentan la miseria, la opresión, la esclavitud, la degradación, la explotación, pero también aumenta la resistencia de la clase obrera, cada vez más numerosa y mejor disciplinada, unida y organizada por el propio mecanismo de la producción capitalista. El monopolio del capital ha llegado a ser un obstáculo para el sistema actual de producción, que ha crecido y prosperado con él y gracias a él. La socialización del trabajo y la centralización de sus resortes materiales han llegado a un punto en que no pueden ya contenerse en la envoltura capitalista. Esta envoltura está próxima a romperse: la hora postrera de la propiedad capitalista ha sonado ya; a su vez, los expropiadores van a ser expropiados.

La apropiación capitalista, conforme al modo de producción capitalista también, constituye la primera negación de la propiedad privada resultante del trabajo independiente e individual. Pero la producción capitalista misma engendra su propia negación con la fatalidad que preside a las evoluciones de la naturaleza. Esa producción tiende a restablecer, no la propiedad privada del trabajador, sino la propiedad del mismo fundada en los progresos realizados por el periodo capitalista, en la cooperación y posesión común de todos los medios de producción, incluida la tierra. Lo que la burguesía capitalista produce, ante todo, a medida que la gran industria se desarrolla, son sus propios sepultureros; la eliminación de aquella y el triunfo del proletariado son igualmente inevitables.

Naturalmente, para transformar la propiedad privada y fraccionada, objeto del trabajo individual, en propiedad capitalista, se ha necesitado tiempo, esfuerzos y penas, que no serán precisos para transformar en propiedad social la propiedad capitalista, la cual descansa ya de hecho en un sistema de producción colectivo.

En el primer caso, se trataba de la expropiación de la masa por algunos usurpadores; en el segundo, trátase de la expropiación de unos cuantos usurpadores por la masa.

CAPÍTULO XXIX

TEORÍA MODERNA DE LA COLONIZACIÓN

La necesidad de las condiciones que hemos reconocido como indispensables a la explotación capitalista, aparece claramente en las colonias. — Confesiones de la Economía política.

La necesidad de las condiciones que hemos reconocido como indispensables a la explotación capitalista, aparece claramente en las colonias.

La Economía política burguesa no se detiene a examinar si tal o cual hecho es cierto, sino si es beneficioso o nocivo al capital. Por tanto, trata de mantener una confusión sumamente cómoda entre dos géneros de propiedad privada completamente distintos: entre la propiedad privada basada en el trabajo personal y la propiedad capitalista basada en el trabajo ajeno, y olvida intencionadamente que esta última no crece sino sobre la tumba de la primera.

En nuestros países, en la Europa occidental, la acumulación primitiva, es decir, la expropiación de los trabajadores, se halla en parte terminada, bien porque el régimen capitalista se ha apoderado de toda la producción nacional, o bien porque, allí donde las condiciones económicas están menos adelantadas, obra, por lo menos indirectamente, sobre las formas sociales que persisten a su lado, pero que caen poco a poco juntamente con el modo de producción atrasado que representan. En las colonias, o donde quiera que se encuentre un suelo virgen colonizado por emigrantes libres, ocurre todo lo contrario.

El modo de producción y de apropiación capitalista tropieza allí con la propiedad fruto del trabajo personal, con el productor que, disponiendo de las condiciones exteriores del trabajo, consigue enriquecerse en vez de enriquecer al capitalista. La pugna entre estos dos modos de apropiación, que la Economía política niega entre nosotros, se demuestra allí con los hechos, con la lucha.

Cuando se trata de las colonias, el economista entra en el terreno de las confesiones y asegura que, o hay que renunciar al desarrollo de las potencias colectivas del trabajo, a la cooperación, a la división manufacturera, al empleo en gran escala de las máquinas, etc., o buscar algún expediente para lograr que los trabajadores, privados de los medios de trabajo, se vean obligados a venderse, por supuesto en las condiciones de dependencia indispensables; en una palabra, que hay que hallar un medio de fabricar asalariados.

El economista descubre entonces que el capital no es una cosa, sino una relación social entre las personas, relación que se establece por mediación de las cosas. Un negro es un negro; solo en determinadas condiciones se convierte en esclavo. Esta máquina, por ejemplo, no es más que una máquina de hilar algodón, y solo en ciertas condiciones se convierte en capital. Fuera de estas condiciones, no es más capital que el oro por sí mismo es moneda; el capital es una relación social de producción.

Descubre además el economista que la posesión de dinero, subsistencias, máquinas y otros medios de producción, no hace de un hombre un capitalista, si no dispone del complemento, que es el asalariado, es decir, de otro hombre que se ve obligado a venderse voluntariamente: los medios de producción y de subsistencia no se transforman en capital mientras no se utilicen como medios de explotar y dominar el trabajo.

El carácter esencial de toda colonia libre es el de que cada colono puede apropiarse una parte de la tierra que le sirve de medio de producción individual, sin que esto impida que hagan otro tanto los colonos que lleguen después que él. Allí donde todos los hombres son libres y donde cada cual puede adquirir un trozo de terreno, es difícil encontrar un trabajador, y si se encuentra, es a precio muy subido. Cuando el trabajador puede acumular para sí mismo, y puede hacerlo mientras es propietario de sus medios de producción, la acumulación y la apropiación capitalistas son imposibles, pues les falta la clase asalariada, de la cual no pueden prescindir.

La perfección suprema de la producción capitalista consiste, no solamente en que reproduce sin cesar al asalariado como tal asalariado, sino en que crea asalariados supernumerarios, merced a los cuales mantiene la ley de la oferta y de la demanda del trabajo en el cauce conveniente, hace que las oscilaciones del mercado tengan lugar dentro de los límites más favorables a la explotación, que la sumisión tan indispensable del trabajador al capitalista esté garantizada, y por último, perpetúa la relación de dependencia absoluta que, en Europa, el economista farsante disfraza, engalanándola enfáticamente con el nombre de libre contrato entre dos mercaderes igualmente independientes, o sea uno que vende la mercancía capital y otro la mercancía trabajo. En las colonias se desvanece el dulce error economista. Desde el momento en que un asalariado llega a ser artesano o labrador independiente, la oferta de trabajo no es ni regular ni suficiente. Esta continua transformación de asalariados en productores libres, que trabajan por su cuenta propia y no por la del capital, que se enriquecen en vez de enriquecer a los señores capitalistas, influye, en efecto, de una manera funesta sobre el estado del mercado del trabajo, y por consecuencia, sobre el tipo del salario.

Confesiones de la Economía política.

En estas circunstancias, el grado de explotación no solo baja de una manera ruinosa, sino que el asalariado pierde además, juntamente con la dependencia real, todo sentimiento de docilidad respecto del capitalista. Así, el economista Merivale declara que «esta dependencia debe crearse en las colonias por medios artificiales».

Por otro lado, M. de Molinari, librecambista rabioso, dice: «En las colonias donde la esclavitud ha sido abolida sin que el trabajo forzoso haya sido reemplazado con una cantidad equivalente de trabajo libre, se ha operado *la inversa del hecho que se realiza diariamente entre nosotros. Se ha visto a los simples trabajadores explotar a su vez a los empresarios industriales*, y exigir de ellos salarios que no estaban en proporción con la parte legítima que les correspondía en el producto.»

¡Cómo! ¿Y la ley sagrada de la oferta y la demanda? Si el empresario cercena en Europa al obrero su parte legítima, ¿por qué este, en las colonias, favoreciéndole las circunstancias, en vez de perjudicarle, no ha de cercenar también la parte del empresario? Vamos, préstese un poco de ayuda gubernamental a esa pobre ley de la oferta y la demanda, que algunos se permiten hacer funcionar libremente.

El secreto que la economía política del antiguo mundo ha descubierto en el nuevo, secreto inocentemente descubierto por sus elucubraciones sobre las colonias, es que el sistema de producción y de acumulación capitalista, y por consiguiente la propiedad privada capitalista, supone el aniquilamiento de la propiedad privada basada en el trabajo personal, y que su base es la expropiación del trabajador, pues no puede disponerse de los asalariados indispensables, sometidos y disciplinados, sino cuando estos no pueden trabajar para sí mismos, cuando no poseen los medios de producción.

———————————